CSSCI 来源集刊

南大商学评论

NANJING BUSINESS REVIEW

56

2021-18(4)

经济管理出版社
ECONOMY & MANAGEMENT PUBLISHING HOUSE

图书在版编目（CIP）数据

南大商学评论. 第56辑／刘志彪主编. —北京：经济管理出版社，2022.5
ISBN 978-7-5096-8420-7

Ⅰ.①南… Ⅱ.①刘… Ⅲ.①中国经济—文集 Ⅳ.①F12-53

中国版本图书馆 CIP 数据核字（2022）第 078346 号

责任编辑：胡　茜　杜羽茜　杨　娜　杜奕彤

责任印制：黄章平

责任校对：董杉册

出版发行：经济管理出版社
　　　　　（北京市海淀区北蜂窝 8 号中雅大厦 A 座 11 层　100038）
网　　址：www.E-mp.com.cn
电　　话：（010）51915602
印　　刷：北京晨旭印刷厂
经　　销：新华书店
开　　本：880mm×1230mm/16
印　　张：14
字　　数：287 千字
版　　次：2022 年 5 月第 1 版　2022 年 5 月第 1 次印刷
书　　号：ISBN 978-7-5096-8420-7
定　　价：50.00 元

主办单位

南京大学长江三角洲经济社会发展研究中心
教育部人文社科百所重点研究基地

南京大学经济转型和发展研究中心
教育部哲学社会科学创新基地

南京大学商学院

《南大商学评论》编辑委员会

主编的话

　　《南大商学评论》是由南京大学商学院主办的经济学、管理学类非连续的学术刊物。创刊以来，以其规范、严密、扎实的研究风格受到国内外学者的高度评价。在此我向关心支持本文集的同仁们表示衷心的感谢！

　　新一轮的全球化期待中国学术研究像中国经济一样，进入世界学术研究关注的焦点和前沿。为了鼓励源自于中国的原创性研究，《南大商学评论》的办刊方向进一步明确为立足于中国经济转型和发展实践，提倡从中国经济管理的实践中发现问题、提炼问题、分析问题和解决问题。

　　本刊将继续延续以前的传统，开放式办刊，广泛接受来自国内外学者的自由投稿，采用双向匿名审稿制度，主要发表原创性的规范和实证研究的学术论文，以及案例、综述和评论性的文章。研究领域不限，欢迎从宏观经济学、财政金融、产业组织、国际贸易、比较经济学、企业管理、市场营销、人力资源、电子商务、会计等相关具体领域进行专门化研究的成果。

南大商学评论
NANJING BUSINESS REVIEW

第 56 辑

目 录

南大商学评论

NANJING BUSINESS REVIEW

第 56 辑

Contents

市场化水平与共享发展
——基于中国地方发展的经验证据[*]

□ 王 宇 赵尧羲 李 阳

摘 要：共享发展是我国在新发展阶段的重要发展理念和基本方略，而市场化改革的持续深入是实现共享发展的重要内生动力。共享发展理念的核心内涵是在经济持续增长的前提下让人民享受发展成果，实现共同富裕。随着市场化水平的不断提升，政府可以在实现经济增长的同时缩小收入差距，进而实现共享发展的目标。本文讨论了市场化改革推动共享发展的实现机制，并在此基础上，利用我国的省级面板数据构建了结构方程模型对理论结果进行了实证检验。结果显示，市场化水平较高的地区在保证更高经济发展水平的同时，也实现了居民收入差距的缩小。

关键词：共享发展；市场化水平；地方发展；结构方程模型

JEL 分类：D60

引 言

改革开放以来，中国抓住了全球化机遇，通过实施经济追赶战略，取得了巨大成功并创造了"中国奇迹"，但同时，民生与经济发展不均衡的问题也日益凸显。经济发展的成果并没有很好地惠及所有的地区和人群，收入差距快速拉大以及分配不公的问题非常严峻。单纯地追求经济的高速增长所带来的发展不平衡问题，已经成为影响中国顺利跨越"中等收入陷阱"的一个重要因素，也引起了党和政府的高度重视。在这样的背景下，党的十八届五中全会首次提出共享发展理念，将其定位为新发展理念的出发点和落脚点，并且在党的十九大明确提出中国特色社会主义新时代的一个重要特征就是实现人民的共同富裕。让全体人民能够共享发展成果，实现共同富裕，其核心就在于在保持经济一定增速的前提下，有效缩小居民收入差距。

---

* 基金项目：国家社会科学基金项目"分享经济：互联网时代生产与消费的协同融合模式研究"（16BJL035）。

如何做到"鱼与熊掌可以兼得",成为中国政府和学术界的一个重要研究课题。

中国居民的收入差距在过去几十年中持续扩大且有继续上升的趋势,而收入不平等的上升又会导致贫困的增加(万广华、张茵,2006)。现有文献从众多方面分析了收入不平等产生的原因,包括城乡分割的户籍制度(Afridi et al.,2015)、重工业优先的国家发展战略(陈斌开、林毅夫,2013)、地方政府在财政支出中的城市偏向以及建设型偏向(Lipton and Eastwood,2000;蔡昉、杨涛,2000)、国民收入分配格局中居民部门收入下降(白重恩、钱震杰,2009)、行政垄断导致的行业收入差距拉大(岳希明等,2010;武鹏,2011)以及税收政策影响(徐建炜等,2013;贾俊雪、孙传辉,2019)等。与此同时,还有部分文献讨论了经济增长与收入不平等之间的关系。Li 和 Zou(1998)认为,收入分配的公平与经济发展的效率存在此消彼长的关系,降低收入不平等必然要以牺牲经济发展为代价。Forbes(2000)使用跨国面板数据,也发现在短中期内一国收入不平等的增加与随后的经济增长具有显著的正相关关系。但另外一些学者认为收入不平等与经济增长间是负相关关系。程强(2019)认为,经济发展水平越高,越有助于形成市场化制度,更完善的市场化制度又会降低收入不平等。Perotti(1996)发现,收入差距与经济增长之间存在非常显著的负相关关系。王少平和欧阳志刚(2007)的研究表明,现阶段城乡居民收入差距的扩大一定程度上阻碍了经济增长。

以中国为代表的发展中国家在实施发展与赶超战略的过程中,一方面需要保持一定的经济增速,这是社会经济发展的物质基础;另一方面又需要关注经济发展的可持续性以及民生问题。因此一些学者提出了"包容性增长"的概念(Ali and Zhuang,2007),强调经济增速的同时也要注重减少和消除机会不平等来促进社会公平和增长的共享性。经济增长应当有利于发展中国家中的大多数人,且更具平衡性和可持续性(Ali and Son,2007;于敏、王小林,2012)。杜志雄等(2010)认为,包容性增长是一种"普惠式增长",在不断创造更丰富的物质基础上,缩小收入分配差距,提高劳动报酬在初次分配中的比重。共享发展理念的提出,可以认为是包容性增长思想在新时代背景下的进一步发展,它强调了我国在新的发展阶段如何在彰显社会主义基本价值观的同时,实现高质量的均衡发展(魏志奇,2020;张秀荣,2021)。

贯彻共享发展理念,就是要在维持经济增长的同时推进民生的持续改善,如何兼顾两者,现有研究也从不同的角度进行了分析。Lundberg 和 Squire(2003)提出,国家政策公平性的改善可以同时有利于经济增长和收入均等化。王小鲁和樊纲(2005)认为,完善市场经济体制建设和深化所有制改革,在抑制收入差距扩大的同时并不会导致效率牺牲。林毅夫等(2008)认为,共享式发展的关键在于,政府应当增加对基础教育、基本医疗卫生等基本社会服务的投入,建立和完善社会保障制度以防止和消除极端贫困。很多学者还提出,提供科研教育等公共服务以及旨在鼓励完成中等教育的教育改革都是政府减少收入不平等和促进潜在经济增长的有效手段(Hanusheka et al.,

2003；Fournier and Johansson，2016）。贾俊雪和梁煊（2020）则认为，地方政府的财政收支竞争策略会对地方经济发展以及居民收入分配同时产生影响，因此共享发展的关键在于优化和完善地方政府的治理体系。

综上所述，共享发展的根本在于制度层面，并且越来越多的研究也发现制度红利是中国经济发展可持续性的关键保障（聂辉华、邹肇芸，2012；吴雪、周晓唯，2017），而我们认为市场化导向改革的持续深入就是制度红利的最根本来源。本文在对共享发展理念的核心内涵进行分析的基础上，从五个方面讨论了市场化改革推动共享发展的实现机制，同时建立结构方程模型（Structural Equation Model，SEM）对我国省级面板数据进行了实证分析。

1 市场化改革实现共享发展的机制分析

1.1 共享发展理念的内涵

共享是中国特色社会主义的本质要求，共享发展理念的实质就是坚持以人民为中心的发展思想，体现的是逐步实现共同富裕的要求。共享发展是新发展理念的出发点和落脚点，是新时代我国发展理论与实践的重要指针。我们认为共享发展理念包含以下三个核心内涵：

第一，国民经济的持续增长以及社会总财富的持续增加。经过改革开放40多年的发展，我国的综合国力得到了跨越式的提升，在此期间中国的人均GDP从200美元上升到10000美元，中国也从一个低收入国家变成了中等收入

国家，经济总量居世界第二位，超过了很多发达国家。但是即便如此，我们仍需要看到中国当前依然是全世界最大的发展中国家，党的十九大报告明确指出，"我国社会主要矛盾的变化，没有改变我们对我国社会主义所处历史阶段的判断，我国仍处于并将长期处于社会主义初级阶段的基本国情没有变，我国是世界最大发展中国家的国际地位没有变"。当前我国已经全面建成小康社会，但是人民群众对于美好生活的需要日益增长，我国也正处在由中等收入阶段向高收入发展阶段转换的关键时期，依然面临着"中等收入陷阱"等一系列发展风险。从这个意义上来说，发展才是硬道理，就像习近平总书记提到的，"我们必须紧紧抓住经济建设这个中心，推动经济持续健康发展，进一步把'蛋糕'做大，为保障社会公平正义奠定更加坚实物质基础"。因此，要想实现共享发展理念，首先要突出发展，共享需要建立在社会物质财富不断丰富的基础上，发展是共享的前提条件和客观基础。换句话说，共同富裕要在更高的财富水平上实现公平。这就意味着实现共享发展理念依然要求把发展放在首位，要在社会与经济的发展中让全体人民享受发展成果，实现共同富裕，也只有保持经济的高质量和可持续发展，不断提高全社会的创新能力和生产效率，才能真正为全民共享与共同富裕奠定夯实的经济基础。

第二，全体人民更加公平地享受社会与经济的发展成果。我国在过去取得巨大发展成就的同时，一些问题也日益凸显，如经济、政治、社会和区域发展的不平衡和不协调问题，这其中最为突出的一个焦点问题就是收入差距的逐

步拉大以及人民群众对公平正义的获得感不足。共享发展理念就是针对发展过程中出现的上述现实问题提出的，党的十八大报告明确提出"公平正义是中国特色社会主义的内在要求"，并且在党的十九大报告中再次强调"在发展中补齐民生短板、促进社会公平正义"。这就意味着社会发展的红利需要在全体人民之间更加公平地进行分配，不同的社会群体都应该有获得财富和优质社会服务的权利。进一步来说，就是要在保证机会均等的同时，通过社会制度和公共服务体系的优化与调整，保证全体公民在参与社会经济活动的过程中，能够更加公平地分享社会发展的各种物质与精神成果，对弱势群体和低收入阶层进行适当的补偿和扶助，这也是社会主义的本质要求和社会主义制度优越性的根本体现。我国当前的主要矛盾是人民日益增长的美好生活需要和不平衡不充分的发展之间的矛盾，更加公平地满足上述需要包含众多方面的内容，其中最核心的问题就是要在收入持续提升的基础上，不断缩小收入差距，这是共享社会发展成果的关键所在。

第三，发展与共享既相互对立，又相互统一。从长期来看，发展与共享是高度统一、相互促进的。社会发展的红利在全体社会成员之间更加公平地分配，才能更有效地激发公民的主动性和创造性，获得感的持续提升将使社会成员为了一个共同的发展目标更加团结，不断把"蛋糕"做大。与此同时，社会财富的不断积累，才能保证每个社会成员获得更多的财富，在更高的水平上分享社会发展成果。经济发展和社会公平在本质上是相辅相成、彼此促进的。但是在一定的发展阶段中，发展与共享又是相互对立的，一定时期内的部分政策很难做到"鱼和熊掌两者兼得"，如政府在提高民生福利的同时短期内必然会产生较高的财政压力，甚至对生产性的公共服务产生挤出。因此，共享发展理念在实施过程中也存在阶段性和动态性的特点，要从社会发展阶段的实际出发，在发展中稳步推进和动态调整。一些拉美国家遭遇"中等收入陷阱"的经验和教训，告诉我们在贯彻共享发展理念的过程中要重视可持续性，在制定相关政策时要关注民生改善与经济发展在一定时期内的矛盾性。

1.2 市场化水平的提升对共享发展的促进作用分析

根据内生性增长理论（Barro and Sala-i-Martin，1992），政府可以通过提供生产性公共支出，如基础设施建设和公用教育等来提高全社会的生产效率，进而实现经济的持续增长。与此同时，Alesina 和 Rodrik（1994）的研究发现，如果政府在预算平衡的前提下通过税收来提供生产性公共服务，那么从长期来看经济增长速度与收入不平等之间存在正相关关系。因此，当某个经济中居民的财产禀赋存在较高的不平等性时，当税率受到中位数居民的偏好影响时，那么经济增长和民生改善是存在矛盾的。从短期来看，经济增长和收入均等化之间的矛盾更加难以调和（Halter et al.，2014；张照侠、龚敏，2015）。在短期内，政府的财政收入是相对稳定的，政府必须考虑如何有效地将财政资金用于不同的领域。如果政府为了降低收入不平等，那么在财政支出上必须更加偏向于民生类的转移支付等，这就意味着生产性公共产品的投资会降低。一般来说，低收入群体拥有的生产性资本相对更低，从而在初次分配中获得份额更低，因此在收入不平等程度较高的情况下，低收入群体从政府的转移支付中获得的收益一般都会高于生产性公共产品。为了缓解收入不平等问题，政府就必须压缩生产性公共产品的投资，这就必然会对短期的经济增长产生负面影响。从这个意义上来说，政府在制定公共政策时就必然面临着两难抉择：尽管长期来看收入均等和经济增长是协调一致的，但是短期来看保持较高经济增速就难以缓解收入不平等问题，提高收入均等化水平又会对经济发展带来负面影响。

然而，上述分析忽略了一个重要的问题，即政府在通过提供生产性公共产品或者服务来推动经济增长的过程中，其效果不仅与政府的生产性服务支出规模有关，同时还会受到上述公共产品的质量以及制度环境的影响（Dalgaard et al.，2005）。如果政府在降低生产性公共支出的同时，提高公共产品质量或者优化制度环境，那么就不会对经济增长产生负面冲击，同时还能将更多的财政支出用于民生改善。对中国而言，上述制度环境的优化，其核心就是要进一步推动市场化改革，不断提高市场化水平。我们认为，市场化水平的持续提升，主要可以从以下五个方面来实现以经济增长和收入均等化为核心的共享式发展理念：

第一，政府与市场关系的优化。中国市场化改革的一个重要方面就是从原来主要由政府通过计划方式来分配经济资源，逐步转向主要由市场来分配经济资源。党的十八届三中全会明确提出"使市场在资源配置中起决定性作用和更好发挥政府作用"，这也明确地指出了正确

处理政府和市场的关系的两个核心内容：①最大限度减少政府对经济资源的直接配置和对微观经济活动的直接干预，充分发挥市场在资源配置中的决定性作用。政府作为改革的发起者、设计者和执行者，在市场经济体制的建立与发展过程中一直起着主导作用，但是强势政府过多的职能"越位"，必然会对经济发展产生一定的负面影响，这就表现在对企业的生产经营活动干预过多，地区间的过度竞争和地方保护主义加剧，以及宏观调控手段中直接的行政干预过多这三个方面。上述"有形之手"对"无形之手"的过度干预，必然会对微观主体的经济决策造成一定的激励扭曲，企业难以在价格机制的调解下优胜劣汰，并且还会导致大量的重复建设和非理性投资等问题。只有让市场更好地发挥其在资源配置中的决定性作用，才能让政府提供的生产性公共产品与服务所产生的正外部性更好地传递到微观决策主体，进而不断提高生产效率。②政府要更好地发挥其自身作用，有效弥补市场失灵。政府的公共服务职能需要随着经济的不断发展而持续加强，否则就会存在职能"缺位"问题。这主要表现在社会保障和公共服务供给不足、法制建设落后和市场监管缺位等方面。市场的良好运作取决于完备的制度基础和健全的规则设计，这些都是政府应当承担的重要职能，也是保证市场化有序进行的前提条件。与此同时，在市场失灵发生的情况下，政府需要主动对其进行纠正和补充，例如政府需要在公共服务领域承担起更多的责任。综上所述，政府与市场关系的优化，本质上就是要求政府和市场在资源配置中各司其职，相互补充，一方面市场机制的资源配置效率不

断提升，另一方面政府的现代化治理水平也不断提升，最终实现经济增长方式从粗放型转向集约型，同时政府也能将更多的社会资源用于改善民生。

第二，民营经济的健康发展。改革开放40多年来，民营企业在推动发展、促进创新、增加就业、改善民生和扩大开放等方面发挥了不可替代的作用。民营企业用近40%的资源，创造了我国60%以上的GDP，缴纳了50%以上的税收，贡献了70%以上的技术创新和新产品开发，提供了80%以上的就业岗位，民营经济已经成为社会主义市场经济的重要组成部分和我国经济社会发展的重要基础。民营经济的健康发展对共享发展理念的实现主要体现在以下四个方面：①民营经济的发展是我国完善社会主义市场经济体制的重要保障。中国改革的一个重要成功经验就是将增量改革与存量改革相结合，以前者促进后者。民营经济的健康发展，为国有经济改革的顺利推进提供了坚实的物质基础和充分的缓冲空间，极大地缓解了国有企业改革产生的就业压力和可能引发的社会摩擦，为国有经济的发展赢得了宝贵的时间与空间。②民营经济的健康发展客观上实现了"鲶鱼效应"，为市场经济体制的完善提供了重要的推动力。具有高度活力的民营经济一方面通过市场竞争来对国有经济产生了倒逼效应，另一方面也对国有经济难以覆盖的领域实现了有效补充，总体上对经济增长以及就业保障做出了重要的贡献。③民营经济是提高人民收入水平的重要承担者。中小企业是民营经济的重要组成部分，而中小企业是吸纳劳动力就业和创造税收的中坚力量。中小企业的良性发展，对于中低收入

阶层居民收入的持续提升具有决定性的影响，并且中小企业的税收贡献也对政府财政能力的改善至关重要，能让政府提供更多的公共产品和服务。④民营经济的健康发展反映了对内开放程度的不断提高。民营企业的发展离不开制度上的支持和保护，只有对内开放程度的不断提升，才能实现民营经济的持续健康成长。对内开放程度的提升，表现在对民营经济实施平等的产权保护、市场准入和要素使用，这也意味着市场机制能够更好地发挥作用。

第三，国内统一大市场建设。国内统一大市场是指在充分竞争的基础上，各地区之间的产品与要素市场形成了相互依存、相互补充、相互开放和相互协调的市场体系。统一大市场的形成对于共享发展理念的实现具有以下三个方面的重要意义：①统一大市场是推进产品与服务市场提质增效的重要手段。打破市场分割，减少地方保护与垄断，才能不断降低市场摩擦，真正让"一价定律"发挥作用，让市场主体在价格的指挥棒下进行有效竞争，并且通过市场运行与监管规则的完善，推动商品和服务质量不断提升，在降低社会生产和流通成本的同时，持续改善消费者福利。②统一大市场是推动要素自由流动和高效配置的关键抓手。当前我国的要素市场，尤其是土地市场、资本市场和高级劳动力市场发展滞后，存在着包括市场分割和流通不畅等问题。要素市场的发育不良，不仅对生产效率的提升带来了严重的阻碍，同时也加剧了初次分配的不均衡性。③统一大市场的形成，可以倒逼地方政府的职能改革和优化，让其更加关注公共服务功能和制度建设，以此来虹吸高级生产要素在区域内部集聚，最终形

成良性而有序的地区竞争。

第四，丰富的中介组织与良好的法制环境。中介组织是市场机制的重要润滑剂，它通过为市场参与主体提供财务、法律和技术等各方面的服务，能够有效降低社会交易成本，提高资源配置效率。丰富的中介组织的存在，可以在以下三个方面实现共享发展的理念：①中介组织的发展与丰富可以进一步完善市场机制。随着社会分工的不断细化，企业在提高生产效率的过程中需要不断剥离与核心业务关系不大的职能，这就必然需要由专业化的企业或者组织提供专业化的服务，而中介组织的不断丰富可以为企业的经营活动提供全方位的专业化服务，从而能让相关企业专注于主业。与此同时，市场中介组织的发展，还能为企业之间的公平竞争创造一个良好有序的环境，协调和规范市场中的竞争关系。②丰富的中介组织能够帮助政府更好地实现职能转变。政府在中国经济的发展中扮演了重要的角色，随之而来的就是政府承担了过多的职能，一方面对市场机制产生了负面影响，另一方面也产生了巨大的财政压力和激励扭曲。中介组织的健康发展，可以更好地承接原本不应当由政府承担的职能，在降低财政压力的同时提供效率更高的专业化服务，让政府真正专注于公共服务的提供和市场秩序的维护。③丰富的中介组织能够更好地推动社会公平正义。弱势群体在参与社会经济活动中，由于缺乏足够的信息和资源，往往容易受到不公平和不公正的待遇。社会中介组织的存在，能够更好地代表和反映相关群体的利益诉求，并且通过专业的服务来为其争取更好的分配结果，客观上成为减少社会风险和震荡的润滑剂

和稳定器。种类丰富的中介组织还能与政府形成良性互补，弥补政府提供的保障性服务的不足，部分解决政府失灵的问题。除了中介组织以外，健全的法制环境对于共享发展理念的实现也至关重要，高标准的市场体系，要求在法律制度上保证完善的产权制度、统一透明的市场准入以及公平的竞争审查，这是保证社会主义市场经济体制有效运行的制度基础。与此同时，健全的法制环境也是明确政府与市场边界、落实社会保障和促进社会公平正义的制度保证。

第五，高质量的开放水平。中国经济之所以能取得重大成就，一个重要的原因就是通过市场化改革充分抓住了第一波全球化的红利，改革与开放两者相辅相成。随着第二波全球化的逐步展开，尽管出现了一些逆全球化的浪潮，但是只有通过建立更高水平的开放型经济，中国才能再次抓住这一波的全球化红利，真正实现共享发展。①更高水平的开放才能做到更好地"引进来"。高质量的开放经济，能够真正实现基于内需的全球化战略，推动"双循环"落地。通过从全球范围内虹吸高素质的人才和技术资源，在国内形成创新要素的集聚。在这一过程中，依托于中国超大规模的内需市场，我们能够让开放经济活动的外部性最大限度地实现国内溢出，让全体民众最大化地享受开放红利，最终推动我国的产业结构升级和产业链高端化，尽快拉平我国与发达国家的产业结构和人均收入的差距。②更高水平的开放能够帮助中国企业更好地"走出去"。通过积极参与全球经济治理体系，加快推动区域合作机制，可以使中国的企业大规模地"走出去"，除了产品和品牌的推广之外，还能积极参与境外的基础设

施建设和产能合作，一方面扩大了中国企业的市场广度，另一方面还能高效利用当地的人力资源和知识资源。总而言之，基于高质量开放的全球化战略，能够让市场同时从广度和深度两方面得到拓展，让全球资源为我所用。

2 基于中国地方发展经验的实证分析

在这一部分，我们将使用结构方程模型（Structural Equation Model，SEM），基于中国地方发展的经验数据来验证之前理论分析中的结论：不断提升的市场化水平可以实现共享式发展，即在保证较高经济增速的同时缩小居民的收入差距。

2.1 观察标识选取与测量模型的构建

基于之前的理论分析，我们在这部分的实证分析中也将从五个方面来分析市场化水平的提升如何促进共享发展。其中关于统一大市场，我们将其具体细化为产品市场的发育程度和要素市场的发育程度两个指标，这两个指标以及政府与市场的关系、非国有经济的发展、市场中介组织的发育和法律制度环境的测度，我们可以直接从《中国分省份市场化指数报告（2018）》（王小鲁等，2019）中获得。对外开放程度指标的计算公式为：

$$对外开放程度 =$$

$$\frac{货物进出口贸易总额 + 非金融类对外直接投资}{国民生产总值}$$

$$+\frac{外商直接投资}{国民生产总值} \qquad (1)$$

关于收入不平等的测度，目前比较常用的

指标主要有城乡收入比、基尼系数和泰尔指数等。目前我国的收入不平等主要体现为城乡收入差距（Kanbur，1999）。另外，我国省级收入数据较少，仅用统计年鉴中的五分组或七分组信息难以准确有效地计算出基尼系数。因此本文着重关注城乡收入不平等，在结构方程模型的测量模型中使用城乡收入比和城乡消费比来测度城乡收入不平等。

针对内生潜变量经济发展水平，本文分别使用对数化后的第一产业人均 GDP、第二产业人均 GDP 及第三产业人均 GDP 来测度，人均 GDP 均以 2008 年为基期计算实际数据，计算公式为：

$$该产业人均 GDP = \frac{该产业 GDP 总量}{该产业就业人数} \qquad (2)$$

外生潜变量物质资本水平由人均物质资本存量直接测度，物质资本存量依据单豪杰（2008）所提出的方法计算，计算公式为：

$$K_t = K_{t-1}(1-\delta) + f_t \qquad (3)$$

其中 K_t 和 K_{t-1} 分别表示当期和上期的物质资本存量，δ 为 10.96% 的固定折旧率，f_t 为当期新增的固定资本形成总额，基期定为 1952 年，物质资本存量除以常住人口即为人均物质资本存量。

外生潜变量人力资本水平由人均受教育年限直接测度，计算公式为：

$$E = \frac{1 \times H_0 + 6 \times H_1 + 9 \times H_2 + 12 \times H_3 + 15 \times H_4}{H} \qquad (4)$$

其中，H 为抽样总人口数，H_0 为未上过学的人数，H_1 为小学文化人数，H_2 为初中文化人数，H_3 为高中文化人数，H_4 为大专及以上文化人数。

外生潜变量劳动力增长率由就业人口增长率直接测度。

外生潜变量生产性公共服务水平由人均生产性财政支出直接测度。关于生产性财政支出，目前学界尚未达成共识，一般认为政府投资性的支出是具有生产性的，而消费性的支出不具有生产性（胡永刚、郭新强，2012）。本文将国家统计局所划分的地方财政支出类别中的城乡社区事务支出、交通运输支出、科学技术支出

以及资源勘探电力信息等事务支出看作政府的生产性财政支出，以上四项支出之和比常住人口即为人均生产性财政支出。

各潜变量与观察标识间的测量关系如表1所示，其中物质资本、人力资本以及生产性公共服务水平为单标识潜变量，估计时需要将其因子载荷固定为1，即观察标识被单标识潜变量完全解释。

表 1　潜变量及观察标识对应

潜变量名	潜变量符号	观察标识名	观察标识符号
市场化水平	ins	政府与市场的关系	INS1
		非国有经济的发展	INS2
		产品市场的发育程度	INS3
		要素市场的发育程度	INS4
		市场中介组织的发育和法律制度环境	INS5
		对外开放程度	INS6
生产性公共服务水平	exp	人均生产性财政支出的对数	lnEXP
人力资本水平	edu	人均受教育年限	EDU
物质资本水平	cap	人均物质资本存量的对数	lnCAP
劳动力增长率	glab	就业人口数增长率	GLAB
物质资本增长率	gcap	物质资本存量增长率	GCAP
城乡收入不平等	ineq	城乡收入比	INC
		城乡消费比	CON
经济发展水平	pgdp	第一产业人均实际GDP的对数	lnPGDP1
		第二产业人均实际GDP的对数	lnPGDP2
		第三产业人均实际GDP的对数	lnPGDP3
经济总量	gdp	实际GDP的对数	lnGDP
经济增长率	growth	实际GDP增长率	GROWTH

2.2 结构方程模型的构建

通过构建结构方程模型，我们将着重分析市场化水平如何影响经济发展水平与城乡收入不平等。在该方程模型中，物质资本、人力资本、市场化水平以及生产性公共服务水平为两两相关的外生潜变量[①]，它们同时影响经济发展水平和城乡收入不平等这两个内生潜变量，

与此同时，上述两个内生潜变量彼此之间存在相关性。由于本文主要关注市场化水平对经济发展水平与城乡收入不平等的影响，而非外生潜变量之间直接相互作用，因此模型中实际仅设置内生潜变量之间的相关性，具体如图1所示。

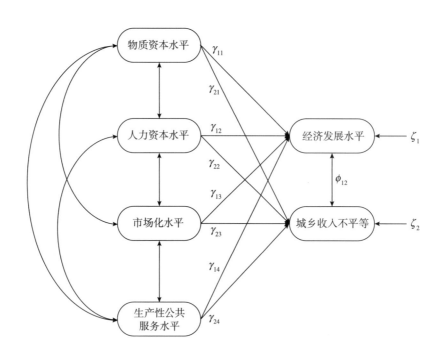

图 1　结构方程模型的初始结构

图1中不同的 γ 分别为物质资本水平、人力资本水平、市场化水平以及生产性公共服务水平作用于经济发展水平和城乡收入不平等的路径系数，ζ_1 和 ζ_2 分别为内生潜变量的残差，代表内生潜变量不能被外生潜变量解释的部分，

Φ_{12} 为内生潜变量残差之间的协方差，代表两个内生潜变量不能被外生潜变量解释的部分存在相关性。相对应的测量方程可以用矩阵形式表示为：

---

① 其中物质资本、人力资本以及生产性公共服务水平为单标识潜变量。

$$
\begin{bmatrix} INS1 \\ INS2 \\ INS3 \\ INS4 \\ INS5 \\ INS6 \\ \ln EXP \\ EDU \\ \ln CAP \\ INC \\ CON \\ \ln PGDP1 \\ \ln PGDP2 \\ \ln PGDP3 \end{bmatrix} = \begin{bmatrix} \lambda_{11} \\ \lambda_{12} \\ \lambda_{13} \\ \lambda_{14} \\ \lambda_{15} \\ \lambda_{16} \\ \lambda_{21} \\ \lambda_{31} \\ \lambda_{41} \\ \lambda_{51} \\ \lambda_{52} \\ \lambda_{61} \\ \lambda_{62} \\ \lambda_{63} \end{bmatrix} \begin{bmatrix} ins \\ exp \\ edu \\ cap \\ ineq \\ pgdp \end{bmatrix} + \begin{bmatrix} \varepsilon_{1} \\ \varepsilon_{2} \\ \varepsilon_{3} \\ \varepsilon_{4} \\ \varepsilon_{5} \\ \varepsilon_{6} \\ \varepsilon_{7} \\ \varepsilon_{8} \\ \varepsilon_{9} \\ \varepsilon_{10} \\ \varepsilon_{11} \\ \varepsilon_{12} \\ \varepsilon_{13} \\ \varepsilon_{14} \end{bmatrix} \tag{5}
$$

该结构方程模型可以用矩阵形式表述为:

$$
\begin{bmatrix} pgdp \\ ineq \end{bmatrix} = \begin{bmatrix} \gamma_{11} & \gamma_{12} & \gamma_{13} & \gamma_{14} \\ \gamma_{21} & \gamma_{22} & \gamma_{23} & \gamma_{24} \end{bmatrix} \begin{bmatrix} cap \\ edu \\ ins \\ exp \end{bmatrix} + \begin{bmatrix} \zeta_{1} \\ \zeta_{2} \end{bmatrix} \tag{6}
$$

2.3 数据描述性统计与检验

通过收集 2008~2016 年,除西藏、港澳台地区以外的我国 30 个省、自治区及直辖市的省级面板数据,我们共获得 270 个样本数据。数据来源于《中国分省份市场化指数报告(2018)》、各省份每年出版的《统计年鉴》、统计局发布的《统计公报》以及国家统计局数据库,极少数缺失值使用线性插值法填补①。由于各变量单位与尺度不一致,我们在使用结构方程估计前已经将变量标准化处理,标准化处理前数据描述性统计如表 2 所示。

表 2　描述性统计

符号	观察标识	样本数	平均值	中位数	标准差	最大值	最小值
INS1	政府与市场的关系	270	6.390	6.545	1.687	1.480	10.831
INS2	非国有经济的发展	270	6.719	6.940	2.251	0.940	10.380
INS3	产品市场的发育程度	270	7.847	8.020	1.496	0.196	11.520
INS4	要素市场的发育程度	270	5.374	4.895	2.520	0.370	14.748

① 对各省份的市场化水平的度量数据主要来源于《中国分省份市场化指数报告》,该报告两年发布一次,最新的数据只披露到 2016 年,因此我们在该研究中的面板数据也只能更新到 2016 年。

续表

符号	观察标识	样本数	平均值	中位数	标准差	最大值	最小值
INS5	市场中介组织的发育和法律制度环境	270	5.534	4.090	4.180	-0.410	20.686
INS6	对外开放程度	270	0.337	0.163	0.373	0.040	1.751
lnEXP	人均生产性财政支出的对数	270	7.291	7.249	0.694	5.662	9.179
EDU	人均受教育年限	270	8.970	8.896	0.887	7.024	12.322
lnCAP	人均物质资本存量的对数	270	9.790	9.826	0.850	6.600	11.658
GLAB	就业人口数增长率	270	1.017	1.014	0.023	0.941	1.201
GCAP	物质资本存量增长率	270	1.153	1.156	0.049	1.000	1.321
INC	城乡收入比	270	2.820	2.732	0.517	1.845	4.281
CON	城乡消费比	270	2.726	2.664	0.562	1.596	4.552
lnPGDP1	第一产业人均实际 GDP 的对数	270	9.560	9.633	0.441	8.292	10.398
lnPGDP2	第二产业人均实际 GDP 的对数	270	11.740	11.710	0.411	10.677	13.115
lnPGDP3	第三产业人均实际 GDP 的对数	270	11.076	11.018	0.428	10.081	12.161
lnGDP	实际 GDP 的对数	270	9.426	9.522	0.887	6.926	11.203
GROWTH	实际 GDP 增长率	270	1.105	1.103	0.029	0.975	1.178

信度检验结果如表 3 所示，各项目及总体克朗巴哈系数（Cronbach's α）均大于 0.7，而效度检验结果显示 KMO 统计量达到了 0.840，并且通过了 Bartlett 球形检验。上述结果表明选取数据内部一致性及可靠性均较好，适合进一步的结构方程模型分析。

表 3 信度检验与效度检验

潜变量	观察标识数	Cronbach's α	总体 Cronbach's α
市场化水平	6	0.843	
经济发展水平	3	0.776	
城乡收入不平等	2	0.871	
生产性公共服务水平	1	—	
物质资本水平	1	—	0.772
人力资本水平	1	—	
物质资本增长率	1	—	
劳动力增长率	1	—	
经济总量	1	—	
经济增长率	1	—	
KMO 统计量		0.840	
Bartlett 球形检验	卡方		4118.363
	df		153
	p		0.000

2.4 实证分析结果与解释

结构方程模型参数估计通常采用极大似然法（Maximum LikeLihood）进行估计，但现有数据不满足正态分布且样本量较小，因此本文使用 MLR 法（Rosseel, 2012）进行参数估计，初始拟合结果如表4至表6所示。

如表4所示，从标准化因子载荷来看，除产品市场发育程度在5%的显著性水平上未通过检验（在10%的显著性水平上通过检验）

以外，其他观察标识显著性均非常好。除政府与市场关系、产品市场发育程度以外，其他观察标识在其对应潜变量上的标准化因子载荷均大于0.6，意味着观察标识能被潜变量良好地解释。这里一个可能的解释是经过40余年的改革开放，我国产品市场的发育程度已经达到了较高的水平，全国统一性的市场已经形成，因此该指标的提升空间已经相对有限。

表4 标准化因子载荷

潜变量		观察标识	标准化因子载荷	z统计量	p值	
经济发展水平	=~	第一产业人均GDP	0.677	2.830	0.005	＊＊＊
	=~	第二产业人均GDP	0.667	2.397	0.017	＊＊
	=~	第三产业人均GDP	0.874	2.436	0.015	＊＊
城乡收入不平等	=~	城乡收入比	0.902	15.924	0.000	＊＊＊
	=~	城乡消费比	0.857	14.398	0.000	＊＊＊
市场化水平	=~	市场中介组织发育和法律制度环境	0.835	17.574	0.000	＊＊＊
	=~	要素市场发育程度	0.807	17.157	0.000	＊＊＊
	=~	对外开放程度	0.713	12.300	0.000	＊＊＊
	=~	非国有经济发展	0.637	9.073	0.000	＊＊＊
	=~	政府与市场关系	0.324	4.143	0.000	＊＊＊
	=~	产品市场发育程度	0.167	1.709	0.087	＊

注：符号"=~"表示测量，右边为观察标识，左边为潜变量；＊、＊＊、＊＊＊分别表示在10%、5%、1%的水平下显著。

如表5所示，从标准化路径系数来看，除生产性公共服务水平对城乡收入不平等的作用不显著外，其余各条路径显著性良好。各外生潜变量作用于经济发展水平的路径系数均为正，其中市场化水平对经济发展水平的路径系数最大，达到了0.298，并且在5%的显著性水平上

通过了检验，意味着市场化水平的提高将有利于经济水平的提高。生产性公共服务水平对经济发展水平的路径系数达到0.269，也在5%的显著性水平下通过了检验，意味着生产性公共服务与经济发展水平之间存在正相关关系。

表5 标准化路径系数

内生潜变量		外生潜变量	标准化路径系数	z统计量	p值	
经济发展水平	←	市场化水平	0.298	1.979	0.048	＊＊

续表

内生潜变量		外生潜变量	标准化路径系数	z 统计量	p 值	
经济发展水平	←	生产性公共服务水平	0.269	2.133	0.033	**
经济发展水平	←	物质资本	0.283	2.583	0.010	***
经济发展水平	←	人力资本	0.273	2.206	0.027	**
城乡收入不平等	←	市场化水平	−0.316	−2.244	0.025	**
城乡收入不平等	←	生产性公共服务水平	−0.021	−0.281	0.779	
城乡收入不平等	←	物质资本	−0.145	−2.338	0.019	**
城乡收入不平等	←	人力资本	−0.363	−3.088	0.002	***

注：符号"←"表示路径方向，右边为外生潜变量，左边为内生潜变量；*、**、***分别表示在10%、5%、1%的水平下显著。

各外生潜变量作用于城乡收入不平等的路径系数均为负，其中市场化水平对城乡收入不平等的负效应达到了−0.316，并且在5%的显著性水平上通过了检验，意味着市场化水平的提高可以较大程度地缓解城乡收入不平等的问题。生产性公共服务水平对城乡收入不平等的作用并不显著，原因之一可能是在目前我国城市化进程仍在不断推进的背景下，用于基础建设、科学技术等领域的财政支出仍然存在很大的城市偏向，对城镇居民收入水平的提高产生了更多的促进作用，导致其对城乡收入不平等的路径系数并不显著。对城乡收入不平等负效应最大的是人力资本水平，达到了−0.363，并且在1%显著性水平下通过了检验，可见加大在教育方面的投入，提高城乡居民的教育水平，提升人力资本水平可以成为缓解我国城乡收入不平等的手段之一。

如表6所示，从各潜变量之间的协方差来看，内生潜变量经济发展水平与城乡收入不平等残差间的协方差已不显著，并且可以认为除结构方程中的外生潜变量以外，已没有其他同时显著影响经济发展水平与城乡收入不平等的因素。

表6 潜变量残差标准化协方差

潜变量		潜变量	标准化协方差	z 统计量	p 值	
经济发展水平	~~	城乡收入不平等	−0.193	−0.668	0.504	
物质资本	~~	人力资本	0.678	27.446	0.000	***
物质资本	~~	生产性公共服务水平	0.649	19.515	0.000	***
人力资本	~~	生产性公共服务水平	0.676	18.463	0.000	***
物质资本	~~	市场化水平	0.636	19.120	0.000	***
人力资本	~~	市场化水平	0.750	21.507	0.000	***
生产性公共服务水平	~~	市场化水平	0.708	19.916	0.000	***

注：符号"~~"表示相关，符号两边变量不同为协方差，相同即为方差；*、**、***分别表示在10%、5%、1%的水平下显著。

2.5 稳健性检验

为了检验之前实证分析结果的稳健性，我们现在将一个内生潜变量经济发展水平改为经济增长率，作用于经济增长率的外生潜变量分别为物质资本增长率、劳动力增长率、GDP 总量、市场化水平以及生产性公共服务水平。与之前不同的是，这里我们增加了城乡收入不平等作用于经济增长率的路径，即市场化水平、生产性公共服务水平既可以直接作用于经济增长率，也可以通过城乡收入不平等间接作用于经济增长率。此外，作用于同一内生潜变量的

外生潜变量两两相关，其中物质资本增长率、劳动力增长率、生产性公共服务水平以及经济增长率为单标识潜变量，具体如图 2 所示。

图 2 中 γ_{11}、γ_{12}、γ_{13}、γ_{14} 分别为各外生潜变量对城乡收入不平等的路径系数，γ_{23}、γ_{24}、γ_{25}、γ_{26}、γ_{27} 分别为各外生潜变量对经济增长率的路径系数，β_{21} 为城乡收入不平等对经济增长率的路径系数。ζ_1、ζ_2 分别为内生潜变量城乡收入不平等和经济增长率的残差，代表了内生潜变量不能被外生潜变量解释的部分。

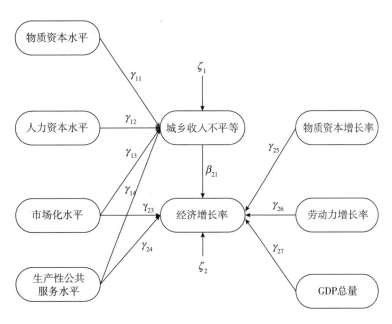

图 2　新模型的初始结构

如表 7 所示，在新模型中，产品市场发育程度在市场化水平上的标准化因子载荷虽然仍然较小，但已经比较显著，可以将其继续保留在测量

模型中。除产品市场发育程度以外，其他观察标识在其对应潜变量上的标准化因子载荷均大于 0.6，意味着观察标识能被潜变量良好地解释。

表 7　新模型的标准化因子载荷

潜变量		观察标识	标准化因子载荷	z 统计量	p 值	
城乡收入不平等	=~	城乡收入比	0.905	14.518	0.000	***
	=~	城乡消费比	0.837	13.167	0.000	***

续表

潜变量		观察标识	标准化因子载荷	z统计量	p值	
	=~	市场中介组织发育和法律制度环境	0.799	17.300	0.000	***
	=~	要素市场发育程度	0.758	13.695	0.000	***
市场化水平	=~	对外开放程度	0.625	11.086	0.000	***
	=~	非国有经济发展	0.753	10.011	0.000	***
	=~	政府与市场关系	0.630	8.677	0.000	***
	=~	产品市场发育程度	0.355	3.395	0.001	***

注：符号"=~"表示测量，右边为观察标识，左边为潜变量；*、**、***分别表示在10%、5%、1%的水平下显著。

如表8所示，总体来看，新模型中各外生潜变量对城乡收入不平等的标准化路径系数的正负号与原始模型基本一致，并且市场化水平对城乡收入不平等的标准化路径系数更高也更加显著。与此同时，市场化水平对经济增长率的标准化路径系数仅小于物质资本增长率，达到了0.242，并且在1%的显著性水平下通过了检验，这意味着市场化水平的提高将有利于经济增长率的提高。因此我们可以认为之前的实证结果是比较稳健的。

表8 新模型的标准化路径系数

内生潜变量		外生潜变量	标准化路径系数	z统计量	p值	
经济增长率	←	市场化水平	0.242	3.183	0.001	***
经济增长率	←	城乡收入不平等	0.169	2.868	0.004	***
经济增长率	←	生产性公共服务水平	−0.164	−3.153	0.002	***
经济增长率	←	物质资本增长率	0.512	9.354	0.000	***
经济增长率	←	人力资本增长率	0.098	2.375	0.018	**
经济增长率	←	经济总量	−0.138	−2.040	0.041	**
城乡收入不平等	←	市场化水平	−0.532	−6.941	0.000	***
城乡收入不平等	←	生产性公共服务水平	−0.069	−0.976	0.329	
城乡收入不平等	←	物质资本水平	−0.167	−2.864	0.004	***
城乡收入不平等	←	人力资本水平	−0.193	−1.840	0.066	*

注：符号"←"表示路径方向，右边为外生潜变量，左边为内生潜变量；*、**、***分别表示在10%、5%、1%的水平下显著。

除此之外，新模型的结论显示生产性公共服务水平对经济增长率的标准化路径系数为−0.164，并且在1%的显著性水平下通过了检验。生产性公共服务水平与经济增长率呈现负相关关系的结论，可以认为是对之前实证结果的一个有效补充，即单纯依赖加大生产性公共服务支出是难以实现经济的长期增长的，甚至会对经济增长带来负面冲击，这种负相关关系也得到了部分研究的支持（郭庆旺等，2003；王春元，2009）。城乡收入不平等对经济增长率的标准化路径系数为 0.169，并且在 1% 的显著性水平下通过了检验。这意味着 2008~2016 年，我国各省份的城乡收入不平等与经济增长率之间可能仍然存在一定的正相关关系。

3 结论与政策建议

以人民共享发展成果为核心的共享发展理念，是党和政府在新发展阶段建设中国特色社会主义的基本方略之一。共享发展体现了以人民为中心的共同富裕思想，其本质在于兼顾经济发展与民生改善。要想实现上述目标，关键在于市场化改革的持续深入。本文从政府与市场关系的优化、民营经济的健康发展、国内统一大市场建设、丰富的中介组织与良好的法制环境以及高质量的开放水平这五个方面分析了市场化水平的提升如何促进共享发展，并以我国 30 个省级行政区的面板数据为样本，使用结构方程模型验证了理论分析的结论。基于研究结论，本文提出以下三点政策建议：

第一，营造良好法治环境，推进市场中介组织规范发展。要厘清政府部门与市场中介组织之间的关系，减少行政干预，保证其独立的市场主体地位，在完善的法制下充分发挥市场作用以促进其发展壮大。

第二，深化对内和对外开放，破除妨碍生产要素市场化配置的障碍。对内开放上，要打破市场壁垒和分割，破除阻碍企业发展的体制机制障碍，消除各种隐性壁垒。其核心在于对民营企业开放，减去诸多限制民营经济发展的不合理障碍，打破所有制歧视，进一步开放市场准入，从而充分激发民营经济的活力。对外开放上，适当放宽市场准入原则，有序开放服务业，实现多领域对外开放。开放措施要向"境内开放"进行拓展、延伸和深化，即转型"制度型开放"。

第三，贯彻落实户籍制度改革，促进劳动力要素自由流动。劳动力是现今最重要最具创造性的生产要素，能充分带动其他要素的优化配置。在构建国内统一大市场，对不同市场主体公平公正对待的目标基础上，要着重推动劳动力要素自由流动与市场化配置。当前我国常住人口城市化率和户籍人口城市化率之间依然存在明显缺口，应当贯彻落实户籍制度改革，除超大型城市外的城市应该全面放开落户政策。相应的公共服务亦应当提高至适当水平，以促进人口的流动与配置优化。

参考文献

[1] Ali I., Zhuang J. Inclusive Growth toward a Prosperous Asia: Policy Implications [R]. ERD Working Paper Series No. 97, 2007.

[2] Ali, I., Son, H. H. Measuring Inclusive Growth [J]. Asian Development Review, 2007, 24 (1): 11-31.

[3] Afridi F., Li S. X., Ren Y. Social Identity and Inequality: The Impact of China's Hukou System [J]. Journal of Public Economics, 2015, 123: 17-29.

[4] Alesina A., Rodrik D. Distributive Politics and Economic Growth [J]. The Quarterly Journal of Economics, 1994, 109 (2): 465-490.

[5] Barro R., Sala-i-Martin X. Public Finance in Models of Economic Growth [J]. Review of Economic Studies, 1992, 59 (4): 645-661.

［6］Dalgaard C. J., Hansen H., Larsen T. Income Skewness, Redistribution and Growth: A Reconciliation ［R］. EPRU Working Papers, 2005.

［7］Forbes K. J. A Reassessment of the Relationship between Inequality and Growth ［J］. American Economic Review, 2000, 90 (4): 869-887.

［8］Fournier J. M., Johansson A. The Effect of the Size and the Mix of Public Spending on Growth and Inequality ［R］. OECD Economics Department Working Papers, 2016.

［9］Hanusheka E. A., Charles K. L., Yilmaz, K. Redistribution through Education and other Transfer Mechanisms ［J］. Journal of Monetary Economics, 2003, 50: 1719-1750.

［10］Halter D., Oechslin M., Zweimüller J. Inequality and Growth: The Neglected Time Dimension ［J］. Journal of Economic Growth, 2014, 19 (1): 81-104.

［11］Kanbur R., Zhang X. Which Regional Inequality? The Evolution of Rural-Urban and Inland-Coastal Inequality in China from 1983 to 1995 ［J］. Journal of Comparative Economics, 1999, 27 (4): 686-701.

［12］Li H., Zou H. Income Inequality is not Harmful for Growth: Theory and Evidence ［J］. Review of Development Economics, 1998, 2 (3): 318-334.

［13］Lipton M., Eastwood R. Rural-urban Dimensions of Inequality Change ［J］. Access to Health Care, 2000, 200 (13): 75.

［14］Lundberg M., Squire L. The Simultaneous Evolution of Growth and Inequality ［J］. Economic Journal, 2003, 113 (487): 326-344.

［15］Perotti R. Growth, Income Distribution, and Democracy: What the Data Say ［J］. Journal of Economic Growth, 1996, 1 (2): 149-187.

［16］Rosseel Y. Lavaan: An R Package for Structural Equation Modeling ［J］. Journal of Statistical Software, 2012, 48 (2): 1-36.

［17］白重恩, 钱震杰. 谁在挤占居民的收入——中国国民收入分配格局分析 ［J］. 中国社会科学, 2009 (5): 99-115.

［18］陈斌开, 林毅夫. 发展战略、城市化与中国城乡收入差距 ［J］. 中国社会科学, 2013 (4): 81-102.

［19］蔡昉, 杨涛. 城乡收入差距的政治经济学 ［J］. 中国社会科学, 2000 (4): 11-22+204.

［20］程强. 经济发展水平、市场化制度与收入不平等 ［J］. 经济经纬, 2019, 36 (2): 118-125.

［21］杜志雄, 肖卫东, 詹琳. 包容性增长理论的脉络、要义与政策内涵 ［J］. 中国农村经济, 2010 (11): 4-14+25.

［22］贾俊雪, 孙传辉. 公平与效率权衡: 垄断、居民收入分配与最优财政货币政策 ［J］. 管理世界, 2019 (3): 48-63.

［23］贾俊雪, 梁煊. 地方政府财政收支竞争策略与居民收入分配 ［J］. 中国工业经济, 2020 (11): 5-23.

［24］单豪杰. 中国资本存量K的再估算: 1952~2006年 ［J］. 数量经济技术经济研究, 2008, 25 (10): 17-31.

［25］郭庆旺, 吕冰洋, 张德勇. 财政支出结构与经济增长 ［J］. 经济理论与经济管理, 2003 (11): 5-12.

［26］胡永刚, 郭新强. 内生增长、政府生产性支出与中国居民消费 ［J］. 经济研究, 2012, 47 (9): 57-71.

［27］林毅夫, 庄巨忠, 汤敏, 林暾. 以共享式增长促进社会和谐 ［M］. 北京: 中国计划出版社, 2008.

［28］聂辉华, 邹肇芸. 中国应从“人口红利”转

向"制度红利"［J］. 国际经济评论，2012（6）：7+124-135.

［29］王春元. 我国政府财政支出结构与经济增长关系实证分析［J］. 财经研究，2009，35（6）：120-130.

［30］万广华，张茵. 收入增长与不平等对我国贫困的影响［J］. 经济研究，2006（6）：112-123.

［31］王少平，欧阳志刚. 我国城乡收入差距的度量及其对经济增长的效应［J］. 经济研究，2007，42（10）：44-55.

［32］王小鲁，樊纲，胡李鹏. 中国分省份市场化指数报告（2018）［M］. 北京：社会科学文献出版社，2019.

［33］王小鲁，樊纲. 中国收入差距的走势和影响因素分析［J］. 经济研究，2005（10）：24-36.

［34］魏志奇. 共享发展作为新时代重大方略：意义与践行［J］. 中南大学学报（社会科学版），2020，26（06）：10-21.

［35］武鹏. 行业垄断对中国行业收入差距的影响［J］. 中国工业经济，2011（10）：78-88.

［36］吴雪，周晓唯. 人口红利、制度红利与中国经济增长［J］. 经济体制改革，2017（3）：11-16.

［37］徐建炜，马光荣，李实. 个人所得税改善中国收入分配了吗——基于对 1997—2011 年微观数据的动态评估［J］. 中国社会科学，2013（6）：53-71.

［38］于敏，王小林. 中国经济的包容性增长：测量与评价［J］. 经济评论，2012（3）：30-38.

［39］岳希明，李实，史泰丽. 垄断行业高收入问题探讨［J］. 中国社会科学，2010（3）：77-93.

［40］张秀荣. 论共享发展的鲜明特征［J］. 中国高校社会科学，2021（1）：107-113+160.

［41］张照侠，龚敏. 收入不平等、经济增长与财政支出偏向［J］. 经济问题，2015（7）：41-47.

论文执行编辑：皮建才

论文接收日期：2021 年 7 月 29 日

作者简介：

王宇（1980—），南京大学商学院副教授，博士。研究方向为产业经济学。E-mail：yuwang@ nju. edu. cn。

赵尧羲（1995—），南京大学商学院硕士研究生。研究方向为产业经济学。E-mail：xjtuzyx@ foxmail. com。

李阳（1996—），南京大学商学院硕士研究生。研究方向为产业经济学。E-mail：wrommp@ aliyun. com。

Marketization Level and Shared Development

—Empirical Evidence from Local Development in China

Yu Wang　Yaoxi Zhao　Yang Li

(School of Business, Nanjing University, Nanjing, China)

Abstract: Shared development is an important development concept and basic strategy of China in the new stage of development, and the continuous deepening of market-oriented reforms is an important endogenous driving force for achieving shared development. The core connotation of the concept of shared development is to allow people to enjoy the fruits of development and achieve common prosperity on the premise of sustained economic growth. With the continuous improvement of market-oriented levels, the government can achieve economic growth while narrowing the income gap, thereby achieving the goal of shared development. This paper discusses the realization mechanism of market-oriented reforms to promote shared development from five aspects. On this basis, a structural equation model (SEM) is constructed using China's provincial panel data to test the theoretical results empirically. The results show that regions with a higher level of marketization have not only ensured a higher level of economic development, but also reduced the income gap among residents.

Key Words: Shared Development; Marketization Level; Local Development; Structural Equation Model

JEL Classification: D60

数字普惠金融与包容性增长[*]

□ 裴 平 占韦威

摘 要：数字普惠金融和包容性增长都强调公平。随着数字普惠金融快速发展，其对包容性增长产生的实际影响令人关注。本文以经济增长与城乡收入差距为理论视角，选取 2011~2018 年中国省际面板数据，运用固定效应模型和调节效应模型，实证检验了数字普惠金融对包容性增长的影响。研究发现，数字普惠金融发展可以显著促进包容性增长；数字普惠金融的覆盖广度对包容性增长的影响最大，使用深度的影响次之，数字化程度的影响最小；数字普惠金融对包容性增长的影响存在明显地区差异，即在中西部地区，数字普惠金融发展能够显著促进包容性增长，而在东部地区，数字普惠金融发展促进包容性增长的效果并不显著。研究还发现，教育水平强化了数字普惠金融发展对包容性增长的促进作用。基于所做研究，本文还提出了对策性建议。

关键词：数字普惠金融；包容性增长；城乡收入差距

JEL 分类：G21，G30

引 言

包容性增长的概念由亚洲开发银行在 2007 年首次提出。与单纯追求经济增长不同，包容性增长最基本的内涵是公平合理地分享经济增长带来的福利，旨在让经济增长惠及更多的人群和地区，其中最主要的就是缩小收入分配差距，倡导机会平等的增长。在当代中国，只有保持经济增长，同时缩小城乡收入差距，才能实现包容性增长。数字普惠金融是普惠金融的升级版，强调运用互联网、大数据、云计算、人工智能和区块链等信息技术，以合理的成本为社会大众，特别是弱势群体提供便利的金融服务。近十年来，中国数字普惠金融快速发展，在增强普惠金融触达性和穿透性，特别是在缓解农村金融抑制和缩小城乡收入差距等方面发挥了积极的作用，并且已经产生了较大的国际影响。因此，深入研究中国数字普惠金融对包容性增长

* 基金项目：国家社科基金重大项目"互联网金融发展、风监与监管"（14ZDA043）。

的影响具有重要的理论和现实意义。

本文以经济增长与城乡收入差距为理论视角，在对数字普惠金融与包容性增长之间关系进行理论分析的基础上提出研究假设，选取 2011～2018 年中国省际面板数据，运用固定效应模型和调节效应模型，实证检验了数字普惠金融对包容性增长的影响，目的是拓展相关领域的理论研究，并为包容性增长的实践提供现实指引。

本文的边际贡献是：①本文在借鉴相关国内外文献的基础上，以经济增长与城乡收入差距为理论视角，用每单位经济增长所对应的城乡收入差距来衡量包容性增长水平，进而构建起独到的理论分析框架，这在很大程度上丰富了相关领域的研究，具有创新意义和学术价值。②本文实证检验了数字普惠金融与包容性增长之间的关系及其存在的地区差异，而且还分析了教育水平的调节效应，这不仅验证了数字普惠金融对包容性增长的实际影响，而且还得出了有理论和应用价值的结论。③本文提出的对策性建议可为相关决策部门提供借鉴与参考。

1　文献综述

包容性增长是当代社会经济发展追求的重要目标。长期以来，关于包容性增长的文献多为定性分析，重点是围绕包容性增长的理念、内涵和意义等展开研究。但随着相关研究的逐渐深入，专家学者也开始对包容性增长及其影响因素进行实证研究。张勋和万广华（2016）指出，包容性增长就是在追求收入增长的同时，尤其要关注收入分配问题，若某种因素既能促进收入的增长，又能缩小收入分配差距，那么

则称该因素带来了包容性增长。他们还把影响收入的因素所带来的增长效应和收入分配效应置于同一个研究框架中，首次评估了中国农村基础设施对包容性增长的影响，发现固定电话、自来水等农村基础设施可以缩小城乡收入差距，而且还可以改善农村内部的收入分配不平等状况。徐强和唐侃（2017）选择 2013～2016 年的样本数据，运用广义 Bonferroni 曲线和社会包容度指数对中国包容性增长水平进行测度，并运用面板回归模型实证检验了中国包容性增长的影响因素，发现金融深化、人均 GDP、人力资本和产业结构等因素有利于促进包容性增长，而失业率和通货膨胀则会抑制包容性增长。何宗樾和宋旭光（2018）基于中国家庭营养与健康调查（The China Health and Nutrition Survey，CHNS）2000～2011 年的样本数据，运用双向固定效应模型实证检验了公共教育投入对包容性增长的影响，研究发现低收入群体能够从公共教育投入中获利更多，进而促进包容性增长。

数字普惠金融是传统普惠金融的升级版。贝多广（2017）认为，与传统普惠金融相比，数字普惠金融依靠信息技术手段可以兼顾普惠性和商业可持续性，从而促进普惠金融的发展。黄益平和黄卓（2018）认为，数字金融展现出的最大优势就是支持普惠金融发展，为克服传统普惠金融的天然困难提供了一种可行的解决方案。郭峰等（2020）认为，数字普惠金融依靠信息技术手段使其具有较强的触达能力和地理穿透性，拓展了金融服务的覆盖范围和使用深度，并在很大程度上缓解了信息不对称和降低了交易成本。

随着数字普惠金融发展，特别是数字普惠金融和包容性增长都强调公平的理念，近年来

专家学者开始关注数字普惠金融对包容性增长的影响。Beck 等（2018）通过构建一般均衡模型进行实证分析，发现肯尼亚的移动支付发展有利于创业，从而促进包容性增长。黄倩（2019）基于 2011~2015 年中国省际面板数据，实证检验了数字普惠金融对减贫的影响，发现收入增长和收入分配改善是数字普惠金融发展促进减贫的重要机制，贫困群体能从数字普惠金融发展中获益更多。张勋等（2019）将数字普惠金融指数与中国家庭追踪调查（Chinese Family Panel Studies，CFPS）数据相结合，采用双向固定效应模型实证检验了数字普惠金融对包容性增长的影响及其传导机制，发现发展数字普惠金融有利于缩小区域和城乡的收入差距，从而促进包容性增长。他们还发现，数字普惠金融可以通过创业作用于包容性增长，农村居民比城镇居民在创业中获利更多，并且发展数字普惠金融能够提高农村低收入家庭和低社会资本家庭创业的概率，有利于改善农村内部收入不均等的状况。任碧云和李柳颖（2019）基于 2017 年京津冀 2114 位农村居民的调查数据，采用结构方程模型实证检验了数字普惠金融对包容性增长的影响，发现数字支付和数字借贷对包容性增长具有直接的促进作用，而数字投资对包容性增长的影响不显著。周利等（2020）根据北京大学数字金融研究中心发布的数字普惠金融指数与中国劳动力追踪数据，运用分位数回归的 MM 分解方法，实证检验了数字普惠金融对城乡收入差距的影响，发现发展数字普惠金融有利于缩小城乡收入差距，并且对低收入群体的边际效应更大。马德功和滕磊（2020）基于 2011~2018 年省际面板数据，运用双向固

定效应模型和系统 GMM 估计进行实证检验，发现发展数字普惠金融有利于促进包容性增长，发展数字普惠金融还可以缓解创业主体的融资约束，特别是对城镇化率低和社会资本少的地区的创业活动更有裨益。

上述文献为本文研究提供了有益的借鉴与参考。但是，在中国数字普惠金融快速发展和社会经济发展应追求包容性增长已成共识的今天，关于数字普惠金融发展促进包容性增长的实际效果和作用机制方面的研究还不够深入。本文以经济增长与城乡收入差距为理论视角，运用固定效应模型和调节效应模型，选取 2011~2018 年中国省际面板数据，深入研究数字普惠金融对包容性增长的影响，目的是丰富相关领域的研究成果，并且为相关实践提供现实指引。

2 理论分析与研究假设

包容性增长的核心要义是在追求经济增长的同时，注重改善收入分配结构，即兼顾效率与公平。城乡收入差距大是当今中国社会经济发展中需要解决的重要问题之一。本文把包容性增长定义为同时实现经济增长和缩小城乡收入差距。若某因素只能带来经济增长，而不能缩小城乡收入差距，则该因素不能促进包容性增长；若某因素只能缩小城乡收入差距，而不能带来经济增长，则该因素也不能促进包容性增长；只有某因素有利于同时实现经济增长和缩小城乡收入差距，该因素才能够促进包容性增长。中国包容性增长的关键在于发展"三农"经济，缩小城乡收入差距。2004~2021 年，中

央一号文件都以"三农"为主题，强调解决"三农"问题是中国现代化建设中的"重中之重"。近年来，农业供给侧结构性改革、脱贫攻坚和乡村振兴等战略的实施，就是要通过提高农村居民收入水平，缩小城乡收入差距，进而促进包容性增长。

数字普惠金融的发展能够通过提供支付便利和缓解流动性约束来刺激居民消费，同时在很大程度上缓解了小微企业的融资难、融资贵问题，进而对促进经济增长产生了重要作用。更重要的是，数字普惠金融的发展有利于缩小城乡收入差距，主要表现为：第一，数字普惠金融的发展能降低农村居民获得金融服务的门槛和成本，使其能够获得信贷资金从事生产经营活动，进而提高农村居民的经营性收入，这样有助于缩小城乡收入差距；第二，数字普惠金融的发展具有很好的减贫效应，随着互联网借贷、互联网基金和互联网理财等在农村的推广普及，农村居民有机会获得财产性收入，进而可以减少农村贫困人口；第三，数字普惠金融能够发挥"涓滴效应"，即数字普惠金融通过促进城镇经济的发展，创造更多的就业岗位，引导农民工进城务工，增加其工资性收入，进而通过间接作用缩小城乡收入差距。发展数字普惠金融能够在促进经济增长的同时缩小城乡收入差距。因此，本文提出研究假设1。

假设1：数字普惠金融的发展有利于促进包容性增长。

无论是从理论还是从实践看，都可从数字普惠金融覆盖广度、数字普惠金融使用深度和数字普惠金融数字化程度这三个维度考察数字普惠金融对包容性增长的影响。数字普惠金融覆盖广度主要用数字账户的覆盖率来衡量，反映了金融服务的供给，高覆盖广度不仅有助于形成储蓄，将更多社会闲散资金转化为投资，而且也有助于为居民消费提供支付便利。数字普惠金融使用深度主要用支付、货币基金、信贷、保险、投资，以及信用等业务的人均规模来衡量，反映了金融需求得到满足的程度，高使用深度有助于满足居民和小微企业的金融需求。数字普惠金融数字化程度主要用数字普惠金融移动化、实惠化、信用化和便利化等程度来衡量，反映了金融服务的效率，高数字化程度有助于提高普惠金融的覆盖广度和使用深度。数字普惠金融三个维度都能够在促进经济增长的同时缩小城乡收入差距，进而促进包容性增长。但是，数字普惠金融的覆盖广度、使用深度和数字化程度对包容性增长的影响存在差异。因此，本文提出研究假设2。

假设2：提高数字普惠金融的覆盖广度、使用深度和数字化程度，都有利于促进包容性增长，但不同维度产生的影响存在差异。

据统计，2011年全国数字普惠金融指数的均值为40.00，2018年为300.21，实现了7.5倍的增长；2011年东部、中部、西部地区数字普惠金融指数的均值分别为59.16、33.01、24.57，到2018年分别为327.78、293.12、278.44[①]，这说明我国东部、中部、西部地区数字普惠金融都取得了较快发展，但数字普惠金

---

① 资料来源：《北京大学数字普惠金融指数（2011-2018年）》。

融发展程度在地区间仍然存在明显差距。因为东部地区金融发达，金融体系较为完善，传统金融机构覆盖广度和密度较高，金融产品较为丰富，居民和企业能够获得较好的金融服务。所以，东部地区数字普惠金融发展对缩小城乡收入差距的边际效应较小，进而对包容性增长的影响不明显。与此同时，中西部地区金融发展滞后，特别是交通基础设施较差使金融机构与服务难以覆盖农村地区，受教育程度较低的农民也容易受到传统金融机构排斥，中西部地区数字普惠金融的发展对缩小城乡收入差距的边际效应较大，进而对包容性增长的影响也比较明显。另外，中西部地区"三农"经济较为发达，在GDP中占比较高，数字普惠金融具有高触达性和广覆盖性等优势，更有利于促进中西部地区"三农"经济的发展，进而缩小城乡收入差距，促进包容性增长。因此，本文提出研究假设3。

假设3：与东部地区相比，数字普惠金融的发展更能够促进中西部地区的包容性增长。

随着知识经济和科技时代的到来，人力资本作为新的生产要素对社会经济发展的作用日益重要。教育水平是人力资本的重要体现，也是影响居民进入金融市场的潜在因素之一。数字普惠金融是互联网、大数据、云计算、人工智能和区块链等信息技术在金融领域的应用，无论是金融科技的应用，还是金融服务的获取，都要求城乡居民拥有较高的受教育水平。例如支付宝、微信支付等第三方支付、各种"宝宝"类互联网基金，以及基于各类电商平台的消费信贷等，都要求居民在线上或者移动端消费这些数字金融产品，而消费数字金融产品必须具

备一定的科技和金融知识。教育水平越高，居民对数字普惠金融的认知和使用会越充分，数字普惠金融的发展对包容性增长的促进作用也就越大。因此，本文提出研究假设4。

假设4：教育水平能够强化数字普惠金融发展对包容性增长的促进作用。

3 研究设计

3.1 变量选取

（1）被解释变量。包容性增长（IG）是本文实证检验模型中的被解释变量。关于包容性增长的衡量指标，目前还没有形成普遍共识。本文在借鉴相关文献和认真思考后，用城乡收入差距与经济增长之比来衡量包容性增长水平。城乡收入差距与经济增长的比值越小，即单位经济增长所对应的城乡收入差距越小，包容性增长水平越高；反之，则说明单位经济增长所对应的城乡收入差距越大，包容性增长水平越低。包容性增长（IG）=城乡收入差距/经济增长，其中，城乡收入差距的计算公式为城乡收入差距（GAP）=城镇居民人均可支配收入/农村居民人均纯收入；经济增长用人均实际国内生产总值来衡量，人均实际国内生产总值等于人均名义国内生产总值剔除物价水平变动的影响，因此计算公式为经济增长（GDP）=人均名义国内生产总值/消费者物价指数。考虑到量纲统一的要求，本文对经济增长指标进行自然对数处理。

（2）解释变量。数字普惠金融（DIF）是本文实证检验模型中的解释变量。在相关研究文献中，专家学者大多采用北京大学数字金融

研究中心发布的北京大学数字普惠金融指数①来衡量数字普惠金融的发展。该指数包括数字普惠金融覆盖广度、使用深度和数字化程度三个维度，分别反映数字账户的覆盖程度、数字金融产品和服务的真实使用情况，以及金融服务的便利化、实惠化和信用化等客户体验情况，共有33个具体指标。因为北京大学数字普惠金融指数是目前可获得的，且比较系统和权威的数字普惠金融指数，所以本文也采用该指数衡量数字普惠金融的发展。考虑到量纲统一的要求，本文对数字普惠金融指数及其三个维度的指数进行自然对数处理。

（3）控制变量。根据经济增长理论和收入分配理论，特别是借鉴Jin等（2012）、陈斌开和林毅夫（2013）等的研究，本文选择的控制变量是：①政府作用（GOV），用财政支农占GDP的比重来衡量。财政支农占GDP比重的增加体现了政府财政支出向支持"三农"倾斜，有利于缩小城乡收入差距，促进包容性增长。②投资水平（INV），用农村固定资产投资占GDP的比重来衡量。农村固定资产投资占GDP比重的增加有利于提高"三农"的生产力和缩小城乡收入差距，促进包容性增长。③城镇化水平（URB），用城镇人口占总人口的比重来衡量。城镇化主要指农业人口向非农人口的转变，这有利于缩小城乡居民收入差距，促进包容性增长。④产业结构（IND），用第三产业增加值占GDP的比重来衡量。第三产业增加值占GDP的比重越高，说明大量资源流向非农部门，进

而不利于包容性增长。⑤对外开放程度（OPEN），用外商投资占GDP的比重来衡量。与外商投资相关的产业主要集中在城镇，对外开放程度的提升主要有利于城镇居民收入的提高（唐礼智等，2008），进而对包容性增长产生不利影响。⑥教育水平（EDU），用劳动力的平均受教育年限来衡量。教育水平的提高可以积累人力资本，促进居民增收。但是，如果教育资源过度集中于城市，这就将拉大农村与城镇教育水平的差距，阻碍城乡收入差距的缩小，进而不利于包容性增长。

（4）调节变量。被解释变量与解释变量之间的关系受另一个变量的影响，则称该变量为调节变量。调节变量本质上是一种通过与解释变量交乘而对被解释变量产生间接影响的变量，其可以选自控制变量，也可以选自外部变量。数字普惠金融发展促进包容性增长作用的发挥会受到居民所掌握科技和金融知识的间接影响，受教育程度越高的居民，其掌握的科技与金融知识越多，他们在数字普惠金融发展促进包容性增长中发挥的积极作用也就越大。本文选取教育水平（EDU）为调节变量，其来自于控制变量，这是因为教育水平在对包容性增长产生直接影响的同时，还会间接影响数字普惠金融发展促进包容性增长作用的发挥。梁双陆和刘培培（2018）的研究也表明，居民对数字普惠金融的使用存在教育约束，他们发现数字普惠金融的发展对城乡收入差距的收敛效应存在明显的教育门槛。因此，本文选取的调节变量，即教育水平（EDU）

① 该指数是在利用蚂蚁金服数以亿计的大数据基础上，通过指标体系的构建、指标无量纲化处理和层次分析法指标赋权，最终合成指数。具体编制过程详见：郭峰，王靖一，王芳，孔涛，张勋，程志云.测度中国数字普惠金融发展：指数编制与空间特征［J］.经济学（季刊），2020，19（4）：1401-1418.

可用劳动力平均受教育年限来衡量。

3.2 数据来源

本文的解释变量数字普惠金融的数据来源于北京大学数字金融研究中心编制的北京大学数字普惠金融指数。本文的被解释变量、调节变量和控制变量的数据主要来源于国家统计局和 Wind 数据库。北京大学数字普惠金融指数的编制始于 2011 年，目前只更新到 2018 年，鉴于数据的可得性和各样本期间的统一性要求，本文选取的样本期间为 2011~2018 年，并且以 31 个省区市（不包括港澳台地区）的年度数据为研究样本。

3.3 模型设定

为研究数字普惠金融对包容性增长的影响，本文以包容性增长为被解释变量，以数字普惠金融为解释变量，并加入相关控制变量，并在借鉴 Levine（2005）、陈斌开和林毅夫（2013）研究的基础上，构建实证检验模型。另外，考虑到省级个体不随时间变化的异质性特征，本文选择固定效应模型，其函数表达式如下：

$$IG_{it} = \alpha_0 + \alpha_1 DIF_{it} + \alpha_2 GOV_{it} + \alpha_3 INV_{it} +$$
$$\alpha_4 URB_{it} + \alpha_5 IND_{it} + \alpha_6 OPEN_{it} +$$
$$\alpha_7 EDU_{it} + \mu_i + e_{it} \qquad (1)$$

式（1）中，各变量的下标 i 和 t 分别表示省份和年份；被解释变量 IG 表示包容性增长；解释变量 DIF 表示数字普惠金融；控制变量分别为政府作用（GOV）、投资水平（INV）、城市化水平（URB）、产业结构（IND）、对外开放程度（$OPEN$）和教育水平（EDU）；α_0 为常数项；α_1 为数字普惠金融对包容性增长的影响系数，$\alpha_1 < 0$ 说明数字普惠金融发展有利于促进包容性增长，$\alpha_1 > 0$ 说明数字普惠金融发展不利

于包容性增长；$\alpha_2 \sim \alpha_7$ 为各控制变量对包容性增长的影响系数；μ_i 表示不随时间变化的省份个体异质性特征；e_{it} 表示随机误差项。

为进一步检验教育水平是否会强化数字普惠金融对包容性增长的影响，本文构建调节效应模型，其函数表达式如下：

$$IG_{it} = \gamma_0 + \gamma_1 DIF_{it} + \gamma_2 DIF_{it} \times EDU_{it} +$$
$$\gamma_3 EDU_{it} + \gamma_4 GOV_{it} + \gamma_5 INV_{it} +$$
$$\gamma_6 URB_{it} + \gamma_7 IND_{it} + \gamma_8 OPEN_{it} +$$
$$\mu_i + e_{it} \qquad (2)$$

式（2）中，各变量的下标 i 和 t 分别表示省份和年份；$DIF_{it} \times EDU_{it}$ 表示数字普惠金融与教育水平的交乘项，调节变量为教育水平（EDU）。对式（2）中的 DIF 求偏导可得数字普惠金融对包容性增长的影响系数为（$\gamma_1 + \gamma_2 EDU$）；若 $\gamma_2 < 0$ 且统计上显著，说明教育水平越高，数字普惠金融的发展对包容性增长的促进作用越大；若 $\gamma_2 > 0$ 且统计上显著，说明教育水平越高，数字普惠金融的发展对包容性增长的促进作用越小。式（2）中其他变量和系数的含义与式（1）中相同，在此不再赘述。

4 实证检验及其结果

4.1 数字普惠金融对包容性增长的影响

为研究数字普惠金融发展对包容性增长的影响，本文选取 2011~2018 年 31 个省份的面板数据，对式（1）进行回归。考虑到同一省份不同时期随机误差项之间可能存在自相关以及不同省份随机误差项之间可能存在异方差，本文在回归分析中采用省级层面的聚类稳健标准误。回归结果如表 1 列（1）所示。

表 1 数字普惠金融发展对包容性增长的影响及其稳健性检验

变量	(1)	(2)	(3)	(4)
	IG	IG	IG	IG
DIF	−0.0114*** (0.0040)	−0.0134*** (0.0037)	−0.0161*** (0.0039)	−0.0209*** (0.0047)
GOV	−0.1340*** (0.0427)	−0.1430*** (0.0386)	−0.1340*** (0.0450)	−0.0883*** (0.0142)
INV	−0.0266*** (0.0069)	−0.0186*** (0.0060)	−0.0239*** (0.0065)	−0.0007 (0.0021)
URB	−0.3180*** (0.0946)	−0.1630* (0.0869)	−0.2180* (0.1130)	−0.0829** (0.0412)
IND	0.0820** (0.0355)	0.0726** (0.0324)	0.1160*** (0.0347)	0.0180 (0.0152)
OPEN	0.0105 (0.0073)	0.0097* (0.0057)	0.0069 (0.0069)	0.0001 (0.0019)
EDU	0.0125 (0.0306)	−0.0142 (0.0255)	0.0024 (0.0310)	−0.0018 (0.0015)
个体固定效应	是	是	是	是
样本量	248	217	216	155
R²	0.748	0.690	0.769	0.767
工具变量滞后期数	—	—	—	L (0/3)
内生性检验（P 值）	—	—	—	0.0063
弱工具变量检验（F 值）	—	—	—	151.705
Hansen J 检验（P 值）	—	—	—	0.4417

注：括号内列出的是省级层面聚类稳健标准误；***、**和*分别表示回归系数在 1%、5% 和 10% 的统计水平上显著；内生性检验列出的是 P 值；弱工具变量检验列出的是 Cragg-Donald F 统计量；Hansen J 检验列出的是 P 值。

表 1 列（1）显示，数字普惠金融（DIF）对包容性增长的影响系数为 −0.0114，在 1% 的统计水平上显著，说明数字普惠金融的发展对包容性增长具有显著的促进作用。这是因为数字普惠金融的发展能够降低农村居民获得金融服务的门槛和成本，并且提高农村居民的收入水平，进而在促进经济增长的同时缩小城乡收入差距，有利于包容性增长。因此，研究假设 1 成立，即数字普惠金融的发展有利于促进包容性增长。

表 1 列（1）还显示，控制变量如政府作用（GOV）、投资水平（INV）和城镇化水平（URB）对包容性增长的影响系数分别为 −0.1340、−0.0266 和 −0.3180，均在 1% 的统计水平上显著，说明财政支农占 GDP 的比重、农村固定资产投资占 GDP 的比重和城镇人口占总人口的比重的提高均能显著促进包容性增长；产业结构（IND）对包容性增长的影响系数为 0.0820，在 5% 的统计水平上显著，说明第三产业占比增加使大量资源流向非农部门，不利于

促进包容性增长；对外开放程度（OPEN）对包容性增长的影响系数为 0.0105，在 10% 的统计水平上不显著，说明对外开放程度对包容性增长的影响不显著；教育水平（EDU）对包容性增长的影响系数为 0.0125，在 10% 的统计水平上不显著，说明教育水平对包容性增长的直接影响不显著，但教育水平可能会通过数字普惠金融间接影响包容性增长。

4.2　稳健性检验

为保证对研究假设 1 所做实证检验具有稳健性，本文采用对解释变量做滞后一期处理、剔除特殊样本，以及处理内生性等方法，对数字普惠金融与包容性增长之间的关系进行稳健性检验。

（1）数字普惠金融会影响当期包容性增长，当期包容性增长不可能影响上一期数字普惠金融，而可能会影响下一期数字普惠金融发展，因此本文对解释变量数字普惠金融做滞后一期处理，重新对式（1）进行回归。表 1 列（2）显示，数字普惠金融对包容性增长的影响系数为 -0.0134，在 1% 的统计水平上显著，说明数字普惠金融的发展有利于促进包容性增长。

（2）由于上海、北京、天津和重庆 4 个直辖市在我国行政区划中的特殊性，本文从 31 个省份样本中剔除 4 个直辖市的样本，重新对式（1）进行回归。表 1 列（3）显示，数字普惠金融（DIF）对包容性增长的影响系数为 -0.0161，在 1% 的统计水平上显著，说明数字普惠金融的发展有利于促进包容性增长。

（3）为尽可能解决解释变量数字普惠金融

（DIF）的内生性问题，本文借鉴张杰等（2017）、宋敏等（2021）构造工具变量的思路，采用与某一省份人均实际 GDP 最接近三个省份的数字普惠金融指数均值作为该省份数字普惠金融的工具变量。一方面，人均实际 GDP 相近省份的经济金融发展水平、产业布局等较为接近，从而其数字普惠金融发展水平存在较强的相关性；另一方面，在中国省域之间存在较为明显的地域分割特征，人均 GDP 相近的三个省份的数字普惠金融发展水平很难直接影响某一省份的包容性增长。因此，本文重新构造的工具变量在一定程度上符合相关性和外生性的假定①。本文采用两阶段最小二乘法（2SLS）进行估计，首先，对解释变量数字普惠金融（DIF）进行 DWH 内生性检验，P 值为 0.0063，表明式（1）中的变量 DIF 为内生解释变量；其次，弱工具变量检验的 F 值为 151.705，说明数字普惠金融（DIF）与工具变量存在较强的相关性；最后，Hansen J 检验的 P 值为 0.4417，说明估计过程中工具变量的选取是合理的。表 1 列（4）显示，数字普惠金融对包容性增长的影响系数为 -0.0209，在 1% 的统计水平上显著，说明在考虑内生性问题后，数字普惠金融发展有利于促进包容性增长的结论依然成立。

（4）考虑到用单位经济增长所对应的城乡收入差距来衡量包容性增长（IG）可能存在一定的偏差，本文分别以城乡收入差距（GAP）和经济增长（GDP）为被解释变量对式（1）进行回归，检验数字普惠金融的发展分别对城

---

① 考虑到方法论和数据获取等方面的可行性，本文构建的数字普惠金融工具变量可能不是最优，今后可进一步改进。

乡收入差距和经济增长的影响，以确保本文所做数字普惠金融发展促进包容性增长实证检验的稳健性。表2列（1）显示，数字普惠金融对城乡收入差距的影响系数为-0.1061，在1%的统计水平上显著，说明数字普惠金融的发展有利于缩小城乡收入差距；表2列（2）显示，数字普惠金融对经济增长的影响系数为0.1421，在1%的统计水平上显著，说明数字普惠金融的

发展有利于促进经济增长。因此，数字普惠金融的发展具有缩小城乡收入差距和促进经济增长的双重作用，进而有利于促进包容性增长。

概言之，稳健性检验的结果表明，与表1列（1）相比，数字普惠金融对包容性增长影响系数的方向和显著性均未发生明显变化，即数字普惠金融的发展有利于促进包容性增长的实证检验具有稳健性。

表2　数字普惠金融的发展分别对城乡收入差距和经济增长的影响①

变量	（1）	（2）
	GAP	GDP
DIF	-0.1061***	0.1421***
	(0.0266)	(0.0228)
控制变量	是	是
个体固定效应	是	是
样本量	248	248
R^2	0.650	0.871

注：括号内列出的是省级层面聚类稳健标准误；***、**和*分别表示回归系数在1%、5%和10%的统计水平上显著。

4.3　数字普惠金融各维度对包容性增长的影响

为分析数字普惠金融覆盖广度、使用深度和数字化程度对包容性增长的影响，本文分别

以数字普惠金融的覆盖广度（BRE）、使用深度（DEP）和数字化程度（DIG）为解释变量，对式（1）再次进行回归，其结果如表3所示。

表3　数字普惠金融各维度对包容性增长的影响

变量	（1）	（2）	（3）
	IG	IG	IG
BRE	-0.0129***	—	—
	(0.0044)		
DEP	—	-0.0091***	—
		(0.0018)	
DIG	—	—	-0.0082***
			(0.0019)
控制变量	是	是	是

① 限于篇幅，表2未列出控制变量的回归结果，留存备索。此情况同表3、表4、表5。

续表

变量	(1)	(2)	(3)
	IG	IG	IG
个体固定效应	是	是	是
样本量	248	248	248
R^2	0.749	0.717	0.763

注：括号内列出的是省级层面聚类稳健标准误；＊＊＊、＊＊和＊分别表示回归系数在1%、5%和10%的统计水平上显著。

表3显示，数字普惠金融覆盖广度（BRE）、使用深度（DEP）和数字化程度（DIG）对包容性增长的影响系数分别为−0.0129、−0.0091和−0.0082，均在1%的统计水平上显著，说明数字普惠金融覆盖广度、使用深度和数字化程度的提高都有利于促进包容性增长。从影响系数的绝对值来看，覆盖广度对包容性增长的影响最大，使用深度的影响次之，数字化程度的影响最小。之所以如此，主要是因为覆盖广度从供给侧反映了居民和企业获得金融服务的可能性，这是普惠金融最基本的要求。特别是数字普惠金融覆盖广度越高，其触达能力和穿透性也就越好，进而有利于促进包容性增长。因此，研究假设2成立，即提高数字普惠金融的覆盖广度、使用深度和数字化程度，都有利于促进包容性增长，但不同维度产生的影响存在差异。

4.4 数字普惠金融影响包容性增长的地区差异

为考察数字普惠金融影响包容性增长的地区差异，本文将研究样本分成东部、中部、西部地区①三个子样本，再次对式（1）进行回归，其结果如表4所示。

表4 数字普惠金融影响包容性增长的地区差异

地区	东部	中部	西部
变量	(1)	(2)	(3)
	IG	IG	IG
DIF	−0.0045 (0.0065)	−0.0136＊＊＊ (0.0049)	−0.0310＊＊＊ (0.0084)
控制变量	是	是	是
个体固定效应	是	是	是
样本量	88	72	88
R^2	0.680	0.795	0.831

注：括号内列出的是省级层面聚类稳健标准误；＊＊＊、＊＊和＊分别表示回归系数在1%、5%和10%的统计水平上显著。

表4列（1）显示，数字普惠金融（DIF）对东部地区包容性增长的影响系数为−0.0045，

① 东部地区包括北京、上海、天津、江苏、浙江、广东、福建、海南、山东、辽宁和河北。中部地区包括安徽、河南、湖南、湖北、江西、山西、吉林、黑龙江和重庆。西部地区包括陕西、甘肃、宁夏、内蒙古、新疆、西藏、青海、云南、贵州、广西和四川。

但在10%统计水平上不显著，说明数字普惠金融的发展对促进东部地区包容性增长的作用不显著。其主要原因是东部地区金融较为发达，居民和企业面临的融资约束总体上较低，数字普惠金融的发展对缩小城乡收入差距的边际效应较小。

表4列（2）和列（3）显示，数字普惠金融（DIF）对中部地区包容性增长的影响系数为-0.0136，对西部地区包容性增长的影响系数为-0.0310，均在1%的统计水平上显著，说明数字普惠金融发展能够显著促进中西部地区包容性增长。其主要原因是中西部地区存在较为严重的金融抑制[①]。同时，中西部地区"三农"

经济相对发达，数字普惠金融有效发挥了其支持"三农"经济的作用，对缩小城乡收入差距的贡献较大，进而能更有效地促进中西部地区包容性增长。因此，研究假设3成立，即与东部地区相比，数字普惠金融发展更能够促进中西部地区的包容性增长。

4.5 教育水平对数字普惠金融影响包容性增长的调节效应

为研究教育水平（EDU）在数字普惠金融影响包容性增长过程中发挥的调节效应，本文选取2011~2018年31个省份的面板数据对式（2）进行回归，其结果如表5列（1）所示。

表5　教育水平的调节效应

变量	（1）	（2）
	IG	IG
DIF	-0.0592**	-0.0552**
	(0.0230)	(0.0210)
DIF×EDU	-0.0044**	-0.0038**
	(0.0020)	(0.0018)
EDU	-0.0004	0.0030
	(0.0029)	(0.0027)
控制变量	是	是
个体固定效应	是	是
样本量	248	217
R²	0.775	0.722

注：括号内列出的是省级层面聚类稳健标准误；***、**和*分别表示回归系数在1%、5%和10%的统计水平上显著。

表5列（1）显示，数字普惠金融与教育水平的交乘项（DIF×EDU）的系数为-0.0044，

在5%的统计水平上显著，说明教育水平强化了数字普惠金融的发展对包容性增长的促进作用，

---

① 本文借鉴吕冰洋和毛捷（2014）的研究，用金融机构贷款余额占GDP比重来衡量各省份金融抑制（RF），该比重越小，表示该省份金融抑制程度越高。经计算，中西部地区金融抑制程度比东部地区高。同时，在式（1）中引入数字普惠金融与金融抑制的交乘项进行回归，发现金融抑制程度越高，数字普惠金融发展对包容性增长的促进作用越大，这也证实了数字普惠金融发展更能促进中西部地区包容性增长的原因是中西部地区存在较为严重的金融抑制。限于篇幅，正文中未写出具体的实证回归及其结果，留存备索。

即教育水平越高，数字普惠金融的发展促进包容性增长的作用越大；反之，数字普惠金融的发展促进包容性增长的作用越小。这是因为数字普惠金融是互联网、大数据、云计算、人工智能和区块链等信息技术在金融领域的应用，要求居民具备较高的教育水平。因此，研究假设4成立，即教育水平能够强化数字普惠金融的发展对包容性增长的促进作用。

考虑到包容性增长可能会反向影响当期数字普惠金融，而当期包容性增长不可能影响上一期数字普惠金融，本文对数字普惠金融（DIF）做了滞后一期处理，再对式（2）进行回归分析，以验证教育水平强化了数字普惠金融的发展对包容性增长促进作用的稳健性。表5列（2）显示，数字普惠金融与教育水平的交乘项系数为－0.0038，在5%的统计水平上显著，与列（1）相比，列（2）交乘项系数的符号和显著性均未发生明显变化。因此，教育水平强化了数字普惠金融的发展对包容性增长促进作用的实证检验具有稳健性。

5 结论与建议

本文在借鉴国内外相关文献的基础上，以经济增长和城乡收入差距为理论视角，综合运用固定效应模型和调节效应模型，采用2011～2018年中国省级面板数据，实证检验了数字普惠金融对包容性增长的影响。其主要结论是：第一，数字普惠金融的发展有利于促进包容性增长。第二，提高数字普惠金融的覆盖广度、使用深度和数字化程度都能够促进包容性增长，但其影响程度存在差异，即数字普惠金融覆盖

广度对促进包容性增长的作用最大，使用深度的作用次之，数字化程度的作用最小。第三，数字普惠金融对包容性增长的影响存在明显的地区差异，即在中西部地区，数字普惠金融发展能够显著促进包容性增长；在东部地区，数字普惠金融发展对促进包容性增长的影响不显著。第四，教育水平强化了数字普惠金融对包容性增长的促进作用，即教育水平越高，数字普惠金融的发展对包容性增长的促进作用越大；反之，教育水平越低，数字普惠金融的发展对包容性增长的促进作用越小。

数字普惠金融的发展可以在促进经济增长的同时缩小城乡收入差距，进而促进包容性增长。为更好地发挥数字普惠金融在促进包容性增长中的作用，本文提出的主要建议是：第一，政府部门应做好顶层设计，出台一系列支持数字普惠金融发展的政策措施，如为数字普惠金融发展提供公平竞争的市场环境，明确各类机构开展数字普惠金融业务的边界，给予数字普惠金融支持"三农"和小微企业等方面以税收优惠，鼓励传统金融机构与金融科技公司、互联网平台合作等。第二，政府应加大教育投入，提高居民教育水平，特别是提高欠发达地区和农村地区居民的教育水平；同时还应加强数字普惠金融相关知识宣传，为低文化程度群体或老龄人群提供数字普惠金融相关培训，不断提高弱势群体科技和金融的认知水平，努力消除社会群体中的"数字鸿沟"，进而拓展数字普惠金融的覆盖范围和使用深度。第三，政府部门和金融机构要重视数字普惠金融覆盖广度、使用深度和数字化程度的协同发展。在目前数字普惠金融覆盖广度较高的情况下，积极推动数

字普惠金融向纵深发展，提高数字普惠金融的使用深度和数字化程度，如提供多样化的金融产品、提高线上平台使用率，以及优化客户体验等，让更多用户享受实惠和便捷的数字普惠金融服务。第四，要践行以客户为中心的发展理念，努力改善线上 App 的客户体验，积极创新数字金融产品与服务，加快数字普惠金融业务向农村地区和小微企业下沉，支持"三农"经济和小微企业发展。第五，传统金融机构应与互联网平台展开深度合作，实现金融与科技等方面的优势互补，特别是充分利用互联网平台上用户社交、购物和旅游等活动留下的海量数据，运用大数据技术实现精准营销，合理定价和风险控制，有效发挥数字普惠金融促进包容性增长的积极作用。

参考文献

[1] Beck T., Pamuk H., Ramrattan R., Uras B. R. Payment Instruments, Finance and Development [J]. Journal of Development Economics, 2018 (133): 162-186.

[2] Jin Z., Wang L., Wang S. Financial Development and Economic Growth: Recent Evidence from China [J]. Journal of Comparative Economics, 2012, 40 (3): 393-412.

[3] Levine R. Finance and Growth: Theory and Evidence [J]. Handbook of Economic Growth, 2005, 1 (A): 865-934.

[4] 贝多广. 金融发展的次序——从宏观金融、资本市场到普惠金融 [M]. 北京: 中国金融出版社, 2017.

[5] 陈斌开, 林毅夫. 发展战略、城市化与中国城乡收入差距 [J]. 中国社会科学, 2013 (4): 81-102+206.

[6] 郭峰, 王靖一, 王芳, 孔涛, 张勋, 程志云.测度中国数字普惠金融发展：指数编制与空间特征 [J]. 经济学（季刊）, 2020, 19 (4): 1401-1418.

[7] 何宗樾, 宋旭光. 公共教育投入如何促进包容性增长 [J]. 河海大学学报（哲学社会科学版）, 2018, 20 (5): 42-49+91.

[8] 黄倩, 李政, 熊德平. 数字普惠金融的减贫效应及其传导机制 [J]. 改革, 2019 (11): 90-101.

[9] 黄益平, 黄卓. 中国的数字金融发展：现在与未来 [J]. 经济学（季刊）, 2018, 17 (4): 1489-1502.

[10] 梁双陆, 刘培培. 数字普惠金融、教育约束与城乡收入收敛效应 [J]. 产经评论, 2018, 9 (2): 128-138.

[11] 吕冰洋, 毛捷. 金融抑制和政府投资依赖的形成 [J]. 世界经济, 2013 (7): 48-67.

[12] 马德功, 滕磊. 数字金融、创业活动与包容性增长 [J]. 财经论丛, 2020 (9): 54-63.

[13] 任碧云, 李柳颖. 数字普惠金融是否促进农村包容性增长——基于京津冀 2114 位农村居民调查数据的研究 [J]. 现代财经（天津财经大学学报）, 2019, 39 (4): 3-14.

[14] 宋敏, 周鹏, 司海涛. 金融科技与企业全要素生产率——"赋能"和信贷配给的视角 [J]. 中国工业经济, 2021 (4): 138-155.

[15] 唐礼智, 刘喜好, 贾璇. 我国金融发展与城乡收入差距关系的实证研究 [J]. 农业经济问题, 2008 (11): 44-48.

[16] 徐强, 陶侃. 基于广义 Bonferroni 曲线的中国包容性增长测度及其影响因素分析 [J]. 数量经济技术经济研究, 2017, 34 (12): 93-109.

[17] 张杰, 郑文平, 新夫. 中国的银行管制放松、结构性竞争和企业创新 [J]. 中国工业经济, 2017 (10): 118-136.

[18] 张勋, 万广华. 中国的农村基础设施促进了包

容性增长吗? [J]. 经济研究, 2016, 51 (10): 82-96.

[19] 张勋, 万广华, 张佳佳, 何宗樾. 数字经济、普惠金融与包容性增长 [J]. 经济研究, 2019, 54 (8): 71-86.

[20] 周利, 冯大威, 易行健. 数字普惠金融与城乡收入差距:"数字红利"还是"数字鸿沟" [J]. 经济学家, 2020 (5): 99-108.

论文执行编辑: 皮建才

论文接收日期: 2021 年 12 月 14 日

作者简介:

裴平 (1957—), 浙江天台人, 管理学博士, 南京大学商学院教授, 博士生导师, 南京大学国际金融管理研究所所长, 国家社科基金重大项目"互联网金融发展、风险与监管" (14ZDA043) 首席专家, 享受国务院特殊津贴; 兼任中国国际金融学会理事、中国金融学年会理事、江苏国际金融学会副会长和江苏省互联网金融协会副会长等。研究方向为金融理论与政策、互联网金融和国际金融等。E-mail: peip@ nju. edu. cn。

占韦威 (1989—) 安徽舒城人, 南京大学商学院博士研究生。研究方向为数字金融、经济增长。E-mail: 823697973@ qq. com。

Digital Inclusive Finance and Inclusive Growth

Ping Pei   Weiwei Zhan

(School of Business, Nanjing University, Nanjing, China)

Abstract: Both digital inclusive finance and inclusive growth emphasize equity. With the rapid development of digital inclusive finance, its actual impact on inclusive growth is of concern. Based on the theoretical perspective of economic growth and urban-rural income gap, this paper selects China's inter-provincial panel data from 2011 to 2018, and uses fixed effect models and moderating effect models to empirically test the impact of digital inclusive finance on inclusive growth. The study finds that the development of digital inclusive finance can significantly promote inclusive growth. The coverage of digital inclusive finance has the greatest impact on inclusive growth, followed by the depth of use, and the degree of digitalization has the least impact. There are obvious regional differences in the impact of digital inclusive finance on inclusive growth. In the central and western regions, the development of digital inclusive finance can significantly promote inclusive growth, while in the eastern region, the effect of digital inclusive finance in promoting inclusive growth is not significant. The study also finds that the level of education has strengthened the role of digital inclusive finance in promoting inclusive growth. Based on the research, this paper also puts forward some suggestions.

Key Words: Digital Inclusive Finance; Inclusive Growth; Urban-rural Income Gap

JEL Classification: G21, G30

南大商学评论

第56辑

财税政策选择如何影响区域创新产出

——基于财政分权的视角

□ 路嘉煜　白俊红

摘　要： 随着创新驱动发展战略的深入实施，政府尤其是地方政府在创新活动中的角色日趋重要。本文分析了中国地方政府不同财税政策对区域创新产出的影响，探究了财政分权对地方政府财税政策实施效果的调节效应。在此基础上，采用中国分省面板数据，运用空间面板计量模型，实证考察财税政策对区域创新的影响。研究发现，区域创新具有明显的空间相关特征，无论是财政收入政策，还是财政支出政策，均对区域创新有着正向的激励效应，在考虑财政分权的调节效应后，财税政策对区域创新产出的正向激励被显著弱化，地方政府的分权程度对财税政策有着负向的调节作用。研究结论为构建现代化财税政策体系与推动区域创新发展提供了政策建议和启示。

关键词： 税收征管；财政科技支出；财政分权；区域创新

JEL 分类： F061.5，F062.6

引　言

习近平总书记强调："创新是引领发展的第一动力，是国家综合国力和核心竞争力的最关键因素。"中国政府已把创新摆在了国家发展全局的核心位置，这充分表明了创新在中国建设现代化强国战略中的重要性和紧迫性。然而，与一般的生产性活动相比，创新具有较为明显的外部性和非独占性的特征。技术创新活动的开展需要企业投入大量的人力、物力、资金和资源，而技术创新的成果却很容易被其他企业跟随模仿。在知识产权保护制度不完善、执行力度松软的情况下，企业参与创新的私人收益将更低，这直接抑制了企业参与创新的意愿（周克清等，2011）。因此，为把握创新发展理念，提升自主创新能力，落实创新驱动发展战略，不仅需要企业积极地参与到创新活动中去，也要求各级政府充分扮演好优化创新资源配置、促进地区创新发展的重要角色。

近年来，国内外学者对政府与创新的研究成果已较为丰富，其中财税政策与创新的关系研究更是引起了学者们的浓厚兴趣，大部分学者从税收优惠和政府补贴两个层面展开论证。薛薇和张嘉怡（2021）研究发现，企业税收优惠政策对于高新技术企业从"做大"到"做强"都发挥了积极的作用。肖兴志和王伊攀（2014）分析了政府通过财税政策对营商环境的外部干预和对企业内部的激励影响企业的投资决策，发现政府补贴能有效促进企业研发投入的增加，并提高产业的技术水平。黎文靖和郑曼妮（2016）分析了宏观产业政策对微观企业创新活动的影响，政府通过实施产业政策调配资源，推动区域产业结构升级，促进企业技术进步，但当公司期望获得更多的政府补助和税收优惠时，其创新产出，特别是策略性创新显著增加，并会导致企业为寻求政策扶持而进行创新。曾江洪等（2021）则认为，财税政策对不同规模企业的开放式创新绩效的影响存在差异，创新补贴对大规模企业开放式创新绩效的提升效果更好，而规模较小的企业则更适合税收优惠。针对财税政策的实施效果，学者们的研究结论也存在着分歧。一些观点认为，财政补贴会使得企业用获得的补助来代替本可以由自身完成的投资，产生替代效应和挤占效应（Klette et al.，2000；Gorg and Strob，2007）。而另一些观点认为，只有财政补贴能提升企业的创新绩效，税收优惠则会抑制企业的创新绩效（丁方飞、谢昊翔，2021）。

学者们还进一步地探讨了政府对企业创新活动的影响机制。杨晓妹和刘文龙（2019）从产权性质的维度系统评估财政 R&D 补贴和税收优惠政策对第二产业高质量创新的影响，认为非国有企业的高质量创新对财政 R&D 补贴和税收优惠的刺激反馈更为敏感，而国有企业由于与政府的关系更为紧密，更偏向于策略性创新。鲍宗客等（2020）从知识产权保护的角度研究了中国政府对企业创新的激励和保护作用，但他们的研究表明，无论是行政保护还是产权保护都很难对创新成果起到改善作用，过于严厉的创新环境会让企业陷入不愿创新的怪圈。陈洋林等（2019）阐释了财政补贴对企业研发投入和人力资本投入的促进作用，并发现企业研发投入有效激励了创新投入与产出，而人力资本投入对创新的激励效应并不明显。张笑等（2021）的研究从企业管理者层面阐释了决策者面对外界客观环境所采取的最佳应对策略，并发现具有政治关系嵌入和学术关系嵌入的企业管理者拥有更丰富的信息资源，更有可能在获得政府补贴后增加研发投入。

这些文献为深入研究财税政策对区域创新的影响提供了丰硕的理论基础，然而也存在着一些不足。主要体现在：第一，现有研究大多将财政收入政策局限于税收优惠，将财政支出政策局限于政府补贴。事实上，除了税收优惠，税收负担规模、税收征管力度同样会影响企业的创新活动（刘乐淋、杨毅柏，2021）。不仅如此，中国地方政府并无税收上的立法权，税收的征返、税率的增减都需要按照税收法律法规执行，很难通过改变税率或增大税收返还幅度来促进企业创新（Bai et al.，2018）。在支出层面，地方政府运用支出政策支持创新活动除了对企业的直接补助，还包括改革素质教育和培养创新人才，促进不同创新主体间的交流合作，建设重大科学技术基础设施等。第二，在探讨财税政策对区域创新的影响机理时，现有研究往往将政府作为一个理想的外生变量。影响机制诸如产权性质、研发投入、高管行为等都是从企业的角度去探讨财税政策对企业创新意愿的激励，但没有考虑地方政府本身的政策选择偏好，以及这种决策偏好是否能为本地区的创新营造积极、良好的环境。第三，就计量方法而言，现有研究在考察财税政策对创新活动的关系时，仍将变量视作独立的系统，并没有考虑变量之间的空间相关性。正如白俊红等（2017）的研究，支持创新活动的研发要素在区域之间是一个动态流动的过程，一个地区创新能力的提高会通过溢出效应带动另一个地区开展创新活动。因此，区域创新的空间相关效应不可忽视。

鉴于此，本文的主要贡献为以下几个方面：第一，选用与地方政府行为决策更为密切相关的政策变量，在收入政策层面选用税收征管力度，在支出政策层面选用财政科技支出，剖析不同财税政策的选用对区域创新产出的影响路径。第二，将中国的财政分权体系纳入分析框架，探讨财政分权体系下的地方政府官员的政策选择偏好，探究财政分权对财税政策实施效果的调节效应，以及对本地区创新产出的影响。第三，考虑创新活动在地区之间可能存在的空间相关效应，通过构建空间计量模型，以期更加科学、准确地考察财税政策与区域创新的关系。

本文后续内容安排如下：第二部分理论分析地方政府不同财税政策对区域创新的内在影响机制；第三部分构建空间计量模型并对变量

和数据的选取进行说明；第四部分选择出拟合最优的计量模型，并对实证结果进行讨论；最后给出相关研究结论及政策启示。

1 理论分析

在国家创新战略实施过程中，政府作为政策支持和财税保障的供给主体，也是创新的"推进器"。创新又是一项复杂的系统工程，它涉及人力、物力、资源等生产要素的互动集成，需要不同经济主体的分工合作，以及各个机制的协调对接。这就使得创新战略的推进不仅需要中央政府的统一决策，还需要地方政府的具体落实。中国的财政分权制度使得地方政府拥有了一定的财政自主决策权（Tiebout，1956）。地方政府对财税政策的合理选择与运用，可以有效地促进创新要素的自由流动，优化当地的创新资源配置，推动各类科技创新主体的有机整合，从而构建有效的创新互动社会系统。

1.1 财政收入政策

税收政策作为重要的财政工具，有着调整产业结构、调控宏观经济的重要职能。由于中国目前税收立法权是高度统一的，地方政府一般无权决定税种的开征和税率的设定，企业的税收减免和税收征返都要遵照税收法律法规执行。但在税收征管力度方面，则需要依赖地方政府公共权力的行使。中国现行的税制在设计上仍保留了较大的征管弹性，税务部门对税负的认定和税务行政处罚等都有着较为自由的裁量权。作为一种外部制约机制，税务部门通过税务稽查等行政活动对企业经营活动进行监督核查，制约企业的偷漏税行为，并对管理层行为和企业经营造成影响。

税收征管力度的加强在一定程度上会加重企业的经营成本，并抑制企业运用税收优惠政策的意愿（谢获宝等，2020）。若税务部门对税收优惠政策的认定较为严格，企业为享受税收优惠政策就需要投入更多的资源，这将抑制企业特别是中小企业寻求税收优惠的积极性（于文超等，2018），进而间接增加了企业的税负，损害企业的内源现金流，进而减少研发资金的来源。但是，税收征管力度的加强有利于完善企业的投融资环境，可以为企业的技术发展提供良好的外部支持。潘越等（2013）的研究发现，税收征管力度越强的地区，企业的债务融资成本越低，也更加容易获得债务融资来支持创新活动。这是因为税务机关具备信息中介的特征，税收征管行为有助于向股东、债权人展示企业的盈利能力，从而增加投资者的信心。此外，税收政策还有利于规范企业的纳税行为，降低企业的代理成本。当企业的现金流较为充裕时，管理者会产生舞弊的动机，通过转移利润、粉饰业绩等行为来获得私人利益，这不仅会损害投资者的利益，还会降低资本市场的配置效率（叶康涛、刘行，2011）。而税收征管力度的加强可以有效抑制经营者舞弊和操纵非应税项目，因为企业的税负没有随着盈余水平的增加而增加，会引起税收征管部门的注意（Mills and Sansing，2010），并让企业与经营者付出相应的法律代价。这就说明，税收征管力度的加强还可以缓解经营者和股东之间的代理矛盾，引导经营者进行正确的投资决策，并利用减税降费的契机，全面提升企业的技术创新能力。

1.2　财政支出政策

在财政支出层面，地方政府可以通过实施人才战略、构建科技研发机构等，来促进区域创新。科技研发具有非常高的风险，需要投入大量的要素资源，大大降低了企业参与创新的意愿，这就需要地方政府对科技基础设施和战略性新兴产业提供政策扶持，通过财政科技支出帮助企业获得技术进步的积累效益，进而实现创新技术的重大突破（殷红等，2020）。为推进企业引进先进生产技术，优化产业结构，地方政府还可以加大人才引进和人才培养的力度，建立人才储备库，向企业供给高素质、高学历的创新人才，为区域创新注入源源不断的活力。就企业而言，事前的政府科技支出具有信号传递作用，它通过促进企业增加研发投入，提升创新绩效，同时给投资者释放企业发展前景良好的积极信号，帮助企业克服创新的外部性（曾江洪等，2021）。财政科技支出不仅增加了企业的内源性资金，还放松了企业的内部融资约束，这种"雪中送炭"的行为有效地促进了企业参与技术创新的积极性。

但与收入政策相比，地方政府的财政支出政策在对象上具有局限性，地方政府通常会优先选择创新能力较强、已经成为高新技术企业的大中企业作为重点补助的对象，而忽视正处在创业初期、早期技术水平低，但是发展潜力巨大的科技型、服务型小微企业的扶持（杨晓妹、刘文龙，2019）。此外，政府和企业之间存在着信息不对称，缺乏有效监督机制会无法确保政府补助用于创新活动，从而导致创新资源的非最优配置（安同良等，2009）。黎文靖和郑曼妮（2016）认为，受产业政策的激励，公司的非专利申请数明显增加，企业会为了寻求政府的扶持而一味地增加创新数量，却不注重创新的质量。

1.3 财政分权的调节效应

分税制改革后，中央将部分事权下放至地方，使得地方政府在实施财税政策时拥有了更多的自主决定权。但进行政绩考核时，政府官员的晋升仍然取决于更高一级的中央政府（Millimet，2010）。在这种"向上负责"的垂直型政治体系下，地方政府在承担经济社会发展责任的同时还面临着晋升考核的压力（Bai et al.，2018）。随着创新驱动战略的推进实施，中央政府对地方的区域创新水平也提出了新的发展要求，技术创新被纳入地方政府的绩效考评中，这将促使各地方政府围绕技术创新而展开竞争，即"为创新而竞争"，这种竞争在一定程度上激励了本地区创新水平的提高（卞元超等，2020）。为了争夺优质的创新企业，地方政府通过税收优惠、优化营商环境等方式（Ihori and Yang，2009）来吸引研发要素的流入。周克清等（2011）认为，地方财政自主性的提高在一定程度上增加了地方科技投入，这不是简单的增加公共产品的供给，而是因为科技投入的增加能带来更高的经济产出水平。

中国的财政分权体系激发了地方政府推进辖区创新发展的意愿，但不恰当的分权路径会带来激励结构的扭曲（沈坤荣、付文林，2006）。目前，虽然中央提出了要加大科技投入、建设创新型国家，但实质性的财政支出安排却没有能够跟上，这就造成了地方政府拥有的财权与需要承担的支出责任事权不相匹配，原本需要帮助企业克服创新外部性的政府也变

得短视起来。与投资大、周期长的科技创新支出相比，地方政府会优先发展重点税源企业，通过扶持钢铁、石油、烟草、金融、房地产等产业，来增加本地区的财政收入（Han and Kung，2015），这些生产性支出挤占和压缩了地方政府的科技创新支出。不仅如此，地方官员受晋升利益的影响，还会干预企业的投资行为，进一步导致整个社会"重生产，轻创新"的偏向，造成各地区呈现出财政分权程度越高、研发投入等创新性支出的比例越低的现象（吴延兵，2017）。

2 模型设定与变量选择

2.1 空间相关性分析

创新活动往往伴随着知识与技术的空间溢出以及区域之间的交流合作，本地区创新水平的提升也会对周边地区产生影响，因而创新活动具有较为明显的空间相关特征。运用 Moran's I 指数法来检验区域创新的空间相关性，其定义如式（1）所示：

$$\text{Moran's } I = \frac{\sum_{j}^{N} \sum_{j}^{N} W_{ij}(x_i - \bar{x})(x_j - \bar{x})}{S^2 \sum_{j}^{N} \sum_{j}^{N} W_{ij}}$$

（1）

其中，N 为样本维度，t 为时间维度。i、j 分别为第 i 个样本与第 j 个样本（$1 \leq i, j \leq N$），x_i、x_j 为样本的观测值，为观测样本的平均值，S^2 为样本方差。W_{ij} 为空间邻接矩阵，表示样本观测值之间的空间相关关系，当第 i 个样本与第 j 个样本在地理上有交界时 W_{ij} 取 1，视为空间关联；无地域交界或 i 等于 j 时，取 0，

视为空间不关联。

2.2 空间计量模型的建立

为了同时考察财税政策对区域创新的影响和区域创新的空间相关特征，构建空间计量模型来实证检验地方政府财税政策与区域创新之间的关系。常用的空间计量模型有空间杜宾模型（Spatial Dubin Model，SDM）、空间误差模型（Spatial Error Model，SEM）和空间自回归模型（Spatial Autoregressive Model，SAM）。

当扰动项中存在空间相关性，且模型中协方差不为零的解释变量被忽略时，就需要考虑建立空间杜宾模型。空间杜宾模型在空间回归分析领域占据重要的位置，囊括了众多应用广泛的模型，具体可以表示为：

$$Inn_{it} = \beta_0 + \rho WInn_{it} + \beta_1 Pol_{it} + \beta_2 Pol_{it} \times$$
$$Fis_{it} + \sum \beta_j x_{ijt} + \theta_1 WPol_{it} +$$
$$\theta_2 WPol_{it} \times Fis_{it} + \sum \theta_j Wx_{ijt} + \mu_{it}$$
$$\mu_{it} = \gamma W \mu_{it} + \varepsilon_{it} \tag{2}$$

其中，Inn_{it} 为被解释变量，衡量 i 地区 t 时期的创新水平，Pol_{it} 为政策变量，包括财政收入政策与支出政策，$WInn_{it}$ 为区域创新的空间自相关项，用来表示空间相关地区创新活动对本地区创新的影响。Fis_{it} 为财政分权程度，$Pol_{it} \times Fis_{it}$ 为财政分权与财税政策的交互项，用来考察财政分权的调节效应。x_{ijt} 为控制变量，β_j 为控制变量的系数，如果系数 β_1 与 β_2 的符号一致，那么分权程度将加剧财税政策对区域创新的影响效应；反之则弱化财税政策对区域创新的影响效应。ρ 为空间自回归系数，ρ 如果为正，表明空间相关地区的创新活动对本地区的创新有正向影响，否则为负向影响。$\theta_1 WPol_{it}$、

$\theta_2 WPol_{it} \times Fis_{it}$、$\sum \theta_j Wx_{ijt}$ 分别表示空间相关地区的财税政策、财政分权调节效应以及控制变量，θ 为相应的系数向量。μ_{it} 为误差项，γ 为空间误差系数，体现了误差项中样本观测值的空间相关性的大小，即空间相关地区创新产出的随机扰动项对本地区创新产出的影响。$W\mu_{it}$ 为误差项的空间相关系数，ε_{it} 为满足独立正态同分布的随机扰动项。

当 $\rho = 0$ 时，空间杜宾模型演化为空间误差模型。空间误差模型指因变量之间的观测值不相关，但因变量与空间相关地区的特性相关的模型，具体可以表示为：

$$Inn_{it} = \beta_0 + \beta_1 Pol_{it} + \sum \beta_j x_{ijt} + \mu_{it}$$
$$\mu_{it} = \gamma W \mu_{it} + \varepsilon_{it} \tag{3}$$

式（3）中的变量的含义与上文相同。

当空间杜宾模型中的 $\theta = 0$ 时，演化为空间自回归模型。空间自回归模型是指设定被解释变量空间相关项的空间计量模型。区域创新的空间自回归模型表明某一地区的创新能力将会受到周边地区创新能力的影响。设置如式（4）所示的空间自回归模型：

$$Inn_{it} = \beta_0 + \rho WInn_{it} + \beta_1 Pol_{it} +$$
$$\beta_2 Pol_{it} \times Fis_{it} + \sum \beta_j x_{ijt} + \varepsilon_{it} \tag{4}$$

式（4）中的变量含义与上文相同。

2.3 变量选择

2.3.1 被解释变量

选用创新产出指标来衡量区域创新水平。进入新时代以来，中国面临的国内外发展环境发生了深刻复杂的变化，为了推动经济驱动方式的转变，中国各级政府将创新摆在了现代化建设全局中的核心位置。学术界通常采用专利

数量来衡量地区的创新能力。相比于专利申请数，专利授权数更能体现经济主体创新的实质性成果，因而采用各省（自治区、直辖市）专利授权数来表征创新产出（*Inn*）。值得一提的是，中国的专利可以进一步细分为发明专利、外观设计专利和实用新型专利。根据黎文靖和郑曼妮（2016）的研究，企业创新的动机与专利的类别有着紧密的联系。发明专利体现了企业的创新成果，能够激发企业技术进步并获取竞争优势，属于实质性创新。而非发明专利的增加体现为企业为寻求政策扶持和补贴而实施的策略。基于此，进一步采用各地区发明专利授权数来表征地区的实质性创新产出（*Qua*），采用外观设计及实用新型专利授权数之和来表征策略性创新产出（*Str*），上述变量均取自然对数来消除异方差的影响。

2.3.2 财税政策变量

财政收入政策（*Tax*）。税收是国家财政收入的重要组成部分，也是宏观调控的重要工具，对经济运行起着调节作用。但中国税收的立法权主要在全国人大和国务院，地方政府一般无权决定税种的征收范围以及税率的增减，因而采用税收征管力度来表征地区的财政收入政策更加能体现地方政府公共权力的行使。根据曾亚敏和张俊生（2009）的研究，一个地区的税收征管力度可以通过税收努力指标来反映，即一个地区预期可获得的税收收入转化为实际税收收入过程中所做的努力程度，它等于实际税收负担比率与估计的税收负担比率之差。预期税收收入的估计模型设定为：

$$\frac{T_{it}}{Y_{it}} = \sigma_0 + \sigma_1 GDP_{it} + \sigma_2 IND1_{it} + \sigma_3 IND2_{it} + \varepsilon_{it}$$

（5）

其中，T_{it} 表示地区 i 在时期 t 的税收总收入，Y_{it} 表示地区 i 在时期 t 的名义国内生产总值，GDP_{it} 表示人均国内生产总值，$IND1_{it}$ 和 $IND2_{it}$ 分别表示第一产业与国内生产总值之比和第二产业与国内生产总值之比。通过回归，可以得到模型的各项系数 σ，从而计算出地区预期税收负担比率。用实际税收负担比率与预期税收负担比率之差即可表示税收征管力度。

财政支出政策（*Tec*）。与财政收入政策一样，财政支出政策也是政府干预市场的重要手段。政府可以通过培养创新人才、建设科研基础设施、政府补助等方式对地区的创新活动产生影响。在各个支出领域中，科学技术作为推动中国社会发展和经济增长的重要动力，与创新发展战略密切相关。财政科技支出既包含了政府对科研基础设施的建设投资，也包含了人才培养项目和企业政府补助。选用财政科技支出来衡量财政支出政策可以最直接地体现地方政府对创新活动的支持。参照殷红等（2020）的研究，财政支出变量具体表示为分地区一般公共预算支出中的科学技术支出项与该地区名义国内生产总值之比。

2.3.3 控制变量

财政分权程度（*Fis*）。中国的财政分权体系使得地方政府在本地区的经济与社会发展方面拥有了更多的自主决策权，但地方官员迫于晋升考核的压力，从过去的"为经济增长而竞争"转向了"为创新而竞争"。中国的财政分权体系增加了政府行为的复杂性，因此需要将财政分权纳入分析框架，进一步考察财政分权在财税政策对区域创新影响路径中的调节效应。借鉴张晏和龚六堂（2005）等的方法，采用各地区预算内人均本级财政支出与中央预算内人均本级财政支出之比来表征地方政府的财政分权程度。

城镇化水平（Urb）。城镇化是农村劳动力、信息等要素从农村转移至城镇的过程，反映了地区城市化进程和城乡结构对创新产出和研发活动的影响。本文采用各地区城镇人口占地区总人口之比来衡量城镇化水平。

对外开放程度（Ope）。地区间的技术与信息交流是企业提升效率、追求技术进步的重要环节。一般情况下，地区的对外开放程度越高，越有利于外部先进技术向本地区溢出，从而给本地区的生产活动带来先进的生产技术。采用各地区货物进出口额，按照年均汇率折算成人民币后，与地区总人口之比来衡量地区对外开放程度。

研发投入强度（Res）。研发投入强度是企事业单位追求技术进步、提升效率的重要表现，也在一定程度上反映了该地区的创新能力和研发累积。采用各地区当年的 R&D 经费内部支出与地区总人口之比来表征研发投入强度。

地区制度环境（Ins）。中国各地区的产权结构、制度环境在改革与发展中呈现出较大差异，并且制度环境直接影响着地区的创新环境。采用各地区国有及国有控股企业的总资产与地区规模以上工业企业的总资产之比来衡量地区制度环境。

2.4　数据来源与描述性统计

研究所采用的数据为 2006～2019 年中国的 30 个省级行政区的平衡面板数据。鉴于香港、澳门、台湾、西藏的统计数据缺失，研究暂不考虑上述地区。实证研究中的各类变量均来自于 2007～2020 年的《中国统计年鉴》《中国科技统计年鉴》以及《中国财政统计年鉴》。变量的描述性统计如表 1 所示。

表 1　变量的描述性统计

变量性质	变量名称	个数	均值	标准差	最小值	最大值
被解释变量	创新产出（Inn）	420	9.484	1.598	4.575	13.176
	实质性创新产出（Qua）	420	7.516	1.619	3.135	10.998
	策略性创新产出（Str）	420	9.312	1.604	4.205	13.055
政策变量	财政收入政策（Tax）	420	1.006	0.234	0.523	1.694
	财政支出政策（Tec）	420	0.004	0.003	0.001	0.014
控制变量	财政分权程度（Fis）	420	5.975	2.864	2.017	14.876
	城镇化水平（Urb）	420	0.546	0.136	0.275	0.896
	对外开放程度（Ope）	420	1.809	2.955	0.035	14.078
	研发投入强度（Res）	420	0.083	0.116	0.003	0.857
	地区制度环境（Ins）	420	0.502	0.175	0.140	0.836

3 实证结果与分析

3.1 空间相关性的检验

选用全局莫兰指数（Moran's I）来验证区域创新产出的空间相关性。Moran's I的取值为-1~1，取值与1越接近说明空间正相关性越强，取值与-1越接近说明空间负相关性越强；取值的绝对值越大，创新产出的空间相关性就

越强。将空间权重矩阵进行标准化处理，并得到检验结果如表2所示。

表2的检验结果表明，中国2006~2019年各省份的创新产出指标均呈现空间正相关性，并在1%的水平下显著，同样地，实质性创新和策略性创新同样具有显著的空间正相关性。这表明，在考察财税政策对环区域创新的影响时，无论是何种类型的创新，采用空间计量模型来进行实证分析是合理的。

表2 2006~2019年中国区域创新产出的全局 Moran's I 检验

年份	2006	2007	2008	2009	2010	2011	2012
Moran's I	0.293*** (0.003)	0.315*** (0.002)	0.321*** (0.002)	0.366*** (0.000)	0.362*** (0.001)	0.399*** (0.000)	0.388*** (0.000)
年份	2013	2014	2015	2016	2017	2018	2019
Moran's I	0.370*** (0.000)	0.398*** (0.000)	0.405*** (0.000)	0.417*** (0.000)	0.422*** (0.000)	0.453*** (0.000)	0.474*** (0.000)

注：括号内数字为显著性概率p值，***、**、*分别表示通过了1%、5%、10%的显著性检验。

3.2 基准回归结果分析

下文采用空间杜宾模型（SDM）、空间误差模型（SEM）、空间自回归模型（SAR）来考察财税政策与创新产出的关系。经 Hausman 检验，空间面板计量模型均选用固定效应。利用 Stata

软件对财政收入政策和财政支出政策的空间计量模型进行回归，分别得到空间杜宾模型、空间误差模型和空间自回归模型的估计结果（如表3所示）。

表3 基准回归模型估计结果

变量	财政收入政策			财政支出政策		
	SDM	SEM	SAR	SDM	SEM	SAR
Pol	2.391*** (0.000)	1.305*** (0.000)	1.125*** (0.000)	306.046*** (0.000)	367.944*** (0.000)	338.552*** (0.000)
Pol×Fis	-0.321*** (0.000)	-0.317*** (0.000)	-0.288*** (0.000)	-44.617*** (0.000)	-53.462*** (0.000)	-44.617*** (0.000)
Urb	3.240*** (0.000)	2.506*** (0.000)	2.158*** (0.001)	2.886** (0.034)	-0.786 (0.207)	-0.324 (0.600)

变量	财政收入政策			财政支出政策		
	SDM	SEM	SAR	SDM	SEM	SAR
Ope	0. 233*** （0. 000）	0. 287*** （0. 000）	0. 248*** （0. 000）	0. 709*** （0. 000）	0. 314*** （0. 000）	0. 263*** （0. 000）
Res	3. 144*** （0. 000）	2. 227*** （0. 006）	1. 783** （0. 028）	6. 435*** （0. 000）	7. 516*** （0. 000）	7. 061*** （0. 000）
Ins	−2. 714*** （0. 000）	−1. 876*** （0. 000）	−1. 282*** （0. 000）	−3. 118*** （0. 000）	−1. 951*** （0. 000）	−1. 262*** （0. 000）
WPol	1. 613*** （0. 000）	—	—	254. 825*** （0. 001）	—	—
WPol×Fis	−0. 087*** （0. 001）	—	—	−42. 288*** （0. 000）	—	—
ρ 或 λ	0. 302*** （0. 000）	0. 239*** （0. 002）	0. 233*** （0. 000）	0. 370*** （0. 000）	0. 252*** （0. 000）	0. 217*** （0. 000）
R−sq	85. 34%	81. 06%	79. 34%	88. 55%	80. 13%	79. 02%
Log−L	93. 426	87. 527	89. 185	111. 070	94. 824	93. 156

注：括号内数字为显著性概率 p 值，＊＊＊、＊＊、＊分别表示通过了 1%、5%、10% 的显著性检验；"—"表示此项为空。

表 3 考察了财政收入政策和财政支出政策对创新产出的影响。无论是收入政策还是支出政策，空间杜宾模型的极大似然值都较其他模型高。为了进一步判断空间杜宾模型的拟合效果，对空间杜宾模型进行 Wald 检验和 LR 检验。结果显示，Wald 检验和 LR 检验的空间误差项和空间滞后项均通过了 1% 的显著性检验，说明空间杜宾模型不会退化至空间误差模型和自回归模型。基于此，本文选择空间杜宾模型进行实证分析。

表 3 中，财政收入政策和支出政策的相关系数 ρ 均显著为正，这说明创新产出具有明显的空间溢出效应，一个地区创新产出水平的提高将带来空间相关地区创新水平的提升。收入政策和支出政策的回归系数均显著为正，伴随着财税政策的落实，地区创新产出能力也随之提高。但财政分权调节项的系数显著为负，表明财政分权弱化了财税政策对创新产出的正向影响。为了进一步考察财税政策对创新产出的影响方式，将回归结果分解为直接效应、间接效应和总效应。直接效应测度了财税政策对本地区创新产出的平均影响，间接效应测度了财税政策对空间相关地区创新产出的平均影响，而总效应反映了财税政策对本地区和空间相关地区创新产出的总影响。财税政策的直接效应、间接效应和总效应如表 4 所示。

表4　基准回归模型的分解效应

变量	财政收入政策			财政支出政策		
	直接效应	间接效应	总效应	直接效应	间接效应	总效应
Pol	2.567*** (0.000)	3.104*** (0.000)	5.672*** (0.000)	302.537*** (0.000)	245.918*** (0.001)	56.619* (0.004)
Pol×Fis	-0.322*** (0.000)	-0.016** (0.017)	-0.338*** (0.000)	-44.134*** (0.000)	-40.683*** (0.000)	-3.451* (0.087)
Urb	3.374*** (0.000)	2.121*** (0.000)	5.495*** (0.000)	-1.142** (0.027)	2.612*** (0.002)	1.469* (0.078)
Ope	0.217*** (0.000)	-0.245** (0.022)	-0.028** (0.024)	0.283*** (0.000)	-0.442*** (0.000)	-0.159* (0.063)
Res	3.159*** (0.000)	-0.405 (0.822)	2.754 (0.155)	6.444*** (0.000)	-2.805* (0.075)	3.639** (0.012)
Ins	-2.735*** (0.000)	-0.185 (0.757)	-2.920*** (0.000)	-3.142*** (0.000)	-1.731*** (0.000)	-4.873*** (0.000)

注：括号内数字为显著性概率 p 值，***、**、*分别表示通过了1%、5%、10%的显著性检验。

根据表4，税收征管力度无论是直接效应、间接效应还是总效应，估计系数均显著为正，且在1%的水平上显著。表明随着地区税收征管力度的加强，地区创新产出能力也显著提高。地方政府通过加强税收征管，规范了企业的经营支出和生产决策行为。税收征管力度的加强不仅可以改善本地区企业的筹资与投资环境，提高企业的创新效率，还能对空间相关地区的创新产出产生正向的影响。当各区域的税收征管均较为规范时，可以在一定程度上避免地区间为争夺税源和先进技术而产生恶性竞争。当各地区的税收征管均较为规范时，税收政策的宏观调控和资源整合功能得以发挥，从而提升了本地区和空间相关地区的创新产出能力，创造出更多的经济效益和社会效益。

财政科技支出的直接效应、间接效应和总效应显著为正，并通过了1%水平的显著性检验。与增强税收征管一样，地方政府增加财政科技支出能促进本地区创新产出的提高，其所引致的空间溢出效应对周边地区的创新产出同样有着正向的激励作用。地方政府通过财政科技支出集聚创新人才，完善科研基础设施，并营造良好的研发与创新环境，为产业发展指明了方向。当一个地区的财政支出政策较为成功时，其他地区也会参考本地区的科技支出结构，这将有利于其他地区创新能力的提升。

在财政收入政策和财政支出政策的回归模型中，财政分权调节项的直接效应、间接效应和总效应均显著为负，财政分权弱化了财税政策对创新产出的正向作用。在税收征管层面，随着财政分权程度的提高，税收征管对创新产出的正向激励效应会相应削弱。在现有的分权体系下，地方政府的财政收入与支出缺口仍然较大，为了获得更加充足的财政资金，地方政府可能会为了支持本地区重点税源企业的发展、吸引外部税源的流入而放松税收监管，这将违背加强税收征管的初衷，并在一定程度上恶化本地区企业的经营环境，从而不利于区域创新水平的提升。在财政科技支出层面，地方政府原本需要通过实施财税政策帮助企业克服创新的外部性，并将经济发展的长期目标与企业的短期盈利目标相统一，但是财政分权会改变地方政府实施财税政策的动机，形成一种激励扭曲。在中国财政分权体系下，地方政府需要面对上级政府的考核压力，变得更加偏好那些周期短、见效快的生产性项目，而减少了对一些科技型中小企业的扶持。

3.3　考虑创新产出的类别

创新产出按照专利的类别可以进一步分为实质性创新和策略性创新。研究不同创新活动的动机，对理解地方政府财税政策实施过程中，政府与企业的互动、企业的决策安排，以及政策的实施效果，都有着理论价值和现实意义。采用前述模型的比较选择方法，依然得到空间杜宾模型为最优的回归模型，将实质性创新和策略性创新的直接效应、间接效应和总效应的回归结果列示在表 5 中。

表 5　考虑创新产出类别的回归结果

变量	财政收入政策			财政支出政策		
	直接效应	间接效应	总效应	直接效应	间接效应	总效应
实质性创新						
Pol	2.130*** (0.000)	2.080*** (0.000)	4.207*** (0.000)	320.587*** (0.000)	20.187* (0.074)	300.399*** (0.000)
Pol×Fis	-0.319*** (0.000)	-0.004*** (0.008)	-0.323*** (0.000)	-47.550*** (0.000)	-9.949** (0.027)	-37.600*** (0.001)
Urb	4.107*** (0.000)	2.002*** (0.001)	6.109*** (0.000)	-0.274 (0.644)	6.141*** (0.000)	5.867*** (0.000)
Ope	0.223*** (0.000)	-2.664*** (0.003)	-0.044 (0.674)	0.279*** (0.000)	-0.503*** (0.008)	-0.224 (0.301)
Res	4.192*** (0.000)	-1.158 (0.451)	3.034* (0.055)	7.736*** (0.000)	-0.825 (0.653)	6.911*** (0.000)
Ins	-1.338*** (0.000)	-0.719 (0.143)	-2.057*** (0.000)	-1.685*** (0.000)	-2.085* (0.073)	-3.770*** (0.002)
策略性创新						
Pol	2.628*** (0.000)	3.309*** (0.000)	5.937*** (0.000)	311.586*** (0.000)	15.613* (0.084)	327.199*** (0.000)
Pol×Fis	-0.323*** (0.000)	-0.012* (0.072)	-0.335*** (0.000)	-43.361*** (0.000)	-21.379** (0.040)	-21.982* (0.069)
Urb	3.318*** (0.000)	1.855*** (0.000)	5.173*** (0.000)	-1.231** (0.033)	6.632*** (0.000)	5.401*** (0.000)

续表

变量	收入政策			支出政策		
	直接效应	间接效应	总效应	直接效应	间接效应	总效应
策略性创新						
Ope	0.219*** (0.000)	−0.249** (0.019)	−0.030 (0.813)	0.280*** (0.000)	−0.594*** (0.002)	−0.313 (0.152)
Res	2.691*** (0.000)	0.228 (0.901)	2.918 (0.138)	5.455*** (0.000)	−0.653 (0.758)	4.802** (0.035)
Ins	−2.976*** (0.000)	−0.106 (0.854)	−3.082*** (0.000)	−3.470*** (0.000)	−1.957* (0.081)	−5.427*** (0.000)

注：括号内数字为显著性概率 p 值，***、**、* 分别表示通过了 1%、5%、10% 的显著性检验。

根据表 5 回归结果可以发现，当进一步考虑创新产出的类别时，无论是财政收入政策还是财政支出政策，都会导致实质性创新和策略性创新的显著增加，这表明，地方政府的财税政策同时激励了企业的实质性创新和策略性创新行为。事实上，只有发明专利的增加才能促进企业价值的提高，推动本地区创新能力的提升。当市场上同时存在实质性创新和策略性创新时，如果地方政府不能对不同的创新类型进行准确甄别，那么企业为迎合产业政策的要求，就可以通过更易产出的非发明专利来寻求政府的财税扶持，追求创新的数量和速度，却并非谋求技术的进步和产业的升级。

财政分权与财税政策的交互项显著为负，财政分权同时弱化了财税政策对实质性创新和策略性创新的影响。随着创新驱动的推进落实，创新水平逐渐纳入地方政府的考核体系，但从目前财政分权调节项的实证结果来看，这种创新推进效果还并不明显。因此，如何在各层级构建有效的现代化财税体系，并推进地方政府之间在创新过程中产生良性互动就考验着我们的智慧。

3.4 稳定性检验

上文的回归分析中，以省份之间是否有地理交界来设置空间权重矩阵，但如果两个地区之间没有地理交界，并不能认为它们之间就没有联系。因此，将前述模型中的空间邻接矩阵替换为空间距离矩阵，进行稳定性检验。回归结果如表 6 所示。

表 6 稳定性检验结果

变量	财政收入政策			财政支出政策		
	直接效应	间接效应	总效应	直接效应	间接效应	总效应
创新总产出						
Pol	1.182*** (0.000)	0.638** (0.038)	0.544*** (0.009)	358.749*** (0.000)	381.961*** (0.000)	355.60*** (0.000)
Pol×Fis	−0.272*** (0.000)	−0.444*** (0.000)	−0.173*** (0.013)	−49.965*** (0.000)	−55.136*** (0.000)	−49.342*** (0.000)

续表

变量	财政收入政策			财政支出政策		
	直接效应	间接效应	总效应	直接效应	间接效应	总效应
实质性创新						
Pol	1.281***	0.426**	1.707**	125.307**	49.344**	152.177**
	(0.000)	(0.024)	(0.018)	(0.047)	(0.047)	(0.044)
Pol×Fis	-0.289***	-0.272***	-0.161*	-38.025**	-8.801**	-43.411***
	(0.000)	(0.002)	(0.066)	(0.010)	(0.042)	(0.005)
策略性创新						
Pol	1.141***	0.781*	0.360***	233.442**	431.305**	203.421**
	(0.000)	(0.059)	(0.003)	(0.027)	(0.011)	(0.016)
Pol×Fis	-0.268***	-0.479***	-0.211*	-11.940**	-46.335***	-59.309*
	(0.000)	(0.000)	(0.078)	(0.048)	(0.002)	(0.074)

注：括号内数字为显著性概率 p 值，***、**、*分别表示通过了1%、5%、10%的显著性检验。

根据表6的估计结果，在替换了空间矩阵后，财政收入政策和财政支出政策都对各类别的创新产出都具有正向的激励作用，而财政分权均会弱化这种正向的影响效应，且计量回归的结果均是显著的，这与前文的研究结论一致，因此可以认为回归结果具有稳健性。

4 研究结论与政策启示

为实现经济高质量发展，政府尤其是地方政府在区域创新中的角色将越来越重要，在迈向第二个百年奋斗目标的新征程上，构建现代化的财税政策体系也是新时代的发展要求。旨在考察地方政府的财税政策对区域创新绩效的影响，并探讨这种影响效应是否会随着财政分权程度的提高而改变。本文采用2006～2019年中国30个省级区域面板数据，从财政收入政策和财政支出政策两个维度，建立空间自回归计量模型，实证考察财税政策对区域创新产出的

影响。本文主要的研究发现有：

第一，创新在区域之间具有明显的空间相关效应。地区技术的进步不仅可以促进本地区创新水平的提升，还可以通过知识的溢出、技术的交流与合作对空间关联地区产生正向影响，并且这种影响效应随着空间距离的邻近而增强。因此，从政策层面来讲，各地区在贯彻落实创新驱动战略时，还可以发挥利用区位优势，降低研发要素的流动壁垒，促进技术的分工交流合作，构建一个生产高效、互动良好的区域创新一体化体系。

第二，财政收入政策和支出政策均对区域创新产出有正向的激励效应。创新战略的推进，需要更好地发挥政府的作用，建立有利于创新的体制和机制。研究还发现，财税政策对策略性创新和实质性创新的影响均是显著的，财税政策会同时激励实质性创新和策略性创新的增加，这就要求政府在选用财税政策时，进一步提高政策的识别度和精准度，强化征税力度和

资金监管，创造更加公平的财税政策适用与竞争体系，从而最大限度地发挥政府对区域创新的引导作用。

第三，地方政府的财政分权程度会弱化财税政策对区域创新的正向影响。建立科学的财政分权制度有助于推动国家发展战略的实现。但在中国的财政分权体系下，地方政府仍需面临政绩考核的压力。因此，在建设现代化财税体系的过程中，还需要进一步完善分权制度的激励设计，促进地方政府、企业在创新过程中的远期与近期目标相统一，宏观与微观目标相协调，进而推动国家治理体系和治理能力现代化不断取得新成效。

参考文献

[1] Bai J. H., Lu J. Y., Li S. J. Fiscal Pressure, Tax Competition and Environmental Pollution [J]. Environmental and Resource Economics, 2018, 73 (1): 1–17.

[2] Gorg H., Strobl E. The Effect of R&D Subsidies on Private R&D [J]. Economica, 2007, 74 (5): 215–234.

[3] Han L., Kung K. S. Fiscal Incentives and Policy Choices of Local Governments: Evidence from China [J]. Journal of Development Economics, 2015, 116: 89–104.

[4] Ihori T., Yang C. C. Interregional Tax Competition and Intraregional political Competition: The Optimal Provision of Public Goods under Representative Democracy [J]. Journal of Urban Economics, 2009, 66 (3): 210–217.

[5] Klette T. J., Moen J., Griliches Z. Do Subsidies to Commercial R&D Reduce Market Failures? Micro Econometric Evaluation Studies [J]. Research Policy, 2000, 29 (4/5): 471–495.

[6] Millimet D. L. Assessing the Empirical Impact of Environmental Federalism [J]. Journal of Regional Science, 2010, 43 (4): 711–733.

[7] Mills L. F., Sansing R. C. Strategic Tax and Financial Reporting Decisions: Theory and Evidence [J]. Contemporary Accounting Research, 2010, 17 (1): 85–106.

[8] Tiebout C. M. Exports and Regional Economic Growth [J]. Journal of Political Economy, 1956, 64 (2): 160–164.

[9] 安同良，周绍东，皮建才. R&D 补贴对中国企业自主创新的激励效应 [J]. 经济研究，2009，44 (10): 87–98+120.

[10] 白俊红，王钺，蒋伏心，李婧. 研发要素流动、空间知识溢出与经济增长 [J]. 经济研究，2017，52 (7): 109–123.

[11] 鲍宗客，施玉洁，钟章奇. 国家知识产权战略与创新激励——"保护创新"还是"伤害创新"? [J]. 科学学研究，2020，38 (5): 843–851.

[12] 卞元超，吴利华，白俊红. 财政科技支出竞争是否促进了区域创新绩效提升? ——基于研发要素流动的视角 [J]. 财政研究，2020 (1): 45–58.

[13] 曾江洪，杜琨瑶，李佳威. 政府财税激励对企业开放式创新绩效的影响研究 [J/OL]. 软科学 [2021 – 08 – 24]. http://kns.cnki.net/kcms/detail/51.1268.G3.20210723.1537.002.html.

[14] 曾亚敏，张俊生. 税收征管能够发挥公司治理功用吗? [J]. 管理世界，2009 (3): 143–151+158.

[15] 陈洋林，储德银，张长全. 战略性新兴产业财政补贴的激励效应研究 [J]. 财经论丛，2019 (5): 33–41.

[16] 丁方飞，谢昊翔. 财税政策能激励企业的高质量创新吗? ——来自创业板上市公司的证据 [J]. 财经理论与实践，2021，42 (4): 74–81.

[17] 黎文靖，郑曼妮. 实质性创新还是策略性创新? ——宏观产业政策对微观企业创新的影响 [J]. 经济研究，2016，51 (4): 60–73.

[18] 刘乐淋，杨毅柏. 宏观税负、研发补贴与创

新驱动的长期经济增长［J］.经济研究,2021,56(5):40-57.

［19］潘越,王宇光,戴亦一.税收征管、政企关系与上市公司债务融资［J］.中国工业经济,2013(8):109-121.

［20］沈坤荣,付文林.税收竞争、地区博弈及其增长绩效［J］.经济研究,2006(6):16-26.

［21］吴延兵.中国式分权下的偏向性投资［J］.经济研究,2017,52(6):137-152.

［22］肖兴志,王伊攀.政府补贴与企业社会资本投资决策——来自战略性新兴产业的经验证据［J］.中国工业经济,2014(9):148-160.

［23］谢获宝,吴壮倩,惠丽丽.税收征管、营改增与企业技术创新投入［J］.财经论丛,2020(7):33-42.

［24］薛薇,张嘉怡.高新技术企业税收优惠政策完善路径研究［J］.税务研究,2021(7):52-59.

［25］杨晓妹,刘文龙.财政R&D补贴、税收优惠激励制造业企业实质性创新了吗?——基于倾向得分匹配及样本分位数回归的研究［J］.产经评论,2019,10(3):115-130.

［26］叶康涛,刘行.税收征管、所得税成本与盈余管理［J］.管理世界,2011(5):140-148.

［27］殷红,张龙,叶祥松.我国财政政策对全要素生产率的非线性冲击效应——基于总量和结构双重视角［J］.财贸经济,2020,41(12):37-52.

［28］于文超,殷华,梁平汉.税收征管、财政压力与企业融资约束［J］.中国工业经济,2018(1):100-118.

［29］张笑,赵明辉,张路蓬.政府创新补贴、高管关系嵌入与研发决策——WSR方法论视角下制造业上市公司的实证研究［J］.管理评论,2021,33(5):194-207.

［30］张晏,龚元堂.分税制改革、财政分权与中国经济增长［J］.经济学(季刊),2005(4):75-108.

［31］周克清,刘海二,吴碧英.财政分权对地方科技投入的影响研究［J］.财贸经济,2011(10):31-37.

论文执行编辑:皮建才

论文接收日期:2021年8月30日

作者简介:

路嘉煜(1994—),江苏常州人,中共常州市委党校助理讲师,南京师范大学产业经济学硕士。主要研究领域为财税政策与区域创新。E-mail:lujiayu99@sina.com。

白俊红(1982—),山西太原人,南京师范大学商学院教授,博士生导师,南京航空航天大学管理学博士,主要研究领域为区域技术创新与管理。E-mail:bjh@njnu.edu.cn。

How Does Fiscal and Tax Policy Choice Affect Regional Innovation Output

—From the Perspective of Fiscal Decentralization

Jiayu Lu[1]   Junhong Bai[2]

(1. Party School of C. P. C. Changzhou Municipal Committee, Changzhou, China

2. School of Business, Nanjing Normal University, Nanjing, China)

Abstract: With the in-depth implementation of innovation driven development strategy, the role of government, especially local government, in innovation activities is becoming more and more important. This paper analyzes the impact of different fiscal and tax policies of Chinese local governments on regional innovation output, and explores the regulatory effect of fiscal decentralization on the implementation effect of fiscal and tax policies of local government. On this basis, using China's provincial panel data and spatial panel econometric model, this paper empirically investigates the impact of fiscal and tax policies on regional innovation. It is found that regional innovation has obvious spatial correlation characteristics. Both fiscal revenue policy and fiscal expenditure policy have a positive incentive effect on regional innovation. After considering the regulatory effect of fiscal decentralization, the positive incentive of fiscal and tax policies on regional innovation output is significantly weakened, and the degree of decentralization of local governments has a negative regulatory effect on fiscal and tax policies. The research conclusion provides policy suggestions and Enlightenment for building a modern fiscal and tax policy system and promoting regional innovation and development.

Key Words: Tax Collection and Management; Financial Science and Technology Expenditure; Fiscal Decentralization; Regional Innovation

JEL Classification: F061. 5, F062. 6

"一带一路"倡议的贸易成本效应

□ 赵 义

摘 要: 自"一带一路"倡议提出以来,中国与沿线国家经贸往来不断深化。从双边贸易成本的概念入手,本文利用 2001~2019 年中国与"一带一路"沿线国家的贸易数据,以 Novy(2006,2012)理论模型为基础,测度沿线国家与我国的双边贸易成本,并通过渐进双重差分模型实证考察"一带一路"倡议的实施对沿线国家与我国双边贸易成本的效应。结果显示,"一带一路"倡议显著促进双边贸易成本的下降,降幅为 6.2%~6.7%;"一带一路"倡议对双边贸易成本的下降作用集中于不与我国领土接壤的国家和发展中国家。政策沟通的状况与基础设施建设情况对双边贸易成本的下降具有显著的中介作用。

关键词:"一带一路"倡议;双边贸易成本;渐进双重差分模型

JEL 分类: F13

引 言

全球范围内,国家间贸易和投资领域的协作不断深化。近年来,中国保持高速增长,逐渐成为世界最大的工业制成品国,拥有了较为健全的产业链配套。然而,作为一个世界性的贸易大国,目前中国仍然处于全球价值链的中低端,相对缺乏世界领先的核心技术,成本要素在国际贸易中的比重始终较大。我国经济发展模式仍以外向型经济为主,外需仍然是我国经济在产能过剩和内需不足的背景下持续健康发展的关键因素。过多依赖外需的经济发展模式也使得贸易成本因素始终是我国在国际经贸往来中获取利润的关键点。而近年来,我国人口红利和劳动力成本优势也不复存在,越来越多的制造业企业从我国撤离至劳动力成本更低的东南亚地区。同时,国际经济环境也不容乐观,欧美国家总体经济依旧较为疲软,难以走出低迷形势;新兴经济体发展后劲不足,分化趋势严重。在此背景下,为深化国际经贸合作,实现各国互利共赢和共同发展,我国提出了共建"丝绸之路经济带"和"21 世纪海上丝绸之路"的倡议和构想。"一带一路"贯穿亚欧大陆,协议签署国逐年递增,截至 2019 年末,已囊括近 140 个经济体(见图 1),覆盖了全球超过 64% 的人口和超过 30% 的国民生产总值。"一带一路"倡议的提出在客观上刺激了中国与沿线国家贸易投资规模的空前扩大。

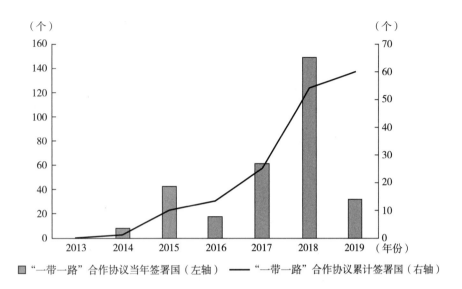

图1 2013～2019"一带一路"合作协议签署国数量变化

当然，不可否认的是，"一带一路"沿线国家和地区大多是处于社会及经济结构转型时期的发展中国家和新兴经济体，经济体间发展水平差异较大，缺乏有效的多边贸易投资沟通机制以及必要的基础设施建设，导致贸易投资环境相对不理想和贸易成本高企，对外贸易和投资合作需承担较高的风险。但是，随着"一带一路"倡议的逐步深入，基础设施建设不断推进，多边经贸协调机制逐渐成熟，要素流动合理化、成熟化，降低不必要的贸易成本，推动沿线国家在贸易上实现多元、自主、和谐、可持续的发展。因此，研究"一带一路"沿线贸易伙伴国与我国双边贸易成本的变化趋势及其与该倡议的关系具有深刻价值。

基于上述事实，本文采用渐进双重差分模型（Time-varying Difference-in-Differences Model），分析"一带一路"倡议的实施对"一带一路"沿线国家与我国双边贸易成本的影响及其作用机制。与已有研究相比，本文的不同之处在于：第一，基于最新的贸易数据，利用具有微观经济基础的贸易成本模型测度"一带一路"沿线国家与我国的双边贸易成本；第二，采用渐进双重差分模型评价"一带一路"倡议对沿线国家与我国双边贸易成本的效应；第三，识别"一带一路"倡议降低双边贸易成本的作用机制，指出双边乃至多边政策沟通的改善与基础设施建设是贸易成本降低的两大中介机制。

本文剩余内容的结构安排如下：第一部分为文献综述；第二部分为理论机制分析；第三部分为模型设定与数据说明；第四部分为实证研究及拓展；第五部分为结论、展望与政策建议。

1 文献综述

贸易成本的定义和测度主要分为直接测度

法和间接测度法。直接法测算贸易成本是指测度除生产商品的边际成本之外，获得商品所必须支付的所有成本，包括运输成本、关税壁垒等，构成复杂。早期文献研究的重点主要集中于上述狭义的贸易成本，例如黄肖琦和柴敏（2006）使用"运输成本"作为贸易成本的代理变量。但在实践中，难以获得以直接法衡量贸易壁垒的方法与模型（Novy，2006），并且往往面临数据难以收集和不全面的问题。因此，直接法测量贸易成本在研究实践中较少使用。

另外，各经济体的经济发展水平、政策制度、文化、历史、生产技术、地理等因素，均会对贸易成本产生一定的影响。基于这一视角，学者们逐渐采用间接法对贸易成本进行测度，包括价格指数法和贸易流量法。其中，价格指数法多用于度量一个国家或地区内部的贸易成本，用贸易流量法间接测度经济体间的贸易成本是大多数学者的选择。国内外学者已搭建诸多间接法测度贸易成本的模型，用以测度不同经济体间的贸易成本。

在众多模型中，引力模型是最常用的间接衡量贸易成本的模型之一，它将双边贸易流量与国民生产总值、地理距离等因素相联系以测度贸易成本。但引力模型缺乏微观经济理论基础，没有考虑多边贸易阻力因素，从而由引力模型估计的贸易成本可能会因遗漏变量导致误差，且无法对各种贸易壁垒进行比较静态分析（Anderson and Van Wincoop，2003）。因此学者逐步建立起具有微观经济基础的测度贸易成本的间接法模型，并广泛应用于国际贸易研究。钱学锋和梁琦（2008）利用 Novy（2006）给出的模型测度了 1980～2006 年中国与 G7 国家关

税等价的双边贸易成本（Tariff Equivalent Trade Cost）。施炳展（2008）测算了 20 世纪 80 年代以来中国与 30 余个主要贸易伙伴国的双边贸易成本，并指出地理距离、历史联系和收入水平是影响双边贸易成本的重要因素。Jacks 等（2011）以 1870～2000 年超过 130 个国家的贸易数据间接测度贸易成本，并指出两次世界大战对全球贸易的影响均是通过贸易成本实现的。在 Novy（2012）提出克服对称性贸易成本假设的模型后，张毓卿和周才云（2015）测算了中国与 17 个贸易伙伴国 1993～2011 年的非对称贸易成本，孙瑾和杨英俊（2016）测度了 1994～2013 年中国与 14 个"一带一路"沿线主要国家的双边贸易成本。但上述两者均只对贸易成本影响因素做分析，并未针对因果关系作进一步识别。

自"一带一路"倡议提出以来，大多数学者认为"一带一路"倡议会增强中国与区域经济体的合作，推进经济体间的互信互助。国内外学者针对"一带一路"倡议在对外贸易投资上的效应做了充分研究。首先，既有文献针对贸易投资便利化水平构建了一系列指标。孔庆峰和董虹蔚（2015）构建了一套贸易便利化指标体系；崔日明和黄英婉（2016）结合贸易与投资，建立了一套完整的贸易投资便利化综合评价体系；李敏和于津平（2019）以 2006～2017 年中国与"一带一路"贸易投资数据为基础，建立广义投资便利化测算指数，指出"一带一路"倡议使沿线国家投资便利化水平提高 5.05%。其次，学者研究了"一带一路"倡议对中国与相关国家的贸易投资往来的影响。孙楚仁等（2017）以双重差分法为基础，利用

1996~2014 年中国海关数据库并结合世界发展指标数据库，从出口商品二元边际、产品异质性等角度指出"一带一路"倡议对我国贸易的促进效应；崔岩和于津平（2017）利用面板门槛模型考察了"一带一路"沿线国家基础设施质量与其利用中国直接投资的关系，并指出"一带一路"沿线国家基础设施质量的改善可以促进中国对外直接投资，并且基础设施越薄弱、人均收入越低的国家，基础设施质量改善对中国对外直接投资的促进作用越大。

综上所述，现有文献主要集中于分析"一带一路"倡议对直观经济变量的效应。而较少关注具有微观经济理论基础的贸易成本随"一带一路"倡议的推进而产生的变化。由此，本文将基于渐进双重差分模型分析"一带一路"倡议对我国与贸易伙伴国间双边贸易成本的效应。

2 理论机制分析

"一带一路"倡议的重点建设内容是投资与贸易的合作。"一带一路"倡议的合作范围涉及贸易投资的便利化举措、基础设施建设、产业互补与产品内分工等次区域合作、金融合作和人员交流等。在本文研究的主要问题中，一般认为双边贸易成本的下降源于"一带一路"倡议带来的国家间政策沟通的效率提升，以及基础设施的建设与改善。经济体间政策沟通状况的改善有助于降低企业对贸易合作不确定性风险的担忧，从而鼓励企业扩大进出口规模。尽管"一带一路"沿线国家处于不同的发展阶段，中国作为"一带一路"倡议的提出方和主导国，

具备较为强大的外汇储备和对外基础设施建设技术与经验，从而可以带动市场潜力的释放，以及供给端和需求端的配给。

2.1 政策沟通的改善与企业不确定性风险的减弱降低贸易成本

自"一带一路"倡议实施以来，我国中央和地方政府致力于主动挖掘与"一带一路"沿线国家深化经贸合作的可能性。其中，经济政策的协调机制一直是国际经济合作理论实践中的主要关注点。我国政府对沿线国家（地区）的政治、经济、社会文化环境预先评估，由商务部连续数年编撰涵盖近 200 个国家或地区的《对外投资合作国别（地区）指南》，为我国企业提供了较为透明的信息公共产品服务。同时，包括中国信保的出口信用保险资源倾斜在内的多项优惠政策有倾向性地投向了与"一带一路"沿线国家的重点合作领域，保障企业对"一带一路"沿线国家的出口活动，并降低企业的预期风险，从而密切我国与"一带一路"沿线国家的经贸往来，显著降低双边贸易成本。

2.2 基础设施的建设推进贸易壁垒减少和贸易成本降低

"一带一路"倡议在沿线国家基础设施的现代化上也起到了关键的作用。中蒙铁路、中俄东线天然气管道、中越铁路、中泰铁路、中菲合作卡利瓦大坝、瓜达尔港、德黑兰地铁等我国对外援建的基础设施项目陆续建设并投入使用。截至 2019 年，中国银行已累计跟进逾 600 个"一带一路"沿线项目，授信超过 1400 亿美元。国内外学者在基础设施建设对进出口贸易的促进及贸易成本的降低效应上已达成共识：周学仁和张越（2021）指出中欧班列等基础设

施建设对中西部城市突出的贸易增长效应；冯帆和林发勤（2021）认为基础设施合作可通过降低企业出口障碍来降低出口成本，且港口等交通基础设施建设尤其促进了对外投资和外国投资的涌现；Donaldson（2018）认为铁路等基础设施显著降低贸易成本并促进地区和国家间的经贸往来。

3　模型设定与数据说明

3.1　计量模型设定

根据前文对既有文献的综合述评，以及随后提出的理论机制和假设，本文设计的实证模型的核心在于检验"一带一路"倡议的实施对"一带一路"沿线国家与中国双边贸易成本的影响。不同国家或地区与我国签署相关合作协议的时间和顺序有所差异，引言部分的图1很好地说明了这一特征事实。而这一时间上的差异对国家间的贸易投资决策、各类要素流动和经贸往来合作均有重要影响，因此本文考虑采用渐进 DID 模型对上述问题进行检验，区分考察处理组中的各个国家与我国签署"一带一路"合作协议的实际时间，以更具体地分析"一带一路"倡议的签署对我国与"一带一路"沿线国家双边贸易成本的效应。据此，本文构建一系列双重差分双向固定效应模型如下：

$$tcost_{it} = \alpha + \beta \cdot policygroup_i \times postOBOR_t + \gamma \cdot Z_{it} + \lambda_t + u_i + \varepsilon_{it} \quad (1)$$

$$tcost_{it} = \alpha + \beta \cdot policydiff_{it} + \gamma \cdot Z_{it} + \lambda_t + u_i + \varepsilon_{it} \quad (2)$$

其中，i 表示国家，t 表示年份。模型（1）为经典 DID 模型，$policygroup$ 为处理组虚拟变量，当国家为签署"一带一路"倡议的国家（地区）时取1，否则取0。$postOBOR$ 为政策时间虚拟变量，在经典 DID 模型中，2013 年及之后取1，否则取0。本文将经典 DID 模型的实证检验结果作为基准模型实证检验结果的一个对照给出。

模型（2）为渐进 DID 模型，也是本文的主要基准回归模型。本文搜集了所有"一带一路"倡议签署的具体时间[①]，并利用该数据构建渐进 DID 模型。$policydiff$ 为本文关注的核心解释变量，亦即渐进 DID 模型的关键。当该国家（地区）为签署"一带一路"合作协议的国家（地区）且年份为签署协议当年及之后的年份时，$policydiff$ 取1，否则取0。$tcost$ 为衡量中国与贸易伙伴国间双边贸易成本的指标；Z 为控制变量集合，具体介绍见后文；u_i 为国家固定效应，λ_t 为时间固定效应，ε_{it} 为随机扰动项。在两个模型中，系数 β 均代表了"一带一路"倡议对中国与贸易伙伴国双边贸易成本的影响。系数 β 即本文需要重点关注的系数。

3.2　变量说明、数据来源与描述性统计

本文的被解释变量是双边贸易成本 $tcost$，需要用一定的方法测算。本文主要参考 Novy（2006，2012）给出的方法对双边贸易成本进行计算。

Novy（2006，2012）在 Anderson 和 Van Wincoop（2004）模型的基础上提出了既具有微

---

① 本文整理了"一带一路"沿线国家与我国具体的协议签署时间，结果见附录。

观经济基础基础，又综合考虑多边贸易阻力的间接测度双边"冰山型"贸易成本的模型，具体如下：

$$tcost_{ij} = \left(\frac{x_{ii} x_{jj}}{x_{ij} x_{ji}} \right)^{\frac{1}{2(\sigma-1)}} - 1 \qquad (3)$$

其中，σ 代表商品间的替代弹性，s 是外生的可贸易品比例，国内贸易量用 x_{ii} 和 x_{jj} 表示，并且分别满足如下关系：$x_{ii} = s\ (y_i - x_i)$，$x_{jj} = s\ (y_j - x_j)$。本文选取模型（3）作为核心解释变量双边贸易成本 tcost 的计算方法，以具体量化双边贸易成本这一抽象概念。综合参考施炳展（2008）、钱学锋和梁琦（2008）、孙瑾和杨英俊（2016）、刘洪铎等（2016）的做法，取 σ = 9，s = 0.8，后文将对参数的选取进行一系列的稳健性检验。

本文依照式（3）计算得到核心变量双边贸易成本。2001～2019 年，我国与各国的双边贸易成本均有一定程度的变化，主要体现为双边贸易成本的下降。图 2 以直方图的形式汇报了整体样本、处理组样本和对照组样本中各国与我国双边贸易成本下降的幅度。由图 2 可知，整体样本中的绝大多数国家与我国双边贸易成本呈现较大的下降趋势，且处理组国家的下降幅度集中于 15%～30%，对照组国家的下降幅度集中于 0～15%。因此，在观察到双边贸易成本下降事实的基础上，本文将以实证方法检验双边贸易成本的下降是否由"一带一路"倡议的实施引起。

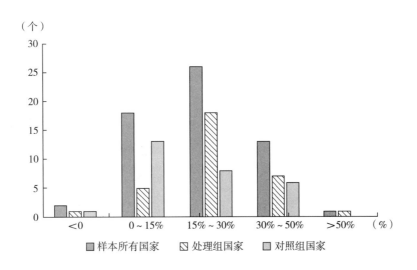

图 2　样本期（2001～2019 年）各国与我国双边贸易成本下降幅度

为了使实证结果更精确，参考现有文献的做法和研究的实际需要，本文选取了一系列控制变量：①贸易伙伴国的宏观情况，主要包括人口数量，并取对数值（lnpop）。②贸易伙伴国的对外贸易状况，主要包括贸易依存度（trdepend）和贸易自由度（ltrdfree）指标。贸易依存度指一国当年进出口总额占 GDP 的比重，以百分数表示，贸易自由度为对数值，数值越大则该国贸易开放水平越高。③我国与贸易伙伴国的政治交往密切程度，主要包括当年该国领导人与我国正式外事访问次数（visit）。④衡量一国发展水平的制度变量，主要包括各个国家的法制水平（law）、腐败控制水平（corruption）以及居民和企业的税收负担（ltaxburden）。法制水平为从-2.5到2.5的指数，反映了法制建设程度，该指数越高说明一国的法制越完备。腐败控制水平也为从-2.5到2.5的指数，数值越大说明控制水平越高。居民和企业的税收负担为对数值，数值越大表明税收负担越小。表1整理了本文选取变量的名称、具体含义和数据来源。

表1　变量名称、具体含义和数据来源

	变量名称	变量含义	数据来源
被解释变量	tcost	双边贸易成本	笔者依据模型（3）计算得到
解释变量	policydiff	倍差项	
控制变量	visit	当年该国领导人与我国正式外事访问次数	手工收集自《中国外交》统计年鉴
	trdepend	贸易依存度	世界银行WDI数据库
	lnpop	当年人口数量	世界银行WDI数据库
	ltrdfree	贸易自由度	美国传统基金会
	law	法制水平	世界银行WGI数据库
	corruption	腐败控制水平	世界银行WGI数据库
	ltaxburden	居民和企业的税收负担	美国传统基金会

依据相关政策文件，截至目前全球已有近140个国家与我国签署了"一带一路"倡议。本文首先剔除了2019年及以后与我国签署合作协议的17个国家，政策倡议对其的作用在本文考察的样本期之外。其次，依据模型设定本文采集了2001~2019年的贸易数据，并根据数据缺失情况剔除了部分"一带一路"倡议签署国和部分合作协议外的国家。最后，依据其他控制变量的缺失情况，本文选取了"一带一路"沿线国家中已经与我国签署"一带一路"相关合作协议的32个国家作为样本的处理组，并选取了世界上其他与我国经贸往来密切联系的28个国家作为对照组①。

本文处理组和对照组样本的选取具有相当程度的代表性：在2001~2019年的双边贸易额上，处理组样本国家与我国进出口贸易总额占所有"一带一路"倡议签署国贸易总额的比例始终大于60%，对照组样本国家与我国进出口贸易额占所有非"一带一路"国家贸易总额比例始终大于70%（见图3）

① 样本包括：第一，截至2018年末32个签署"一带一路"倡议的国家（处理组）：阿尔巴尼亚、亚美尼亚、阿塞拜疆、保加利亚、波斯尼亚和黑塞哥维那、文莱、捷克、埃及、格鲁吉亚、克罗地亚、匈牙利、印度尼西亚、哈萨克斯坦、吉尔吉斯斯坦、柬埔寨、韩国、科威特、斯里兰卡、蒙古、马来西亚、巴基斯坦、菲律宾、波兰、卡塔尔、罗马尼亚、俄罗斯、沙特阿拉伯、泰国、塔吉克斯坦、土耳其、乌克兰、越南。第二，截至2018年末28个世界上其他未签署"一带一路"倡议且与中国贸易关系较为密切的国家（对照组）：美国、日本、德国、意大利、印度、英国、法国、巴西、加拿大、西班牙、澳大利亚、墨西哥、荷兰、瑞士、瑞典、比利时、阿根廷、奥地利、阿拉伯联合酋长国、挪威、以色列、爱尔兰、丹麦、哥伦比亚、芬兰、葡萄牙、埃塞俄比亚、巴拉圭。

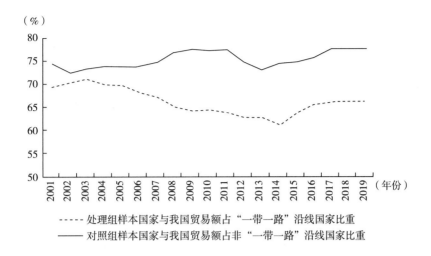

（％）

----- 处理组样本国家与我国贸易额占"一带一路"沿线国家比重
——— 对照组样本国家与我国贸易额占非"一带一路"沿线国家比重

图3　2001~2019年处理组和对照组样本国家与我国双边贸易额比重

本文实证部分所涉及的主要变量的分组描述性统计见表2。统计结果显示，处理组样本国家与我国的双边贸易成本均值略高于对照组，且具有较大的方差。而在其他控制变量上没有极为显著的差异。

表2　描述性统计

	变量	观测数	均值	标准差	最大值	最小值
对照组	tcost9	532	0.895	0.253	1.972	0.381
	visit	532	2.109	2.56	21	0
	trdepend	532	74.667	40.525	239.215	19.798
	lnpop	532	17.142	1.434	21.035	15.01
	law	532	1.025	0.955	2.1	−1.097
	corruption	532	1.093	1.027	2.47	−1.394
	ltrdfree	532	4.373	0.168	4.5	3.082
	ltaxburden	532	4.122	0.253	4.604	3.395
处理组	tcost9	608	1.022	0.444	2.961	−0.095
	visit	608	2.153	2.805	23	0
	trdepend	608	91.737	35.093	210.4	25.306
	lnpop	608	16.549	1.537	19.416	12.737
	law	608	−0.159	0.629	1.236	−1.39
	corruption	608	−0.314	0.604	1.567	−1.415
	ltrdfree	595	4.324	0.126	4.493	3.789
	ltaxburden	595	4.4	0.122	4.604	3.991

续表

变量		观测数	均值	标准差	最大值	最小值
整体样本	tcost9	1140	0.963	0.373	2.961	-0.095
	visit	1140	2.132	2.692	23	0
	trdepend	1140	83.771	38.659	239.215	19.798
	lnpop	1140	16.826	1.518	21.035	12.737
	law	1140	0.394	0.992	2.1	-1.39
	corruption	1140	0.343	1.086	2.47	-1.415
	ltrdfree	1127	4.347	0.149	4.5	3.082
	ltaxburden	1127	4.269	0.239	4.604	3.395

4 实证研究及拓展

4.1 基准回归结果

作为基准回归结果，本文依据渐进双重差分模型（2）实证考察"一带一路"倡议的实施对"一带一路"沿线贸易伙伴国与我国双边贸易成本的实际效应。具体而言，根据模型（2）对"一带一路"倡议实施的贸易成本效应进行检验，同时控制国家固定效应、年份固定效应以及国家层面的一系列控制变量，并使用聚类稳健标准误。同时，为了结论的稳健性，以模型（1）为基础的经典 DID 模型实证检验结果作为对照，与基准回归结果同时汇报。

表 3 的第（1）~（5）列为渐进 DID 模型的基准回归结果。第（1）列回归系数显著为负，说明"一带一路"倡议显著地刺激了我国与"一带一路"沿线贸易伙伴国之间双边贸易成本的下降。在表 3 第（2）~（5）列中，依次加入上文所述的控制变量并进行逐步回归，结果显示贸易伙伴国与我国的双边贸易成本下降幅度为 0.061 至 0.066，达到"一带一路"倡议实施前双边贸易成本均值的 6.2%~6.7%，具有良好的统计显著性和实际经济含义，上述结论具有稳健性。同时，表 3 的第（6）列和第（7）列汇报了经典 DID 模型的实证检验结果，无论包含控制变量与否，回归系数变化不大且具有良好的统计显著性，说明上述结论具有稳定性，"一带一路"倡议的实施对双边贸易成本有显著的下降作用。

表 3 基准回归："一带一路"倡议对双边贸易成本的影响

变量	(1)	(2)	(3)	(4)	(5)	(6)	(7)
	tcost	tcost	tcost	tcost	tcost	tcost	tcost
policydiff	-0.066** (0.029)	-0.064** (0.029)	-0.071** (0.027)	-0.063** (0.026)	-0.061** (0.027)		
policysame						-0.077** (0.034)	-0.089*** (0.030)

续表

变量	(1)	(2)	(3)	(4)	(5)	(6)	(7)
	tcost	*tcost*	*tcost*	*tcost*	*tcost*	*tcost*	*tcost*
visit		0.007** (0.003)	0.006** (0.003)	0.006** (0.003)	0.008*** (0.003)		0.009*** (0.003)
trdepend			−0.002** (0.001)	−0.002** (0.001)	−0.002** (0.001)		−0.002** (0.001)
lnpop			0.030 (0.104)	0.012 (0.090)	0.005 (0.091)		0.004 (0.089)
law				−0.189*** (0.064)	−0.174*** (0.064)		−0.183*** (0.062)
corruption				0.030 (0.041)	0.032 (0.042)		0.049 (0.040)
lntrdfree					−0.202 (0.129)		−0.196* (0.117)
ltaxburden					0.070 (0.117)		0.089 (0.114)
常数项	1.207*** (0.027)	1.207*** (0.026)	0.840 (1.731)	1.190 (1.488)	1.858 (1.785)	1.207*** (0.027)	1.781 (1.746)
时间固定效应	是	是	是	是	是	是	是
国家固定效应	是	是	是	是	是	是	是
样本数	1140	1140	1140	1140	1127	1140	1127
R^2	0.380	0.386	0.407	0.434	0.445	0.386	0.457

注：括号内为聚类到国家层面的稳健标准误；*、**及***分别表示在10%、5%及1%水平下显著。

4.2 稳健性检验

为保证基准回归结果结论的稳健性，结合已有研究，本文从参数改变、样本选择与随机性、检验序列相关性等角度对模型进行合理修改，并再次进行实证检验，以深入探究基准回归结果所得结论的稳健性与可信度。

4.2.1 参数稳健性检验

Jacks 等以 1870~1913 年占世界总量 60%以上的西方国家的贸易数据为基础，分别设置替代弹性 σ 为 7、11、15，并按照 Novy（2006）给出的办法计算双边贸易成本，以测度理论的稳健性和敏感性。本文参考这种处理方式，将替代弹性重新设置为 7、11、15，以检验模型（2）的稳健性。实证检验结果汇报于表 4 的第（1）列至第（3）列。

实证检验结果显示，当替代弹性取不同的值时，"一带一路"倡议始终对"一带一路"沿线贸易伙伴国与我国双边贸易成本的下降存在显著的效应：依据替代弹性的不同，双边贸易成本将下降整体样本均值的 2.5%~10.6%，原结论具有稳健性。因此，从参数稳健性的角度看，"一带一路"倡议的实施显著地促进了中国同沿线贸易伙伴国双边贸易成本的下降，且具有稳健性。

4.2.2 2009 年之后的子样本检验

本文选择 2009 年为时间节点考察"一带一路"倡议的实施对沿线国家与我国双边贸易成本的影响。如此选择的原因如下：一是金融危机对全球经济产生了极大的负面影响，我国对外贸易投资活动出现显著的衰退；二是样本期为 2001~2019 年，但主要国家与我国签署"一带一路"倡议的时间在 2015 年左右。故本文选取 2009 年后的子样本进行实证检验，汇报于表 4 的第（4）列。检验结果与基准模型一致，"一带一路"倡议的实施显著地促进了中国同沿线贸易伙伴国双边贸易成本的下降。此外，2009 年后"一带一路"倡议对双边贸易成本的下降作用达到"一带一路"倡议实施前双边贸易成本均值的 3.01%，且在 5% 的显著性水平下显著为负，结论具有稳健性。

表 4 改变替代弹性、选取子样本的回归模型

变量	改变替代弹性			选取子样本
	（1）	（2）	（3）	（4）
贸易成本替代弹性	$\sigma = 7$	$\sigma = 11$	$\sigma = 15$	$\sigma = 9$
实证样本	整体样本			2009 年后样本
倍差项	-0.106** (0.048)	-0.042** (0.018)	-0.025** (0.011)	-0.030** (0.012)
控制变量	是	是	是	是
时间固定效应	是	是	是	是
国家固定效应	是	是	是	是
样本数	1127	1127	1127	596
R^2	0.415	0.463	0.482	0.425

注：括号内为聚类到国家层面的稳健标准误；*、** 及 *** 分别表示在 10%、5% 及 1% 水平下显著。

4.2.3 两期倍差法检验序列相关问题

根据 Bertrand 等（2004）的研究，多期倍差法可能存在序列相关性的问题，存在夸大倍差项系数显著性的可能性。因此，使用双重差分法时，为处理序列相关引起的标准误问题，可以采用两期双重差分法加以检验。本文首先参考余淼杰和梁中华（2014）的研究，建立两期双重差分模型，将整个样本期划分为政策时点前（2001~2013 年）和政策时点后（2013~2019 年）。其次在两期中，对各个变量分别取算术平均值。最终得到了一个平衡面板数据，每个国家均只有两期的观测值，并建立两期双重差分法模型如下：

$$tcost_{it} = \alpha + \beta \cdot policygroup_i \times post_t + \gamma \cdot Z_{it} + \lambda_t + u_i + \varepsilon_{it} \qquad (4)$$

其中，$post_t$ 是时间二元变量，表明国家所处的时间是"一带一路"倡议前或后，其他变量的解释方式与模型（1）和模型（2）类似。表 5 的面板 A 展示了采用经典双重差分模型的实证检验结果，其结果和多期双重差分模型的结论一致，"一带一路"倡议对我国与相关国家的双边贸易成本的负向影响仍然非常显著。

表 5　两期双重差分回归模型

变量	面板 A：经典双重差分模型			
	（1）	（2）	（3）	（4）
贸易成本替代弹性	$\sigma = 7$	$\sigma = 9$	$\sigma = 11$	$\sigma = 15$
倍差项	−0.206*** (0.060)	−0.116*** (0.033)	−0.079*** (0.022)	−0.046*** (0.013)
样本数	119	119	119	119
R^2	0.524	0.537	0.545	0.554
	面板 B：渐进双重差分模型			
	（5）	（6）	（7）	（8）
贸易成本替代弹性	$\sigma = 7$	$\sigma = 9$	$\sigma = 11$	$\sigma = 15$
倍差项	−0.189*** (0.050)	−0.109*** (0.028)	−0.075*** (0.020)	−0.046*** (0.012)
样本数	120	120	120	120
R^2	0.582	0.605	0.615	0.623

注：表中各回归结果的原方程均包含控制变量、时间固定效应和国家固定效应；括号内为聚类到国家层面的稳健标准误；*、**及***分别表示在 10%、5% 及 1% 水平下显著。

同时，鉴于基准回归模型是以渐进双重差分模型为原型的变形，这里更进一步考虑采用渐进的两期双重差分模型进行检验，实证方程同模型（4）。其中，对于处理组国家，各个变量的取值为政策时点年份前与后分别取均值；对照组国家的各个变量依旧采取以 2013 年为界，前后分别取均值的方法。最终获得了一个新的平衡面板，每个国家同样均只有两期观测值。两期渐进双重差分模型的实证检验结果见表 5 面板 B。对比基准回归结果和表 5 的面板 A 与面板 B，可以发现在两期双重差分的检验模型中，"一带一路"倡议对贸易成本的下降效应依然十分明显。

4.2.4　随机抽取实验组的安慰剂检验

为了进一步排除可能存在的遗漏变量对实验结果有效性的影响，本文借鉴 Ferrara 等（2012）的方法，从整体样本中随机抽取国家作为处理组，并做安慰剂检验。基准回归模型的处理组包括 32 个"一带一路"倡议签署国，对照组为 28 个未签署的国家。安慰剂检验从整体样本的 60 个国家中随机抽取 32 个国家作为处理组，剩下 28 个国家作为对照组，构建伪处理变量 $treat^{placebo}$ 代替原模型中的处理变量，并将政策时点假定为 2013 年。本文构建实证回归模型（5）并实证估计，得到伪倍差项回归系数 $\beta^{placebo}$。对上述过程随机进行 500 次，得到伪政策虚拟变量估计系数的密度分布及相应的 p 值（见图 4）。其中，垂直线为真实的系数。由图 4 可知，随机分组的估计结果集中分布在零附近，且较为符合正态分布，均值接近于 0，且 p 值大部分都大于 0.1，说明"一带一路"倡议对随机抽取的实验组无显著促进效应。同时，系数的真实值（垂直线）几乎远离主要分布区间，即基准回归模型得到的"一带一路"倡议对贸易成本的下降效应只有在小概率下是一个随机结果。因此，基准回归模型得到的结论具有相当程度的可信度。

$$tcost_{it} = \alpha + \beta^{placebo} \cdot treat_i^{placebo} \times time_t +$$
$$\gamma \cdot Z_{it} + \lambda_t + u_i + \varepsilon_{it} \qquad (5)$$

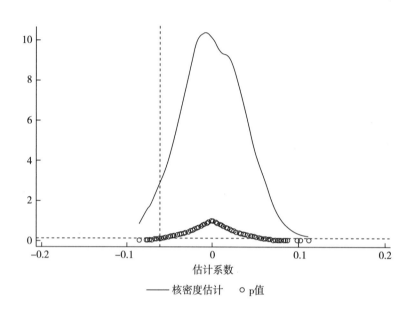

图4 随机抽取分组的伪倍差项估计结果

4.3 双重差分模型估计的有效性分析

基准模型报告的实证结果可信度取决于双重差分法估计的有效性。因此，本文接下来将对渐进 DID 方法的有效性进行平行趋势检验。本文通过平行趋势图以及回归表格两种方法检验处理组和对照组国家与我国的双边贸易成本在"一带一路"倡议实施前是否存在平行趋势。

双重差分的前提假设为：在政策事件发生前，处理组和对照组的变化趋势应该是一致的。因此，本文对处理组和对照组的各个国家在"一带一路"倡议提出前与我国双边贸易成本的变化趋势进行进一步考察。该检验的实证方程设定如下：

$$tcost_{it} = \alpha + \sum_{\tau = -A_i, \, \tau \neq -1}^{B_i} \beta_t \cdot policy_{i, \, t+\tau} +$$

$$\gamma \cdot Z_{it} + \lambda_t + u_i + \varepsilon_{it} \qquad (6)$$

其中，$policy$ 是一系列年份虚拟变量。如果 i 国在第 $t+\tau$ 年（包含当年）与我国已签订"一带一路"合作协议，则取值为 1，否则取 0。A 和 B 分别表示该国在样本期（2001~2019 年）与我国签订"一带一路"合作协议时点前与后的期数。显然，在渐进 DID 模型中 A，B 是关于 i 的变量。模型（5）中的其他变量与基准模型（2）一致。在回归中，本文将签署"一带一路"倡议的前一期设定为基准组，从回归方程的右端中将其去掉以避免完全多重共线性。

首先，本文通过平行趋势的图示直观检验平行趋势。图5中，$prei$ 和 $posti$ 分别表示贸易伙伴国与我国签订"一带一路"倡议的前 i 年

和后 i 年，*Current* 表示"一带一路"倡议签署当年。从图 5 可以看出，在"一带一路"倡议签署前，年份虚拟变量的回归系数为正，但在 5% 的水平上不显著异于 0；而在"一带一路"倡议签署后，年份虚拟变量回归系数在 5% 的水平上显著异于 0。因此从直观上看，"一带一路"倡议签署前的双边贸易成本变化在对照组和处理组之间没有显著差异，基本满足平行趋势的假定。

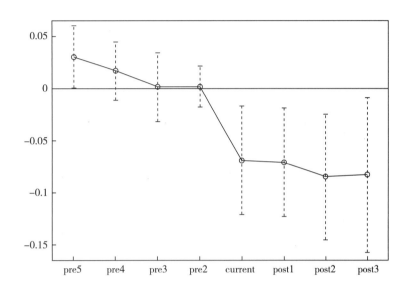

图 5　平行趋势检验

其次，本文以模型（6）为基础，通过实证检验细致刻画平行趋势检验的结果，回归结果如表 6 所示。表 6 囊括了"一带一路"倡议签署前第 4 年至第 2 年，"一带一路"倡议签署当年以及"一带一路"倡议签署后的第 1~4 年年份虚拟变量的回归情况。为保证结论的稳健性，表 6 从第（1）~（4）列分别汇报了双边贸易成本替代弹性为 7、9、11、15 时的模型（6）实证检验结果。检验结果显示，"一带一路"倡议实施前，"一带一路"沿线国家与我国的双边贸易成本相对于其他国家变化趋势没有显著的差异。而在"一带一路"倡议签署后，"一带一路"沿线国家的双边贸易成本受到显著的负向影响，即处理组和对照组国家的双边贸易成本变化趋势开始出现显著差异。并且，该结论在不同的替代弹性下均稳健成立。综上所述，样本通过了平行趋势检验，双重差分模型在本文所选取的样本中有效。

表6 平行趋势检验与单年政策效应

变量	(1) σ = 7	(2) σ = 9	(3) σ = 11	(4) σ = 15
pre4	0.028 (0.025)	0.017 (0.014)	0.012 (0.010)	0.008 (0.006)
pre3	−0.001 (0.030)	0.001 (0.016)	0.002 (0.011)	0.002 (0.006)
pre2	0.000 (0.018)	0.002 (0.010)	0.002 (0.007)	0.001 (0.004)
current	−0.131** (0.049)	−0.070** (0.026)	−0.046** (0.017)	−0.026** (0.010)
post1	−0.130*** (0.048)	−0.072*** (0.026)	−0.048*** (0.018)	−0.028*** (0.010)
post2	−0.156*** (0.055)	−0.086*** (0.030)	−0.058*** (0.020)	−0.034*** (0.012)
post3	−0.156** (0.068)	−0.085** (0.038)	−0.056** (0.025)	−0.032** (0.015)
post4	−0.190** (0.085)	−0.102** (0.046)	−0.067** (0.031)	−0.038** (0.018)
时间固定效应	是	是	是	是
国家固定效应	是	是	是	是
控制变量	是	是	是	是
样本数	1127	1127	1127	1127
R²	0.449	0.476	0.492	0.510

注：括号内为聚类到国家层面的稳健标准误；*、**及***分别表示在10%、5%及1%水平下显著。

4.4 异质性检验

4.4.1 区分考察"一带一路"国家是否与我国接壤

地理距离因素是企业对外进行贸易和投资决策的重要影响因素，而贸易伙伴国之间是否接壤对双边贸易的便利化起到重要作用。因此，本文认为有必要将"一带一路"沿线国家按照地理距离这一异质性要素做进一步的区分考察。具体而言，本文以是否与我国在地理上接壤为标准将处理组国家进行分组。样本处理组中与中国陆地接壤的"一带一路"倡议签署国为：俄罗斯、蒙古国、哈萨克斯坦、吉尔吉斯斯坦、塔吉克斯坦、巴基斯坦、越南。其他"一带一路"倡议签署国则设定为不接壤的"一带一路"沿线国家。

本文仍利用渐进DID模型进行该异质性检验，实证检验结果见表7。在分组方法上，本文参考吕越等（2019）的方法，分别选取"一带一路"沿线接壤国家与不接壤国家作为新的处理组作分组回归，以检验结论的异质性。实证结果汇报于表7的第（1）列和第（3）列。另外，为将金融危机的影响纳入考量范畴，并且

剔除长期趋势效应的影响，本文选取 2009 年后的子样本做分组回归，实证结果汇报于表 7 的

第（2）列和第（4）列。

表 7　异质性检验："一带一路"沿线国家是否与我国接壤

变量	(1)	(2)	(3)	(4)
	tcost	tcost	tcost	tcost
样本	整体样本	2009 年后样本	整体样本	2009 年后样本
处理组	接壤国家		不接壤国家	
倍差项	0.002 (0.058)	−0.011 (0.027)	−0.083*** (0.028)	−0.041*** (0.013)
时间固定效应	是	是	是	是
国家固定效应	是	是	是	是
控制变量	是	是	是	是
样本数	665	385	994	578
R²	0.510	0.538	0.459	0.401

注：括号内为聚类到国家层面的稳健标准误；*、** 及 *** 分别表示在 10%、5% 及 1% 水平下显著。

分组回归结果显示，在整体样本中，若仅将与中国不接壤的"一带一路"倡议签署国作为处理组纳入回归模型时，相较于对照组国家，"一带一路"倡议的实施显著刺激了沿线不接壤国与我国双边贸易成本的下降，其幅度约为"一带一路"倡议实施前双边贸易成本均值的 8.3%，且在 1% 的水平下显著，具有极高的可信度。而若仅将与中国接壤的"一带一路"倡议签署国作为处理组纳入回归模型时，其对双边贸易成本的下降效应相对有限。因此，"一带一路"倡议对双边贸易成本下降的促进作用主要体现在与我国距离相对较远的贸易伙伴国上。此外，若仅选取 2009 年后的子样本，再次进行异质性检验，其结论与上述结论一致，且具有良好的统计显著性和经济含义。因此，在进一步深化与"一带一路"沿线经济体的合作时，须将政策重心更多地倾向于挖掘与距离我国较

远的经济体贸易投资往来的潜力。

4.4.2　区分考察国家间经济发展状况：发展中国家和发达国家

发达国家和发展中国家在经济发展主导产业、基础建设规模与质量、投资贸易的规模、科学技术和教育水平等诸多方面均有较大差异。因此，本文区别考察处理组中 32 个国家的发展状况，将其分为发达国家组和发展中国家组，并进行分组回归。本文参考联合国开发计划署、世界银行、国际货币基金组织对发达国家和发展中国家的界定，将处理组中的捷克、卡塔尔、沙特阿拉伯和韩国设定为发达国家，其他"一带一路"倡议签署国则被设定为发展中国家。

分组回归检验结果汇报于表 8。实证检验结果显示，"一带一路"倡议对"一带一路"缔约国与我国双边贸易成本下降的促进效应主要集中于发展中国家上。基于整体样本的回归中，

"一带一路"倡议使得我国与沿线发展中国家的双边贸易成本下降约倡议签署前均值的 6.7%，对发达国家则无明显效应，即在发达国家和发展中国家之间存在显著的异质性。故而，我国

在深化"一带一路"经贸往来合作的进程中，应当重点关注与发展中经济体和新兴市场国家的贸易往来与投资协作，突出发展中经济体的发展潜力，促进经济发展的转型升级。

表8 异质性检验：发达国家与发展中国家

	(1)	(2)	(3)	(4)
	tcost	tcost	tcost	tcost
样本	整体样本	2009 年后样本	整体样本	2009 年后样本
处理组	发达国家		发展中国家	
倍差项	-0.025 (0.061)	-0.036 (0.026)	-0.065** (0.029)	-0.030** (0.014)
时间固定效应	是	是	是	是
国家固定效应	是	是	是	是
控制变量	是	是	是	是
样本数	608	352	1051	611
R^2	0.574	0.414	0.436	0.473

注：括号内为聚类到国家层面的稳健标准误；*、** 及 *** 分别表示在 10%、5% 及 1% 水平下显著。

4.5 机制分析

前文的实证结果基本证实了"一带一路"倡议的确有利于"一带一路"沿线国家与我国双边贸易成本的下降，但其作用机制有待进一步探索。针对类似的问题，既有文献大多从政策沟通、设施联通、贸易畅通、资金融通和民心相通五个方面探索其作用机制（戴翔、宋婕，2021；吕越等，2019）。本文也参考该处理方式，将实证考察的重点放在国家间政策沟通与治理水平和基础设施建设的有效性上。

通过检验中介效应的三步法，检验相应的中介作用机制。三步法包括：第一步，验证"一带一路"倡议是否有助于降低"一带一路"沿线国家与我国的双边贸易成本。对此，前文已通过实证检验的方式予以证实。第二步，将相应待证实机制变量 Mechanism 代入，并通过模型（7）实

证检验"一带一路"倡议是否有助于机制变量的发展与优化。第三步，将相应机制变量 Mechanism 加入基准回归模型中，通过模型（8）考察倍差项与双边贸易成本的数量关系。

$$Mechanism_{it}=\alpha+\beta \cdot policydiff_{it}+$$
$$\gamma \cdot Z_{it}+\lambda_t+u_i+\varepsilon_{it} \quad (7)$$
$$tcost_{it}=\alpha+\beta \cdot policydiff_{it}+\theta \cdot Mechanism_{it}+$$
$$\gamma \cdot Z_{it}+\lambda_t+u_i+\varepsilon_{it} \quad (8)$$

4.5.1 政策沟通与治理水平的中介效应

政策沟通与治理水平是"一带一路"倡议的政治基础和各种合作协议付诸实践的前提条件。着眼于贸易伙伴国，该国政府的政策可信赖程度和执行能力是政策沟通有效性的保障，在一定程度上代表了该国政策沟通、协调的水平。由此，根据前文的理论机制分析，本文选取了政府诚信度（lginteg）和政府效率（gov）

两个指标从政策可信度和执行力两个层面衡量该贸易伙伴国的政策沟通水平。政府诚信度来自美国传统基金会的经济自由度指标数据库，并取对数值加入模型。该指标数值越大表明政府诚信度越高。政府效率来自世界银行世界发展指标数据库，取值范围为-2.5~2.5，数值越大说明政府效率越高，反映了政府公共服务的质量与兑现政府承诺的效率。

首先实证检验"一带一路"倡议是否有助于提升政府诚信度和政府效率。实证回归结果汇报于表 9 第（1）～（4）列。"一带一路"倡议显著提升了"一带一路"沿线国家的政府诚信度和政府效率，提升幅度分别达到"一带一路"倡议实施前均值的 2.2% 和 20.6%。另

外，依据模型（8），将政府诚信度和政府效率分别纳入基准回归模型，实证结果汇报于表 9 的第（5）～（6）列，第（7）列为未纳入中介指标的实证回归结果，即基准回归结果。一方面，将政府诚信度或政府效率纳入模型后，相较于基准回归模型，倍差项系数的绝对值减小，且均在 5% 的显著性水平下与 0 无差异，即经济含义减弱，并且统计显著性下降。另一方面，政府诚信度和政府效率指标的系数均显著为负。上述回归估计结果表明，"一带一路"倡议确实通过政府可信赖程度和政府提供公共服务的效率等途径和机制，促进了"一带一路"沿线国家与我国双边贸易成本的下降。

表 9 政策沟通的中介效应

变量	(1) lginteg	(2) lginteg	(3) gov	(4) gov	(5) tcost9	(6) tcost9	(7) tcost9
policydiff	0.132*** (0.043)	0.081** (0.031)	0.161*** (0.049)	0.101*** (0.033)	-0.043 (0.030)	-0.045 (0.028)	-0.061** (0.027)
lginteg					-0.226** (0.108)		
gov						-0.156*** (0.045)	
时间固定效应	是	是	是	是	是	是	是
国家固定效应	是	是	是	是	是	是	是
控制变量	否	是	否	是	是	是	是
样本数	1127	1127	1140	1127	1127	1127	1127
R^2	0.117	0.345	0.082	0.439	0.489	0.464	0.445

注：括号内为聚类到国家层面的稳健标准误；*、**及***分别表示在 10%、5% 及 1% 水平下显著。

4.5.2 基础设施建设的中介效应

已有大量文献证明基础设施对促进伙伴国间经贸往来具有重要价值。根据前文理论机制的阐述，本文依循这一思路，使用通信设备覆

盖率作为基础设施建设的代理变量。具体而言，本文采用各国每一百人的电话（网络）订阅数（telephone）作为评价基础设施建设的代理变量，数据来源为世界银行 WDI 数据库。电话

(网络）订阅数反映了一国基础信息网络建设的综合水平，既有研究也指出这一水平与一国综合基础设施建设水平高度相关。

首先实证检验"一带一路"倡议是否有助于提升电话（网络）订阅数水平。实证结果汇报于表 10 的第（1）列和第（2）列。结果显示，"一带一路"倡议对网络信息基础设施建设的效果明显，且具有良好的统计显著性。同时，依据模型（8），将变量 *telephone* 作为机制变量 *Mechanism* 加入基准回归模型。实证结果汇报于表 10 的第（3）列和第（4）列，第（5）列为

基准回归结果，作为一个对照呈现。在变量 *telephone* 加入模型后，相较于基准回归模型，倍差项系数的绝对值减小，仅为基准回归模型的 70% 左右，并且统计显著性降低。同时，*telephone* 的回归系数显著异于 0，各国每一百人的电话（网络）订阅数每上升一个单位（样本均值的 3.7%），将导致贸易成本下降约 0.34%。上述统计结果表明，每一百人的电话（网络）订阅数（*telephone*）是"一带一路"倡议影响沿线国家与我国双边贸易成本的路径之一，具有一定的中介效应。

表 10　基础设施建设的中介效应

变量	（1）*telephone*	（2）*telephone*	（3）*tcost*9	（4）*tcost*9	（5）*tcost*9
policydiff	4.967*** (1.817)	4.397** (1.690)	-0.049* (0.028)	-0.045* (0.026)	-0.061** (0.027)
telephone			-0.003** (0.002)	-0.004*** (0.001)	
时间固定效应	是	是	是	是	是
国家固定效应	是	是	是	是	是
控制变量	否	是	否	是	是
样本数	1140	1127	1140	1127	1127
R²	0.278	0.334	0.394	0.459	0.445

注：括号内为聚类到国家层面的稳健标准误；*、** 及 *** 分别表示在 10%、5% 及 1% 水平下显著。

5　结论、展望与政策建议

本文主要利用 2001~2019 年中国与世界 60 个国家的贸易数据和一系列国家发展指标数据，在实证层面，采用双重差分法，考察"一带一路"倡议的实施对"一带一路"沿线国家与我国双边贸易成本的影响。主要研究结论为：①"一带一路"倡议显著地促进了"一带一路"沿线国家与我国双边贸易成本的下降，下降幅度达 6.2%~6.7%。上述实证结果在共同趋势检验、安慰剂检验等一系列实证模型中均保持稳健。②区分考察贸易伙伴国与中国是否接壤的结果发现，"一带一路"倡议的实施使得与我国不接壤的"一带一路"沿线国家与我国双边贸易成本显著下降，而对与我国接壤的沿线国家效应并不明显。③区分考察"一带一路"沿线国家的经济发展状况，结果发现"一带一

路"倡议对双边贸易成本的下降作用主要集中在发展中国家上，"一带一路"沿线的发达国家与我国双边贸易成本并未因"一带一路"倡议的提出而存在显著变化。④针对"一带一路"倡议对贸易成本下降的作用机制，本文发现政策的协调沟通和基础设施的建设均是"一带一路"倡议发挥作用的中介机制。

本文仍然存在许多亟待未来进一步讨论的空间。一个具有深入研究价值的的方向是本文所估计的贸易成本被假设为一种理想化的情形：在贸易双方之间具有对称性。但在现实国际贸易中，受多边因素的影响，事实上贸易成本是不完全对称的。因此，区别分析两个方向的贸易成本具有深刻的研究价值。现有文献已经尝试将衡量对称贸易成本的方法扩展到非对称的情形。例如 Tomber 和 Zhu（2019）搭建了非对称的贸易成本模型以测度贸易和人口迁移的成本，并以此为基础考察上述成本的变化影响中国生产效率的途径。此外，本文发现"一带一路"倡议带来了双边贸易成本 6.2% ~ 6.7% 的下降，那么便可以引出一个与之相关的问题：贸易成本下降的实际福利效应应如何测算以及贸易成本上述下降幅度带来的实际福利效应究竟几何？Lendle 等（2016）比较了地理距离对传统贸易和电子商务上的影响，并认为电子商务及随之而来的搜寻成本的下降会带来真实收入上升 4% 的福利效应。

本文对"一带一路"沿线国家与我国的双边贸易成本进行测度，实证表明"一带一路"倡议的确有利于"一带一路"沿线国家与我国双边贸易成本的进一步降低，并对于不同发展状况的国家具有不同的效应。"一带一路"倡议的

效应具有两个重要的中介机制，分别是政策沟通的协调机制和有效的基础设施建设。同时，本文指出"一带一路"倡议的进一步深化应当充分考量不同经济体的发展阶段，以更好地促进国家和地区间的互利共赢。随着经济发展模式的转型升级，国家比较优势结构势必逐渐发生转变，我国在巩固既有发展成果的基础上也要突破经济发展桎梏，在国际经济体系中承担大国责任，推进产业结构的转型升级，深入世界经济体系和价值链的运转。随着中国经济发展模式和产业结构的进一步调整，以及"一带一路"倡议下我国与他国双边或多边经贸合作的深化，我国必将在对外经贸领域上取得新的突破和进展，为我国经济增长提供长期持久动力。

参考文献

［1］Anderson J. E., Van Wincoop E. Gravity with Gravitas: A Solution to the Border Puzzle［J］. American Economic Review, 2003, 93（1）: 170-192.

［2］Bertrand M., Duflo E., Mullainathan S. How Much Should We Trust Differences – in – Differences Estimates?［J］. The Quarterly Journal of Economics, 2004, 119（1）: 249-275.

［3］Donaldson, D. Railroads of the Raj: Estimating the Impact of Transportation Infrastructure［J］. American Economic Review, 2018, 108（4/5）: 899-934.

［4］Jacks D. S., Meissner C. M., Novy D. Trade Booms, Trade Busts, and Trade Costs［J］. Journal of International Economics, 2011, 83（2）185-201.

［5］Novy D. Is the Iceberg Melting Less Quickly? International Trade Costs after World War Ⅱ［J］. Warwick Economic Research Paper, 2006.

［6］Novy D. Gravity Redux: Measuring International Trade Costs with Panel Data［J］. Economic Inquiry,

2012, 51 (1)：101-121.

　[7] Ferrara E. L., Duryea S., Chong A. E. Soap Operas and Fertility：Evidence from Brazil [J]. American Economic Journal Applied Economics, 2012, 4 (4)：1-31.

　[8] Lendle A., Olarreaga M., Schropp S., et. al. There Goes Gravity：eBay and the Death of Distance [J]. The Economic Journal, 2016, 126 (3)：406-441.

　[9] Treror T., Zhu X. Trade, Migration and Productivity：A Quantitative Analysis of China [J]. American Economic Review, 2019, 109 (5)：1843-1872.

　[10] 崔日明, 黄英婉. "一带一路" 沿线国家贸易投资便利化评价指标体系研究 [J]. 国际贸易问题, 2016 (9)：153-164.

　[11] 崔岩, 于津平. "一带一路" 国家基础设施质量与中国对外直接投资——基于面板门槛模型的研究 [J]. 世界经济与政治论坛, 2017 (5)：135-152.

　[12] 戴翔, 宋婕. "一带一路" 倡议的全球价值链优化效应——基于沿线参与国全球价值链分工地位提升的视角 [J]. 中国工业经济, 2021 (6)：99-117.

　[13] 冯帆, 林发勤. 交通基础设施对 "一带一路" 沿线国家企业出口的影响——基于世界银行企业调查数据的实证研究 [J]. 国际经贸探索, 2021, 37 (2)：37-50.

　[14] 黄肖琦, 柴敏. 新经济地理学视角下的 FDI 区位选择——基于中国省际面板数据的实证分析 [J]. 管理世界, 2006 (10)：7-13.

　[15] 孔庆峰, 董虹蔚. "一带一路" 国家的贸易便利化水平测算与贸易潜力研究 [J]. 国际贸易问题, 2015 (12)：158-168.

　[16] 钱学锋, 梁琦. 测度中国与 G-7 的双边贸易成本——一个改进引力模型方法的应用 [J]. 数量经济技术经济研究, 2008 (2)：53-62.

　[17] 刘洪铎, 曹翔, 李文宇, 双边贸易成本与对外直接投资：抑制还是促进？——基于中国的经验证据 [J]. 产业经济研究, 2016 (2)：96-108.

　[18] 李敏, 于津平. "一带一路" 倡议与沿线国家投资便利化——基于合成控制法的实证评估 [J]. 江海学刊, 2019 (5)：101-110.

　[19] 吕越, 陆毅, 吴嵩博等. "一带一路" 倡议的对外投资促进效应——基于 2005—2016 年中国企业绿地投资的双重差分检验 [J]. 经济研究, 2019 (9)：187-202.

　[20] 孙楚仁, 张楠, 刘雅莹. "一带一路" 倡议与中国对沿线国家的贸易增长 [J]. 国际贸易问题, 2017 (2)：83-96.

　[21] 施炳展. 我国与主要贸易伙伴的贸易成本测定——基于改进的引力模型 [J]. 国际贸易问题, 2008 (11)：24-30.

　[22] 孙瑾, 杨英俊. 中国与 "一带一路" 主要国家贸易成本的测度与影响因素研究 [J]. 国际贸易问题, 2016 (5)：94-103.

　[23] 余淼杰, 梁中华. 贸易自由化与中国劳动收入份额——基于制造业贸易企业数据的实证分析 [J]. 管理世界, 2014 (7)：22-31

　[24] 张毓卿, 周才云. 中国对外贸易成本的测度及其影响因素——基于面板数据模型的实证分析 [J]. 经济学家, 2015 (9)：11-20.

　[25] 周学仁, 张越. 国际运输通道与中国进出口增长——来自中欧班列的证据 [J]. 管理世界, 2021, 37 (4)：52-67+102.

论文执行编辑： 皮建才

论文接收日期： 2021 年 8 月 15 日

作者简介：

赵义 (1999—), 江苏连云港人, 南京大学商学院国际经济贸易系学生, 研究方向为贸易投资便利化。Email：yzhao@ smail. nju. edu. cn。

附　　录

附表 1　处理组"一带一路"沿线国家与我国签署协议或备忘录时间

国家	签署年份	国家	签署年份
阿尔巴尼亚	2017	亚美尼亚	2015
阿塞拜疆	2015	波斯尼亚和黑塞哥维那	2017
文莱	2017	保加利亚	2015
柬埔寨	2016	克罗地亚	2017
捷克	2015	埃及	2016
格鲁吉亚	2015	匈牙利	2015
印度尼西亚	2018	哈萨克斯坦	2014
科威特	2016	吉尔吉斯斯坦	2015
马来西亚	2017	蒙古	2017
巴基斯坦	2017	菲律宾	2018
波兰	2015	卡塔尔	2014
罗马尼亚	2015	俄罗斯	2015
沙特阿拉伯	2016	韩国	2015
斯里兰卡	2014	塔吉克斯坦	2015
泰国	2017	土耳其	2015
乌克兰	2015	越南	2017

资料来源：中国一带一路网（http：//www.yidaiyilu.gov.cn）。

The Effect of "Belt and Road" Initiative on Trade Cost

Yi Zhao

(School of Business, Nanjing University, Nanjing, China)

Abstract: Since the "Belt and Road" Initiative was proposed, the scale of trade and investment between China and countries along the "Belt and Road" has been expanding. Starting with the concept, the paper measures the bilateral trade cost between China and countries along the "Belt and Road" based on the theoretical model of Novy (2006, 2012), with trade data from 2001 to 2019, followed by an empirical test about the effects of the implementation of the "Belt an Road" Initiative on the bilateral trade costs between China and those countries. Difference-in-Differences analysis suggests that the "Belt and Road" Initiative significantly decreases bilateral trade costs between China and countries along the "Belt and Road" by approximately 6.2% to 6.7%. Heterogeneity tests suggest that geographically, bilateral trade costs in economies areas not adjacent to China and developing economies declines more significantly. The status of policy communication and construction of infrastructure has a significant intermediary effect on the decline of bilateral trade costs.

Key Words: The "Belt and Road" Initiative; Bilateral Trade Cost; Time-varying Difference-in-Differences Model

JEL Classification: F13

头胎子女性别对农民工家庭子女随迁就学决策的影响*

□ 蒋晓敏　昌忠泽

摘　要： 研究农民工家庭头胎子女随迁就学中存在的性别差异问题，有利于改善性别不平等的状况，实现教育机会的均等化，改善农民工的生活状态，增强农民工家庭的幸福感和获得感，实现社会稳定。本文使用 2013 年中国流动人口动态监测调查数据，实证研究了头胎子女性别与农民工家庭子女随迁就学决策的关系。结果发现，与头胎女孩相比，头胎是男孩的农民工家庭子女随迁就学的可能性更高。跨省流动、流动时间 6 年及其以内、非创业、城乡流动、流入地有社保的农民工家庭，头胎男孩有更多随迁就学的可能性。此外，研究发现家庭子女教育支出、"重男轻女"观念和非独生子女家庭是头胎子女性别对农民工家庭子女随迁就学影响的重要机制。

关键词： 头胎子女性别；农民工；随迁就学决策

JEL 分类： C924.24

引　言

农民工是城市建设、和谐社会发展的中坚力量，子女随迁就学不仅有助于解决留守儿童因为亲情缺失而导致的社会心理问题，而且能够使其接受优质的教育资源，提高农民工家庭的幸福感和获得感。《2018 年全国教育事业发展统计公报》显示，2018 年全国义务教育阶段农民工随迁子女数量为 1424.04 万人，其中小学阶段随迁子女数量远高于初中阶段，占比高达 73.62%，约为 1048.39 万人。城市完善的基础设施、多样化的就业机会、优质的教育资源吸引着农民工群体将子女带入城市，希望通过教育获取更多改变命运的机会。受地区教育经费和入学"门槛"的限制，农

* 基金项目：教育部哲学社会科学研究重大课题攻关项目（15JZD011），国家社科基金重大项目（19ZDA057），中央高校基本科研业务费专项资金项目"人口老龄化的社会经济影响及其应对策略研究"（QL18020），中央财经大学 2020 年一流学科建设项目"中国企业海外投资特征、异质性与绩效"。

民工将家庭所有子女带入流入地接受教育存在较大困难，子女受教育状况面临严重的不平等：一方面，在家庭持久性收入有限的条件下，家庭子女规模越大，有限资源在家庭分配中不公平程度越高，子女在受教育机会上所产生的差异也就越大；另一方面，受传统文化以及社会环境压力的影响，农民工家庭一般也更加偏好男孩，在教育资源上给予男孩更多倾斜，试图通过"望子成龙"来提升自身的社会地位和话语权。已有研究虽然从子女规模、出生顺序、性别差异的角度对家庭子女教育问题进行研究（Becker and Lewis，1973；Black et al.，2005；Li and Lavely，2003），但鲜有研究将子女出生顺序和性别综合起来，从头胎子女性别差异的角度对农民工家庭子女随迁就学的问题进行研究。一般而言，头胎子女受到家庭的关注程度较高，对于头胎子女受教育问题的研究更能体现出社会对于教育资源分配的公平程度。优质的教育机会需要花费较高的费用，那么头胎子女性别的差异是否会影响农民工家庭子女随迁就学决策这一问题的研究，将有助于解决农民工家庭头胎子女随迁就学中存在的性别歧视问题，使子女平等地享有社会公共资源，实现教育机会的均等化，从而有利于人力资本的积累和经济增长。

义务教育阶段农民工子女随迁就学，既能有效解决长期以来存在的亲子分离问题，又能增强农民工在流入地工作的稳定性，既能获得更多优质的教育资源，又能促进农民工融入城市。一般而言，父母对于家庭头胎子女给予更多的关注和陪伴，但已有研究很少以农民工头胎子女为研究对象，研究头胎子女性别差异与义务教育阶段农民工家庭子女随迁就学的关系。也很少有人专门从家庭资源约束、教育投资回报和"重男轻女"观念的角度研究两者的关系。因此，本文使用2013年流动人口动态监测中的社会融合专题调查数据，专门以农民工家庭头胎子女为研究对象，对头胎子女性别和农民工家庭子女随迁就学决策的关系进行实证分析。结果发现，头胎是男孩的农民工家庭子女随迁就学的可能性显著提高5.6%，并且这一影响在不同流动范围、流动时间、就业类型、居住地类型和社会保障类型的农民工家庭中存在差异。

相较于以往的研究，本文的创新之处在于以义务教育阶段的农民工头胎子女为研究对象，将家庭子女教育支出、"重男轻女"观念和非独生子女作为影响机制，分析头胎子女性别对农民工家庭子女随迁就学的影响。

本文余下部分结构安排如下：第一部分梳理了相关文献；第二部分提出研究假设；第三部分介绍了本文的数据来源，对变量进行说明；第四部分报告了本文的实证分析结果；第五部分为影响机制分析；第六部分为结论和政策建议。

1　文献综述

关于家庭子女教育问题的研究，已有研究主要集中在教育投资决策和教育地点的选择两个方面（Behrman，1982；王春超和张呈磊，2017）。子女规模、出生顺序和性别差异会影响家庭对于子女的教育投资决策（Becker and Lewis，1973；Black et al.，2005；Wang，2005）。首先，子女规模会影响家庭对于教育资源的分配。已有大多数质量与数量的取舍理论认为，随着家庭内部子女数量的减少，每个子女所能够获得的资源质量也能够显著提高（Becker and Lewis，1973；Hanushek，1992），但有少数研究认为家庭内部子女的质量和数量不存在显著的取舍关系，子女的质量不会随着数量的下降而上升（Black et al.，2005；Angrist et al.，2010），实际上教育市场上子女不平等现象较为普遍（刘生龙、靳天宇，2020）。其次，子女的出生顺序会影响家庭对子女的教育投资决策。根据家庭持久性收入理论，家庭不可能将资源平均分配给每一个孩子，不同子女的出生顺序，可能会影响父母对子女教育的选择（Behrman et al.，1982）。Black 等（2005）认为男孩越早出生，越有接受更多教育的机会。不同出生顺序子女的受教育状况不止在家庭内部存在差异，在不同家庭间也存在显著差异，如 Basu 和 Jong（2010）认为男孩越晚出生，家庭子女规模越大，结果导致较晚出生的男孩相较于较早出生的男孩在教育资源的分配上存在明显的劣势。也有少数研究认为，不同子女的出生顺序并不会影响家庭对于教育投资的差异，如罗凯和周黎安（2010）认为在农村地区，父母在家庭内部资源分配上不存在显著的性别歧视。最后，子女性别的差异也会影响家庭对于子女教育投资的决策（Wang，2005）。一方面，家庭财富最大化理论认为，对子女的教育投入依赖于未来的收入回报，若男孩在劳动力市场上获得的回报高于女孩，则家庭倾向于投资男孩（Becker and Tomes，1979）。Barcellos 等（2014）从教育投资回报的角度发现，在劳动力市场上男性的工资比女性的高，投资男孩将会获得更高

回报，因此家庭对男孩投入更多的时间和资源。周钦和袁燕（2014）发现父母对孩子教育的未来收入较为关注，若教育男孩带来的收入大于女孩，他们将会给男孩更多的关注和教育投资。另一方面，"重男轻女""传宗接代"等传统观念使得家庭对于生育男孩的意愿较为强烈，并给予男孩更多接受教育的机会（Sen，1998；Klasen and Wink，2002）。Li 和 Lavely（2003）认为"养儿防老"、宗族观念较重的低收入或者偏远山区家庭对男孩的偏好较为强烈，相较于女孩，男孩有更多接受教育的机会。也有少数研究认为子女性别对家庭子女教育投资的影响并不显著。Lee（2008）认为随着女性劳动参与率的提高，家庭对教育的投入不存在显著的男孩偏好。林莞娟和秦雨（2010）研究表明，性别偏好和家庭对子女的教育决策之间不存在直接关系。

子女性别不仅会影响家庭对于子女的教育投资决策，还会影响家庭对于子女就学地点的选择。农民工家庭中子女随迁的现象日益增多（Fan et al.，2011），子女随迁弥补了家庭分离的缺憾（邓睿和冉光和，2018），对不同性别子女的偏好将影响父母是否选择将其带在身边（王春超和张呈磊，2017），这一选择对于孩子的发展也具有重要影响（Zhang et al.，2014；Xu and Xie，2015）。Xing 和 Wei（2017）指出父母带着子女迁移会挤占工作机会，这就使得父母带子女迁移时有显著的性别偏好。Démurger 和 Xu（2013）研究发现由于户口和地方教育政策的影响，子女性别可能会影响父母对子女的教育安排，这一现象在学龄前儿童和男孩身上较为显著。孙妍等（2019）、Xing 等

（2021）认为当前我国农村小学资源减少，大量教育资源集中在城市，为更好地接受教育，农村流动人口更喜欢带男孩随迁就学，但这一性别差异在学龄前儿童中不显著，在小学阶段尤为显著。陶然等（2011）对农村流动人口子女就学选择地分析发现，男孩比女孩更容易被父母带到打工城市上学，孩子年龄越小，这一特征越显著。也有少数研究认为，子女随迁就学和子女性别差异无关，而是受家庭流动时间、迁移特征的影响。Liang 和 Chen（2007）研究发现流动人口在本地就学的差异和性别无关，而是受流动时间的影响。刘静等（2017）发现农民工子女规模和子女的性别对高中及其义务教育阶段子女随迁就学决策影响不显著，反而配偶随迁、迁移距离越近、时间越长的农民工在流入地生活得越稳定，子女随迁就学的可能性越高。

对已有文献分析发现，头胎子女性别差异对家庭教育决策的影响研究存在不足，首先，现有关于子女随迁就学问题大都以农村居民或者农民工小学以下或者不同义务教育阶段子女为研究对象，专门对整个义务教育阶段农民工头胎子女随迁就学问题的研究较少。其次，研究主要从子女规模、出生顺序和性别差异的角度分析家庭对于子女的教育投资决策以及教育就学地点的选择，却没有将出生顺序和性别综合，从头胎子女性别差异的角度对农民工家庭子女就学的问题进行分析。最后，虽然家庭资源约束、教育投资回报和"重男轻女"偏好会影响家庭对于子女的教育投资决策，但是这一因素是否会影响头胎子女性别差异对农民工家庭子女随迁就学地点的选择尚未有一致结论，

还有待于进一步研究。因此，本文使用 2013 年流动人口动态监测调查数据，分析在家庭教育支出、"重男轻女"观念和非独生子女家庭的影响下，头胎子女性别差异对农民工家庭子女随迁就学决策的影响。

2　研究假设

由于文化、历史、经济等方面的原因，一些国家存在严重的性别偏好，在子女性别上呈现出男多女少，男孩早出生的家庭规模小，男孩自我约束差的特点，这不仅会导致人口比例失衡，还会带来以教育为主的人力资本投资上的性别差异（孙妍等，2019）。在不发达地区，弱势群体在通过外出务工改善自身收入状况的同时，对子女也给予了较高的期望，希望通过教育改变命运（Wang，2005），我国农村义务教育阶段学校数量的减少和城市优质教育资源的增多使得农民工群体希望将孩子带入城市接受优质教育（Liu and Xing，2016），同时由于户籍制度的限制和教育资源的约束，农民工子女在迁入地接受教育不仅会挤占父母的工作时间和收入水平，面临较高的机会成本，还需要支付高昂的教育费用（Xing and Wei，2017），这就使得农民工家庭不能将较多的孩子带在身边，同时需要在家庭子女随迁就学决策中做出选择。无论是在传统社会还是在城镇化发展的今天，相对而言，男性不仅拥有较好的体力，能够为家庭提供更好的保护（Oldenburg，1992），还是繁重劳动的重要参与者，获得的收入水平相对较高（Basu，1989），因此家庭对于男孩寄予厚望，在教育选择上给予最好的支持，

在随迁就学决策中也会倾向带男孩（周钦、袁燕，2014）。此外，男孩的自我约束能力相对较差，在成长的过程中需要父母给予更多的陪伴和关注，学业上也需要来自父母的有效监督，为避免孩子误入歧途，农民工也希望将男孩带在身边进行管教（Xing and Wei，2017）。因此，本文提出研究假设1。

假设1：头胎是男孩显著提高了农民工家庭子女随迁就学的可能性。

家庭经济学的观点认为家庭出于效用最大化的目的，在资源分配时倾向投资边际收益较高子女（Becker and Tomes，1979；Behrman et al.，1982）。家庭对于子女教育的投资取决于子女教育未来收益的比较（Behrman et al.，1982），当前劳动力市场上男性平均比女性有较好的工作机会、较高的收入回报，家庭投资男性接受教育所能获得的未来收益更大（周钦、袁燕，2014）。女孩被认为是"奢侈品"（Qian，2008），在两个相同的家庭中，由于收入水平和担负责任不同，家庭认为投资女孩将会比投资男孩花费更多的费用，提高对女孩的消费则意味着降低了对其他消费品的选择，最终获得的效用水平较低，因此减少在女孩身上的消费支出有助于提高家庭整体的效用水平（Bech-Porath and Welch，1976）。由于带男孩迁移获得的效用更高，父母在家庭随迁就学决策中也就更加偏好男孩（孙妍等，2019）。因此，本文提出研究假设2。

假设2：家庭教育支出的增加使得头胎是男孩对于农民工家庭子女随迁就学的影响显著提高。

宗族文化和"传宗接代"等非经济的观点认为，男孩具有女孩所不具备的个人、家庭和

社会价值（林莞娟、秦雨，2010）。受传统观念的影响，中国"重男轻女"观念长期存在，以父权社会为基础的"男娶女嫁"模式具有明显的男孩偏好，家庭将男孩看作是家族延续、父母养老的一种方式（刘爽，2006）。出于文化价值观的影响，在农村生育男孩，一方面能够起到延续香火、维持家庭在宗族中的社会地位、光宗耀祖的作用，给父母带来极大的满足和成就感；另一方面意味着家庭增加了劳动力，能够获得更多的收入，尤其是当父母年老缺乏有效的社会保障时，父母相信男孩比女孩更可能会赡养他们（朱秀杰，2010；Ebenstein and Leung，2010；张川川、马光荣，2017），而将女孩尽早嫁出去就完成了他们的使命（Li and Lavely，2003；周钦、袁燕，2014）。"重男轻女"观念下的父母偏爱男孩，家庭对于男孩寄予厚望，在教育选择上给予最好的支持，在随迁就学决策中也会倾向带男孩。因此，本文提出研究假设3。

假设3："重男轻女"观念使得头胎是男孩对于农民工家庭子女随迁就学的影响显著提高。

资源稀缺理论认为家庭资源是有限的，在对资源分配时，家庭会牺牲年长女孩的受教育机会来弥补家庭其他消费方面的不足（Chu et al.，2007；杨菊华，2011）。子女数量越少，可以分配给子女的家庭资源也就越多，子女接受教育机会的差异也就越小（Becker and Lewis，1973）。家庭子女数量越多，子女间资源分配的不公平程度就越高（龚继红、钟涨宝，2006），不同性别子女在受教育机会上的差异也就越大。头胎女儿往往担负着照顾年幼弟妹的职责，较早地辍学，参与劳动，而父母对男孩有

较高的教育期望,投入的精力也相对较多(周钦、袁燕,2014)。由于家庭资源的有限性以及较高的随迁就学成本,家庭子女数量越多(Lu and Treiman,2008),在子女随迁就学时父母越倾向带男孩。此外,家庭对男孩的教育决策也容易受同辈人的影响,彼此攀比、炫耀的社会风气也会相应提高男孩随迁就学的可能性(Li et al.,2013)。因此,本文提出研究假设4。

假设4:非独生子女家庭使得头胎是男孩对于农民工家庭子女随迁就学的影响显著提高。

3 数据来源

3.1 数据来源

本文使用2013年流动人口动态监测调查中的社会融合专题调查数据。该调查是由原国家卫生和计划生育委员会组织,采用多层次、多阶段、与规模成比例的PPS抽样方式,样本覆盖上海市松江区、江苏省苏州市、无锡市、福建省泉州市,湖北省武汉市,湖南省长沙市,陕西省西安市及咸阳市8个城市,对调查的一个月前来本地居住,非本区(县、市)户口且年龄在15~59岁的流动人口进行调查,该专题主要涉及受访者基本情况、就业居住和社会保障、社会融合等情况。本文主要研究农民工家庭子女随迁就学的问题,因家庭可能存在多个子女的情况,本文把农民工家庭中正在接受义务教育的16周岁及其以下的头胎子女作为研究对象,剔除其他遗漏缺失变量,共得到有效样本数据3836人。

3.2 变量说明

3.2.1 被解释变量

本文的被解释变量为农民工家庭头胎子女是否随迁至本地入学。经验上将年满16周岁及其以下正在接受义务教育的农民工家庭头胎子女作为研究对象,若家庭中头胎子女随父母迁至本地入学,则是否随迁至本地入学变量为1,反之是否随迁至本地入学变量为0(宋锦、李实,2014;刘静等,2017)。样本中60.8%的农民工头胎子女随父母迁至本地入学,可见在农民工进城务工获取生活来源的同时,也越来越多地将孩子的教育考虑在内,对子女给予更多的关注和重视。在稳健性检验中,考虑到农民工头胎子女上学晚的问题,将义务教育阶段子女上学年龄放宽到17周岁及其以下,若17周岁及其以下的农民工头胎子女随父母迁至本地入学,则是否随迁至本地入学变量为1,反之是否随迁至本地入学变量为0。

3.2.2 核心解释变量

本文的核心解释变量为头胎子女性别,用问卷中农民工家庭头胎子女的性别来衡量(宋锦、李实,2014;Xing et al.,2021)。样本中农民工家庭头胎男孩的比重高于头胎女孩,占比为54.7%。

3.2.3 影响机制变量

(1)家庭子女教育支出。受户籍条件的限制,随迁子女在流入地上学需要交纳较高的费用(张翼、周小刚,2012),本文采用家庭教育支出占家庭总收入的比重作为衡量指标。样本中家庭教育支出占比平均为7.4%,可见农民工家庭对子女的教育重视程度还有待提高。

(2)"重男轻女"观念。根据问卷中的两

个问题"您是怎么看待'传宗接代'这个问题"与"对您自己未来的养老,您有什么考虑",通过对前者设置选项"儿子才能传宗接代""儿子和女儿都能传宗接代"和"不存在传宗接代的问题",对后者设置选项"靠自己""靠政府""靠儿子""靠女儿"和"还没考虑"来反映家庭"重男轻女"观念。若认为儿子才能传宗接代或依靠儿子养老比女儿养老更重要,则家庭存在重男轻女,反之不存在重男轻女。样本中73.8%的家庭存在"重男轻女"观念,可见受传统观念的影响,男孩被看作是家庭延续和父母养老的重要方式。

(3)非独生子女家庭。非独生子女家庭的每个孩子所能得到的资源是有限的,并且子女数量越多,每个孩子所能分配的资源越少(Basu and Jong,2010)。若农民工家庭中有多个子女,则非独生子女变量为1,否则为非独生子女变量为0。样本中,非独生子女的家庭占比为49.2%。

3.2.4 控制变量

参考已有文献,本文的控制变量包括头胎子女基本特征、户主基本特征、家庭特征等。头胎子女基本特征包括头胎子女年龄、头胎子女年龄平方、头胎子女受教育程度。如表1所示,头胎子女年龄在6~16岁,平均年龄为11.650岁,考虑到头胎子女年龄对子女随迁就学的非线性影响,本文也控制了头胎子女年龄的平方项。头胎子女受教育程度分为小学和初中两类,样本中绝大多数头胎子女处于小学阶段,占比高达74.4%,初中阶段头胎子女占比仅为25.6%。

本文将受访者定义为户主,户主基本特征

包括户主性别、年龄、受教育年限、所从事的行业、流动时间、配偶是否随迁、是否跨省流动、是否创业、和本地人差异等。若户主为男性,性别变量为1,否则为0。样本中男性少于女性,占比仅为49.5%。户主年龄在24~56岁,平均年龄为35岁。教育程度分为未上过学、小学、初中、高中或中专、大专、大学、研究生,分别赋值为0、6、9、12、15、16、19。样本中户主平均受教育年限为9.233年,大致处于初中阶段。从行业类型看,户主从事最多的四个行业分别为制造业、批发零售业、住宿餐饮业、社会服务业,平均分别占35.7%、20.2%、12.5%和9.6%,其他所有行业(基准组)占比为22%。从流动时间来看,户主平均来说有6年的流动经历,流动时间越长,积累了更多的经验和人脉资源。如果配偶随户主流入本地,则配偶随迁变量为1,否则为0。样本中配偶随迁的比重高达91%,可以看出夫妻共同外出成为农民工迁移的重要方式。如果户主选择跨省流动,跨省流动变量为1,否则为0。样本中57.3%农民工选择跨省流动。如果户主为雇主或自营劳动者,创业变量为1,否则为0。样本中选择创业的流动人口低于非创业的流动人口,仅为41.8%。户主和本地人差异为计数变量,差异每增加一个,变量分数增加1,与本地人差异包括饮食习惯、服饰着装、卫生习惯、节庆习俗、人情交往、观念看法和其他,因此该变量的得分为0~7,平均得分为1.528。

家庭特征包括家庭收入、子女数量、男孩占比、老家土地数量、老家房屋面积等。家庭收入用家庭月收入的对数来衡量,其中家庭月收入包含工资收入、经营收入、财产收入和转移收入等，样本中家庭月收入对数的平均值为8.598，考虑到收入极端值的影响，将收入最高和最低0.3%的数据从样本中剔除。家庭子女数量处于1~5，平均来看，样本中每个家庭约有2个孩子。男孩占比用家庭男孩数量占家庭子女数量的比重来衡量，样本中家庭男孩数量多于女孩，占比高达61.4%。老家土地数量用老家拥有土地数量的对数来衡量，平均来看，样本中老家拥有土地数量的对数为1.369，约为4.594亩。老家房屋面积用老家拥有住房面积的对数来衡量，平均来看，样本中老家拥有住房面积的对数为4.928，约为166.415平方米。

表1 变量的描述性统计

变量名称	均值	方差	最小值	最大值	样本量
是否随迁至本地入学	0.608	0.488	0	1	3836
头胎子女性别	0.547	0.498	0	1	3836
家庭子女教育支出	0.074	0.130	0	4	3698
重男轻女	0.738	0.440	0	1	3836
非独生子女	0.492	0.500	0	1	3836
头胎子女年龄	11.650	2.662	6	16	3836
头胎子女年龄平方	142.796	62.779	36	256	3836
小学	0.744	0.436	0	1	3836
初中	0.256	0.436	0	1	3836
户主性别	0.495	0.500	0	1	3836
年龄	35.315	4.100	24	56	3836
受教育年限	9.233	2.117	0	19	3836
其他行业	0.221	0.415	0	1	3508
制造业	0.357	0.479	0	1	3508
批发零售业	0.202	0.402	0	1	3508
住宿餐饮业	0.125	0.330	0	1	3508
社会服务业	0.096	0.295	0	1	3508
流动时间	5.437	4.553	0	27	3836
配偶是否随迁	0.910	0.286	0	1	3836
是否跨省流动	0.573	0.495	0	1	3836
是否创业	0.418	0.493	0	1	3508
本地人差异	1.528	1.669	0	7	3836
家庭收入	8.598	0.454	7	11	3788
子女数量	1.533	0.582	1	5	3836
男孩占比	0.614	0.392	0	1	3836
老家土地数量	1.369	0.757	0	6	3734
老家房屋面积	4.928	0.831	0	7	3826

资料来源：2013年流动人口动态监测中的社会融合专题调查数据。

4 实证分析

4.1 基准回归分析

4.1.1 基准模型回归分析

为分析头胎子女性别对农民工家庭子女随迁就学决策的影响，本文设定了如下基准模型：

$$school\_mig_{ij\tau} = \alpha_0 + \alpha_1 child\_gender_{ij\tau} + \alpha_2 X_{ij\tau} + \delta_j + \theta_i + \mu_{ij\tau} \quad (1)$$

其中，i 是流出省份，j 是流入城市，τ 是受访家庭，$school\_mig_{ij\tau}$ 为从第 i 个省份流入到第 j 个城市的第 τ 个家庭的头胎子女是否随父母迁入本地就学，$child\_gender_{ij\tau}$ 为从第 i 个省份流入到第 j 个城市的第 τ 个家庭的头胎子女性别，$X_{ij\tau}$ 为从第 i 个省份流入到第 j 个城市的第 τ 个家庭的头胎子女基本特征、户主基本特征、家庭特征等控制变量，δ、θ 分别为流入城市和流出省份固定效应，μ 为随机误差项，α_0、α_1、α_2 为参数估计量。

表 2 中第 2~5 列是根据式（1）估计的 OLS 回归结果，第 2 列是只控制了流入城市和流出省份固定效应的回归结果，第 3~5 列是逐步加入头胎子女基本特征、户主基本特征、家庭特征后的回归结果，可以看出随着控制变量的加入，头胎子女性别差异对农民工家庭子女随迁就学的影响逐渐变大，相较于头胎是女孩的家庭，头胎男孩使得家庭子女随迁就学的概率显著提高了 5.6%，结果显著且较为稳健，表明头胎子女性别是影响农民工家庭子女随迁就学的重要因素，这验证了假设 1。这可能是因为：一方面，男孩性格顽劣，自觉性相对较差，农民工将男孩带入本地，能够给予他们更多的

约束和照料；另一方面，在家庭资源约束的影响下，他们更喜欢投资于当前在劳动力市场上有更多雇佣机会，能够获得更多收入回报的男性，因此头胎男孩相较于头胎女孩能够获得父母更多关注，有更多随父母迁移接受本地教育的机会。

对控制变量研究发现，OLS 回归结果大小的显著性和方向基本一致。从头胎子女基本特征来看，头胎子女年龄每增加一岁，随迁就学的可能性提高 3%，但不显著，并且随着年龄的增长这一影响呈现下降的趋势。受升学压力和户籍的影响，初中阶段头胎子女随迁的可能性小于小学阶段。从户主基本特征来看，男性户主带子女随迁就学的可能性小于女性，女性更喜欢将孩子带在身边，给予更多的关注和照料（杨舸等，2011）。户主年龄越大、受教育水平越高，所能够获得的工作机会也就越多，收入较高，携带子女就学的可能性也就越高。从就业状况来看，制造业和住宿餐饮业农民工子女随迁就学的可能性低于其他行业，而批发零售业和社会服务业的农民工子女随迁就学的可能性高于其他行业，这可能是因为制造业和住宿餐饮业的农民工相对于以建筑、金融、教育、党政机关等为代表的其他行业的农民工来说工资水平相对较低，工作时间长、亲子时间少，带子女随迁接受教育的可能性相对较低。而批发零售业和社会服务业的农民工与外界接触机会相对较多，有更多自主经营时间，对子女照料时间相对较多，子女随迁就学的可能性也就相对较高。户主流动时间越长，积累了一定的财富和人脉资源，对子女有较高的教育期望，子女随迁就学的可能性相对较高。配偶随迁的

家庭更加注重家庭的完整性，更多地选择将子女带在身边接受教育。相较于省内流动的农民工，在户籍和教育经费的影响下，跨省流动的农民工携带子女随迁就学的可能性降低。与非创业的农民工相比，创业的农民工机会较多，收入水平相对较高，子女随迁就学的可能性也就越高。和本地人差异较大，农民工就越难融入本地，子女随迁就学的可能性也就越小。从家庭特征来看，家庭收入越高，能够为孩子提供的教育支持也就越多。子女数量、男孩数量越多，在收入有限的条件下，每个孩子所能获得的教育资源也就越少，子女随迁就学的可能性也就越低。老家土地数量越多，农业所需要操心的事情也就越多，子女可能会成为父母农事劳作的有效替代者，结果子女随迁就学的可能性也就越低。老家房屋面积越大，生活也就越舒适，流入地相对狭小的生活空间可能会降低农民工在本地的归属感和长期居留意愿，因此他们更多地选择将子女放在老家接受教育。

表 2　基准模型回归结果

变量	是否随迁至本地入学			
	OLS	OLS	OLS	OLS
头胎子女性别	0.026*	0.027*	0.038**	0.056**
	(0.015)	(0.015)	(0.015)	(0.028)
头胎子女年龄		0.078**	0.029	0.030
		(0.032)	(0.031)	(0.031)
头胎子女年龄平方		-0.003**	-0.001	-0.001
		(0.001)	(0.001)	(0.001)
初中		-0.076**	-0.086***	-0.090***
		(0.031)	(0.030)	(0.030)
户主性别			-0.041**	-0.033**
			(0.016)	(0.016)
年龄			0.010***	0.007***
			(0.002)	(0.002)
受教育年限			0.013***	0.009**
			(0.004)	(0.004)
制造业			-0.135***	-0.132***
			(0.023)	(0.023)
批发零售业			0.056**	0.056**
			(0.024)	(0.024)
住宿餐饮业			-0.074***	-0.083***
			(0.027)	(0.028)
社会服务业			0.021	0.021
			(0.029)	(0.029)

续表

变量	是否随迁至本地入学			
	OLS	OLS	OLS	OLS
流动时间			0.018***	0.018***
			(0.002)	(0.002)
配偶是否随迁			0.431***	0.423***
			(0.026)	(0.028)
是否跨省迁移			-0.061*	-0.064*
			(0.033)	(0.034)
是否创业			0.057***	0.050**
			(0.019)	(0.019)
本地人差异			-0.004	-0.004
			(0.005)	(0.005)
家庭收入				0.060***
				(0.019)
子女数量				-0.066***
				(0.015)
男孩占比				-0.071**
				(0.034)
老家土地数量				-0.018*
				(0.010)
老家房屋面积				-0.050***
				(0.010)
流入城市固定效应	YES	YES	YES	YES
流出省份固定效应	YES	YES	YES	YES
常数项	0.594***	0.151	-0.408**	-0.409*
	(0.011)	(0.175)	(0.186)	(0.241)
N	3836	3836	3508	3375
Adj. R^2	0.064	0.070	0.219	0.236

注：表中括号内为稳健标准误，10%、5%、1%统计上显著分别以 *、**、*** 表示。

资料来源：2013年流动人口动态监测中的社会融合专题调查数据。

4.1.2 稳健性检验

本文也对头胎子女性别与农民工家庭子女随迁就学的关系进行了稳健性检验。首先，考虑到农民工头胎子女上学晚的问题，将义务教育阶段头胎子女上学年龄放宽到17周岁及其以下，估计结果见表3中第2列，可以看出，与头胎女孩相比，头胎男孩使得农民工家庭子女随迁就学的可能性显著提高5.6%，与前述回归结果基本一致。其次，子女随父母迁入本地就学还可能受到户主在流入地收入状况的影响，将个人收入替代家庭收入作为控制变量，回归结果见表3中第3列，发现头胎男孩相较于头胎女孩使得家庭子女随迁就学的可能性显著提高6.2%，结果依然稳健。再次，考虑到收入极端值的影响，将收入最高和最低0.5%的数据从样本中去掉，回归结果见表3中第4列，发现头胎子女性别对农民工子女随迁就学影响的显著性提高5.5%，并且方向没有发生任何变化，

结论与前述回归结果基本一致。最后，用Probit模型进行稳健性检验，并得出相应的边际效应回归结果，表3中第5列可以发现头胎男孩相较于头胎女孩使得家庭子女随迁就学的可能性显著提高6.0%，结果依然较为稳健。

表3　稳健性检验

变量	是否随迁至本地入学			
	OLS	OLS	OLS	Probit（边际效应）
头胎子女性别	0.056** （0.027）	0.062** （0.029）	0.055** （0.028）	0.060** （0.027）
控制变量	YES	YES	YES	YES
流入城市固定效应	YES	YES	YES	YES
流出省份固定效应	YES	YES	YES	YES
常数项	−0.567** （0.224）	−0.030 （0.241）	−0.418* （0.243）	
N	3519	3256	3363	3373
Adj. R^2	0.232	0.237	0.237	

注：表中括号内为稳健标准误，10%、5%、1%统计上显著分别以＊、＊＊、＊＊＊表示。为节省篇幅本文略去了控制变量的回归结果，下同。

资料来源：2013年流动人口动态监测中的社会融合专题调查数据。

4.2　内生性分析

上述回归结果可能存在内生性问题，造成回归结果有偏。首先，可能存在一些遗漏变量，例如孩子的个人能力、来自社会的资助等不可观测的变量会影响农民工家庭对于子女随迁就学的决策。其次，可能存在一些不可观测的变量如传统文化，既会影响家庭头胎子女的性别选择又会影响子女随迁就学的决策。然而，本文不太可能出现反向因果关系，因为头胎子女性别是随机的，产前性别选择是被我国法律所禁止的，而头胎子女的性别相对来说是个外生

的变量，一般被当作工具变量来使用（林莞娟、赵耀辉，2014；王春超、张呈磊，2017），本文要想找到一个合适的工具变量与核心解释变量头胎子女性别高度相关且外生，存在较大困难。对于文中因遗漏变量或测量误差导致的内生性而找不到合适工具变量的问题，Lewbel（2012）为我们提供了一种全新的使用异方差构造工具变量的方法，这种方法要求在模型设定上采用结构模型的形式，在回归时使用ivreg2h这种两阶段的方法。因控制变量在结构模型每个模型中均存在，这种使用异方差构造工具变量识别

的方法突破了传统工具变量识别方法排他性约束的限制，仅满足外生性的要求。此外，传统工具变量识别中要求外生变量个数要等于或者大于内生变量个数，也即所有的内生变量都要有相应的外生变量作为工具变量，而 Lewbel（2012）识别方法只需要误差项满足异方差的假设，依然采用二阶段的方法，假设 $Z \in X$ 或 $Z = X$，其中 X 为除核心解释变量以外的解释变量，第一阶段对核心解释变量和 Z 进行回归得出相应残差 $\hat{v}$，构建异方差工具变量 $(Z_i - \bar{Z}_i)\hat{v}$，第二阶段将第一阶段构造的异方差工具变量及 Z 均作为工具变量进行第二阶段的估计。根据已有的解释变量信息，结合测量误差和遗漏变量导致的异方差问题构造工具变量，这种构造出来的工具变量的回归结果和使用外部工具变量的回归结果基本一致（Baum et al.，2012；Lewbel，2018）。本文设立如下模型。

$$child\_gender_{ij\tau} = \lambda_0 + \lambda_1 X_{ij\tau} + \delta_j + \theta_i + v_{ij\tau} \quad (2)$$

$$school\_mig_{ij\tau} = \alpha_0 + \alpha_1 child\_gender_{ij\tau} + \alpha_2 X_{ij\tau} + \delta_j + \theta_i + \mu_{ij\tau} \quad (3)$$

其中，α_0、α_1、α_2、λ_0、λ_1 是参数估计量，$\mu_{ij\tau}$、$v_{ij\tau}$ 是随机误差项，可能存在的测量误差和遗漏变量会导致式（2）中的误差项 $v_{ij\tau}$ 存在异方差的问题，根据这一异方差信息，本文使用 ivreg2h 的方法。先估计式（2）中的参数 λ_0、λ_1，根据 $\bar{v}_{ij\tau} = child\_gender_{ij\tau} - \bar{\lambda}_0 - \bar{\lambda}_1 X_{ij\tau} - \bar{\delta}_j - \bar{\theta}_i$ 求出 $\hat{v}_{ij\tau}$，然后令 $Z_{ij\tau}$ 等于全部的 $X_{ij\tau}$、δ_j、θ_i，使用 $X_{ij\tau}$、δ_j、θ_i 和 $(Z_{ij\tau} - \bar{Z}_i)\hat{v}_{ij\tau}$ 作为工具变量，估计出式（3）中的系数 α_0、α_1、α_2，其中 $\bar{Z}_i$ 是 $Z_{ij\tau}$ 的平均值。表4是使用异方差构造工具变量回归的结果，其中第2列是除核心解释变量头胎子女性别以外的控制变量和头胎子女性别回归的估计结果，可以发现控制变量对核心解释变量头胎子女性别的影响绝大多数均显著；第3列是将控制变量和一阶段中构造的异方差工具变量均作为工具变量的回归结果，可以看出，与头胎女孩相比，头胎男孩使得农民工家庭子女随迁就学的可能性显著提高6.0%。这一结果与表2中第5列 OLS 回归结果基本一致，表明考虑到模型中存在的内生性问题后，农民工家庭头胎子女随迁就学的决策依然存在显著的性别差异。C-D F 值和 K-P F 值均远大于10，拒绝了"存在弱工具变量"的原假设；Hansen J 统计量的 P 值为0.654，表明工具变量不存在过度识别的问题。

表4　内生性回归结果

变量	是否随迁至本地入学	
	一阶段	二阶段
	ivreg2h	
头胎子女性别		0.060**
		(0.029)
头胎子女年龄	0.011***	0.030
	(0.001)	(0.032)

续表

变量	是否随迁至本地入学	
	一阶段	二阶段
	ivreg2h	
头胎子女年龄平方	-0.000***	-0.001
	(0.000)	(0.001)
初中	-0.017***	-0.090***
	(0.001)	(0.030)
户主性别	0.017***	-0.033**
	(0.000)	(0.016)
年龄	-0.004***	0.007***
	(0.000)	(0.002)
受教育年限	-0.004***	0.009**
	(0.000)	(0.004)
制造业	0.013***	-0.022
	(0.003)	(0.029)
批发零售业	-0.002	-0.153***
	(0.002)	(0.030)
住宿餐饮业	0.014***	0.035
	(0.003)	(0.028)
社会服务业	0.020***	-0.105***
	(0.005)	(0.033)
流动时间	-0.000***	0.018***
	(0.000)	(0.002)
配偶是否随迁	-0.036***	0.423***
	(0.002)	(0.024)
是否跨省迁移	0.032***	-0.064*
	(0.001)	(0.035)
是否创业	-0.004***	0.050**
	(0.000)	(0.019)
本地人差异	-0.000	-0.004
	(0.000)	(0.005)
家庭收入	0.023***	0.060***
	(0.001)	(0.019)
子女数量	-0.128***	-0.066***
	(0.001)	(0.015)
男孩占比	1.005**	-0.075**
	(0.002)	(0.035)
老家土地数量	0.003***	-0.018*
	(0.001)	(0.011)

续表

变量	是否随迁至本地入学	
	一阶段	二阶段
	ivreg2h	
老家房屋面积	-0.012*** (0.000)	-0.050*** (0.009)
流入地城市固定效应	YES	YES
流出地省份固定效应	YES	YES
控制变量与异方差工具变量的交互项	NO	YES
常数项	0.545*** (0.000)	0.566*** (0.017)
C-D F 值		5366.933
K-P F 值		19606.250
Hansen J 统计量 P 值		0.654
N		3375
R^2		0.247

注：表中 C-DF 值为 Gragg-DonaldP 值，K-PF 值为 Kleibergen-PaapF 值。

4.3　异质性分析

上述分析表明头胎子女性别会影响农民工家庭子女随迁就学的决策，但这种影响是否在流动范围、流动时间、就业类型、居住地类型和社会保障类型的农民工家庭存在差异，仍需要进一步分析，表 5 中给出了不同类型分组的 OLS 回归结果。

4.3.1　基于流动范围的分组分析

按照流动范围，可以将样本分为跨省流动和省内流动两组，一般来说，跨省流动迁移距离较远、交通成本和就学门槛较高，不利于全部子女随迁。为分析头胎子女性别对农民工家庭子女随迁就学决策的影响在两组间是否存在差异，本文使用 OLS 进行分组回归，结果见表 5 第 2~3 列。对于省内流动的农民工家庭而言，头胎男孩和头胎女孩对家庭子女随迁就学的影响不存在显著差异，但是对于跨省流动的农民

工家庭而言，与头胎女孩相比，头胎男孩使得家庭子女随迁就学的可能性显著增加了 8.8%。这一结果与 Xing 等（2021）认为的农民工家庭跨省流动，父母更喜欢携带头胎男孩的结论一致。这可能是因为农民工家庭"望子成龙"的意愿较为强烈，外省优质的教育资源为农民工家庭头胎子女随迁就学提供了较大的激励，受农民工家庭收入和进入"门槛"的限制，子女跨省流动所需要投入的交通费用和教育费用相对较高，不可能将家庭中全部子女带入省外接受教育，家庭倾向将资源投向头胎男孩，在照料上给予更多关注，对教育给予更多支持。

4.3.2　基于流动时间的分组分析

随着流动时间的增加，农民工在流入地生活趋于稳定，会更多地考虑子女随迁就学的问题。样本中农民工群体平均有 6 年的流动经历，因此本文基于流动时间将样本分为流动时间在 6

年及其以内和 6 年以上两组。为分析头胎子女性别对农民工家庭子女随迁就学的影响在两组间是否存在显著差异，表 5 中第 4~5 列是对两组样本 OLS 回归的结果。对于流动时间在 6 年及其以内的农民工家庭，与头胎女孩相比，头胎男孩使得家庭子女随迁就学的可能性显著提高 7.7%。相反，对于流动时间在 6 年以上的农民工家庭，头胎男孩和头胎女孩对家庭子女随迁就学的影响不存在显著差异。这一结果与 Liang 和 Chen（2007）认为 6 年及其以内流动人口家庭子女随迁就学不存在显著性别差异的结论并不一致。这可能是由于流动时间 6 年及其以内的农民工在本地生活还不够稳定，所享有的社会保障和公共服务有限，将子女带入本地生活所需要花费的成本也相对较高，无论是从教育投资回报还是从未来养老的角度，带头胎男孩随迁就学的收益要大于头胎女孩，因此他们倾向投资头胎男孩。

4.3.3 基于就业类型的分组分析

按照就业类型，将样本分为创业和非创业两组。一般来说，创业和非创业家庭在收入、教育观念上可能存在差异，这可能导致头胎子女性别对于农民工家庭子女随迁就学的影响结果不同。表 5 第 6~7 列是对两组样本 OLS 回归的结果。对于非创业的农民工家庭，与头胎女孩相比，头胎男孩使得家庭子女随迁就学的可能性显著提高 9%，但是对于创业的农民工家庭，头胎男孩和头胎女孩对家庭子女随迁就学的影响没有显著差异。这可能是由于创业家庭收入较高、条件较好，与外界接触机会多，教育观念很容易受本地人影响，养儿防老、传宗接代这种"重男轻女"观念对他们的影响相对

较弱。而非创业农民工家庭收入较低，家庭资源有限，在对孩子的教育投资上精打细算，尤其是"重男轻女"观念对他们的影响较为深远，因此对孩子的教育上他们倾向投资头胎男孩。

4.3.4 基于居住地类型的分组分析

按照农民工居住地类型，可以将样本分为乡乡流动和乡城流动两组。其中，乡乡流动指的是户籍为农业且现流入地为农村的农民工，乡城流动指的是户籍为农业且现流入地为城市的农民工。两组样本可能在教育机会、教育费用、教学质量上存在差异，这可能导致农民工子女随迁就学决策在头胎子女性别选择上的不同。表 5 第 8~9 列是对两组样本 OLS 回归的结果，对于乡乡流动的农民工家庭，头胎男孩和头胎女孩对家庭子女随迁就学的影响没有显著差异，但是对于乡城流动的农民工家庭，与头胎女孩相比，头胎男孩使得家庭子女随迁就学的可能性显著提高 6.3%。这与 Xing 等（2021）认为的农民工家庭倾向携带男孩迁入城市就学的结论一致。这可能是由于城市有着优质的教育资源，教育机会也相对较多，但是在地方教育经费的约束下，外来人口接受本地教育需要交纳高昂的教育费用，将家庭中的每个孩子带入城市接受优质的教育几乎是不可能的，而家庭中男孩的学业表现和未来成就可能会让父母感受到巨大的成就感和荣誉感，因此他们倾向在教育上投资头胎男孩。

4.3.5 基于社会保障类型的分组分析

流入地的社会保障可能会影响农民工家庭在本地生活的稳定性，进而影响农民工家庭子女随迁就学的决策。为研究头胎子女性别对农民工家庭子女随迁就学的影响在两组间是否存

在差异，本文基于社会保障类型将样本分为流入地无社保和流入地有社保两种类型。OLS 回归结果见表 5 第 10～11 列。对于流入地无社会保障的农民工家庭，头胎男孩和头胎女孩对农民工家庭子女随迁就学的影响没有显著差异，但是对于流入地有社会保障的农民工家庭，与头胎女孩相比，头胎男孩使得家庭子女随迁就学的可能性显著提高 11.5%。这可能是因为有社会保障的农民工在流入地有身份认同上的优势，生活趋于稳定，甚至有的地区会将家庭有无社会保障当作是子女入学的重要门槛，当满足入学条件有机会接受高昂的城市优质教育资源时，农民工家庭会选择投资于在劳动力市场上有明显优势的头胎男孩。

表 5　异质性回归结果

变量	是否随迁至本地入学									
	省内流动	跨省流动	≤6 年流动	>6 年流动	非创业	创业	乡乡流动	乡城流动	流入地无社保	流入地有社保
头胎子女性别	−0.011 (0.047)	0.088** (0.035)	0.077** (0.035)	0.044 (0.046)	0.090** (0.038)	0.004 (0.042)	0.043 (0.043)	0.063* (0.037)	0.030 (0.033)	0.115** (0.054)
控制变量	YES	YES	YES	YES	YES	YES	YES	YES	YES	YES
流入地城市固定效应	YES	YES	YES	YES	YES	YES	YES	YES	YES	YES
流出地省份固定效应	YES	YES	YES	YES	YES	YES	YES	YES	YES	YES
常数项	−0.387 (0.352)	−0.421 (0.332)	−0.397 (0.297)	−0.459 (0.418)	−0.040 (0.344)	−0.627* (0.354)	0.148 (0.399)	−0.770** (0.308)	−0.418 (0.286)	−0.142 (0.467)
N	1419	1956	2227	1142	1974	1395	1362	2010	2338	1036
Adj. R^2	0.237	0.214	0.228	0.220	0.246	0.131	0.225	0.239	0.205	0.287

5　影响机制分析

表 6 中第 1 列报告了家庭子女教育支出影响效应的 OLS 回归结果，可以发现第 1 列回归结果中家庭子女教育支出及其和头胎子女性别的交互项系数均较为显著，表明家庭子女教育支出使得头胎是男孩的农民工家庭子女随迁入学的可能性提高 6.3%。这可能是由于家庭收入水平尤其是教育支出的增加，提高了头胎子女在流入地接受教育的可能性，因此也相应增加了头胎是男孩家庭子女随迁就学的可能性，尤其是在家庭财富受到约束的条件下，家庭为了最大化其效用（Becker and Tomes，1979），倾向投资于能够获得较高收入回报的男孩，使得头胎是男孩的家庭子女随迁就学的可能性显著提高。假设 2 得到证实。

表 6 中第 2 列报告了"重男轻女"观念对头胎子女性别与农民工家庭子女随迁就学关系影响效应的 OLS 回归结果，可以发现头胎子女性别和"重男轻女"观念的交互项系数显著，结果表明"重男轻女"观念对头胎子女性别与农民工家庭子女随迁就学决策的影响尤为重要，使得头胎是男孩的家庭子女随迁就学的可能性

显著提高 7.1%。这可能是由于农民工家庭大都从事体力劳动，缺乏有效的社会保障，年老时更多依靠儿子养老，男孩作为家庭的支柱，当在学业或者事业上有成就的时候，父母会感觉有巨大的成就感和荣耀感（刘爽，2006；朱秀杰，2010），而女儿一旦结婚就会搬去夫家，能够为父母提供的照料相对有限，因此"重男轻女"观念会提高头胎是男孩家庭子女随迁就学的可能性。假设 3 得到证实。

表 6 中第 3 列报告了非独生子女家庭影响效应的 OLS 回归结果，可以发现第 3 列中头胎

子女性别和非独生子女家庭的交互项系数显著，结果表明非独生子女家庭对头胎子女性别差异与农民工家庭子女随迁就学决策的影响尤为重要，非独生子女家庭如果头胎是男孩，父母更喜欢带在身边，使得随迁就学的可能性显著提高 7.9%，验证了假设 4。这可能是因为子女数量较多，稀释了家庭的财富和教育资源，头胎女儿往往担负着照顾年幼弟妹的职责，较早辍学，参与劳动，父母将会把财富和资源投资给能够带来较高回报的男孩，女孩从父母身上所能得到的关注和照料相对较低。

表 6 影响机制回归结果

变量	是否随迁至本地入学		
	OLS	OLS	OLS
头胎子女性别	0.007 (0.030)	−0.010 (0.046)	−0.025 (0.053)
家庭子女教育支出	0.595*** (0.074)		
头胎子女性别×家庭子女教育支出	0.853*** (0.134)		
重男轻女		−0.048* (0.027)	
头胎子女性别×重男轻女		0.071* (0.040)	
非独生子女家庭			−0.089* (0.051)
头胎子女性别×非独生子女家庭			0.079* (0.045)
流入城市固定效应	YES	YES	YES
流出省份固定效应	YES	YES	YES
常数项	−0.890*** (0.239)	−0.400* (0.241)	−0.441* (0.244)
N	3281	3375	3375
Adj. R^2	0.277	0.236	0.236

6 结论和政策建议

农民工群体远离家乡、流入城市获取生活来源，子女随迁无疑能够缓解长期以来由于亲子分离导致的情感缺失问题，提升农民工群体的幸福感。本文使用 2013 年流动人口动态监测调查中的社会融合专题调查数据，分析了头胎子女性别对农民工家庭子女随迁就学决策的影响，得出以下结论：第一，基准回归结果发现，在农民工家庭子女随迁就学的决策中，与头胎是女孩相比，头胎是男孩使得家庭子女随迁就学的可能性显著提高 5.6%。第二，异质性研究发现，对于跨省流动、流动时间在 6 年及其以内、非创业、乡城流动、流入地有社保的农民工家庭，头胎男孩相较于头胎女孩有更多随迁就学的可能性。第三，影响机制研究发现，家庭子女教育支出、"重男轻女"观念和非独生子女家庭均使得头胎是男孩的农民工家庭子女随迁就学的可能性显著提高。

农民工家庭头胎子女随迁就学存在显著的性别差异不利于子女平等地享有教育资源，提升人力资本水平，实现社会公平正义。为解决上述问题，本文提出了三点建议：首先，政府应增加主要劳动力流入地教育资源投入，降低教育准入"门槛"，加大对教育的补贴力度，解决农民工子女因户籍而产生的上学难问题，保障农民工群体平等地享有社会教育资源。其次，提升农民工主要流出地教学质量，鼓励城市教师到农村挂职，推动优质教育资源向农村流动，实现城乡教育均衡发展。最后，消除劳动力市场上的性别歧视，使人们享有平等地参与劳动、获取报酬的权利，减轻"重男轻女"和"养儿防老"观念对教育的影响。

参考文献

[1] Angrist J., Lavy V., Schlosser A. Multiple Experiments for the Causal Link between the Quantity and Quality of Children [J]. Journal of Labor Economics, 2010, 28 (4): 773-824.

[2] Barcellos S. H., Carvalho L. S., Lleras-Muney A. Child Gender and Parental Investments in India: Are Boys and Girls Treated Differently? [J]. Applied Economics, 2014, 6 (1): 157-189.

[3] Basu A. Is Discrimination in Food Really Necessary for Explaining Sex Differentials in Childhood Mortality [J]. Population Studies, 1989, 43 (2): 193-210.

[4] Basu D., Jong R. D. Son Preference and Gender Inequality [J]. Demography, 2010 (47): 521-536.

[5] Baum C. F., Lewbel A., Schaffer M. E., et al. Instrumental Variables Estimation Using Heteroskedasticity-based Instruments [R]. London: UK Stata Users Group Meetings, 2012.

[6] Bech-Porath Y., Welch F. Do Sex Preference Really Matter [J]. Quarterly Journal of Economic, 1976, 90 (2): 285-307.

[7] Becker G. S., Lewis H. G. On the Interaction between the Quantity and Quality of Children [J]. Journal of Political Economy, 1973, 81 (2): 279-288.

[8] Becker G. S., Tomes N. An Equilibrium Theory of the Distribution of Household Income and Intergenerational Mobility [J]. Journal of Political Economy, 1979, 87 (6): 1153-1189.

[9] Behrman J. R., Pollak R. A., Taubman P. Parent Preference and Provision for Progeny [J]. Journal of Political Economics, 1982, 90 (1): 52-73.

[10] Black S. E., Devereux P. J., Salvanes K. G. The More the Merrier? The Effect of Family Size and Birth

Order on Children's Education [J] . Quarterly Journal of Economics, 2005, 120 (2): 669-700.

[11] Chu C. Y. C., Xie Y., Yu R. R. Effects of Sibship Structure Revisited: Evidence from Intrafamily Resource Transfer in Taiwan [J] . Sociology of Education, 2007, 80 (2): 91-113.

[12] Démurger S., Xu H. Left-behind Children and Return Decisions of Rural Migrants in China [C] . Institute for the Study of Labor (IZA) Discussion Paper 7727, 2013

[13] Ebenstein A., Leung S. Son Preference and Access to Social Insurance: Evidence from China's Rural Pension Program [J] . Population and Development Review, 2010, 36 (1): 47-70.

[14] Fan C. C., Sun M., Zheng S. Migration and Split Households: A Comparison of Sole, Couple, and Family Migrants in Beijing, China [J] . Environment and Planning A, 2011, 43 (9): 2164-2185.

[15] Hanushek E. A. The Trade-off between Child Quantity and Quality [J] . Journal of Political Economy, 1992, 100 (1): 84-117.

[16] Klasen S., Wink C. A Turning Point in Gender Bias in Mortality? An Update on the Number of Missing Women [J] . Population and Development Review, 2002, 28 (2): 285-312.

[17] Lee Y. D. Do Families Spend More on Boys than on Girls? Empirical Evidence from Rural China [J] . China Economic Review, 2008, 19 (1): 80-100.

[18] Lewbel A. Using Heteroscedasticity to Identify and Estimate Mismeasured and Endogenous Regressor Models [J] . Journal of Business and Economic Statistics, 2012, 30 (1): 67-80.

[19] Lewbel A. Identification and Estimation Using Heteroscedasticity without Instruments: The Binary Endogenous Regressor Case [J] . Economics Letters, 2018, 165

(1): 10-12.

[20] Li J. H., Lavely W. Village Context. Women's Status and Son Preference among Rural Chinese Women [J] . Rural Sociology, 2003, 68 (1): 87-106.

[21] Li Q., Zang W., An L. Peer Effects and School Dropout in Rural China [J] . China Economic Review, 2013, 27, 238-248.

[22] Liang Z., Chen Y. P. The Educational Consequences of Migration for Children in China [J] . Social Science Research, 2007, 36 (1): 28-47.

[23] Liu J., Xing C. Migrate for Education: An Unintended Effect of School District Combination in Rural China [J] . China Economic Review, 2016 (40): 192-206.

[24] Lu Y., Treiman D. J. The Effect of Family Size on Educational Attainment in China: Cohort Variations [J] . American Sociological Review, 2008, 73 (5): 813-834.

[25] Oldenburg P. Sex Ratio, Son Preference and Violence in India: A Research Note [J] . Economic and Political Weekly, 1992, 12 (5): 2657-2662.

[26] Qian N. Missing Women and the Price of Tea in China: The Effect of Sex-Specific Earnings on Sex Imbalance [J] . Quarterly Journal of Economic, 2008, 123 (3): 1251-1285.

[27] Sen A. Mortality as an Indicator of Economic Success and Failure [J] . Economic Journal, 1998, 108 (1): 1-25.

[28] Wang W. Son Preference and Educational Opportunities of Children in China—I Wish You Were a Boy! [J] . Gender Issues, 2005, 22 (2): 3-30.

[29] Xing C. B., Carl L, Sun Y. Son Preference and Human Capital Investment among China's Rural-Urban Migrant Households [J] . The Journal of Development Studies, 2021, 12 (57): 2077-2094.

[30] Xing C. B., Wei Y. H. Does Migrating with Children Influence Migrants' Occupation Choice and Income? [J]. Journal of the Asia Pacific Economy, 2017, 22 (1): 156-172.

[31] Xu H., Xie Y. The Causal Effects of Rural-to-Urban Migration on Children's Well-being in China [J]. European Sociological Review, 2015, 31 (4): 251-272.

[32] Zhang H., Behrman J. R., Fan C. S., et al. Does Parental Absence Reduce Cognitive Achievements? Evidence from Rural China [J]. Journal of Development Economics, 2014, 111: 181-195.

[33] 邓睿, 冉光和. 子女随迁与农民工父母的就业质量——来自流动人口动态监测的经验证据 [J]. 浙江社会科学, 2018 (1): 66-75.

[34] 龚继红, 钟涨宝. 农村家庭子女数量对家庭教育投资行为影响的实证研究——基于湖北省随州市农村家庭的调查 [J]. 经济师, 2006 (8): 222-223.

[35] 林莞娟, 秦雨. 父母的男孩偏好程度对于儿童学习状况的影响及其作用渠道——基于甘肃农村基础教育调查的实证研究 [J]. 经济科学, 2010 (2): 116-128.

[36] 林莞娟, 赵耀辉. "重男轻女"降低女性福利吗? 离婚与抚养压力 [J]. 经济学 (季刊), 2014 (1): 135-158.

[37] 刘静, 张锦华, 沈亚芳. 迁移特征与农村劳动力子女教育决策——基于全国流动人口动态监测数据的分析 [J]. 复旦教育论坛, 2017 (12): 87-93.

[38] 刘生龙, 靳天宇. 生育数量是否影响子女受教育水平: 来自人口抽样调查的证据 [J]. 世界经济, 2020 (10): 121-143.

[39] 刘爽. 对中国生育"男孩偏好"社会动因的再思考 [J]. 人口研究, 2006 (3): 2-9.

[40] 罗凯, 周黎安. 子女出生顺序和性别差异对教育人力资本的影响——一个基于家庭经济学视角的分析 [J]. 经济科学, 2010 (3): 107-119.

[41] 宋锦, 李实. 农民工子女随迁决策的影响因素分析 [J]. 中国农村经济, 2014 (10): 48-61.

[42] 孙妍, 林树明, 邢春冰. 迁移、男孩偏好与教育机会 [J]. 经济学 (季刊), 2019 (1): 189-208.

[43] 陶然, 孔德华, 曹广忠. 流动还是留守: 中国农村流动人口子女就学地选择与影响因素考察 [J]. 中国农村经济, 2011 (6): 37-44.

[44] 王春超, 张呈磊. 子女随迁与农民工的城市融入感 [J]. 社会学研究, 2017 (2): 199-224.

[45] 杨舸, 段成荣, 王宗萍. 流动还是留守: 流动人口子女随迁的选择性及其影响因素分析 [J]. 中国农业大学学报 (社会科学版), 2011 (3): 85-96.

[46] 杨菊华. 父母流动、家庭资源与高中教育机会 [J]. 学海, 2011 (2): 19-33.

[47] 张川川, 马光荣. 宗族文化、男孩偏好与女性发展 [J]. 世界经济, 2017 (3): 122-143.

[48] 张翼, 周小刚. 我国流动人口子女受教育状况调查报告 [J]. 调研世界, 2012 (1): 16-20.

[49] 周钦, 袁燕. 家庭基础教育投入决策"男孩偏好"的理论与实证研究 [J]. 人口学刊, 2014 (3): 14-24.

[50] 朱秀杰. 相对效用、男孩偏好与生育性别选择 [J]. 南方人口, 2010 (1): 7-13.

论文执行编辑：皮建才

论文接收日期：2021 年 4 月 19 日

作者简介：

蒋晓敏 (1991—), 中央财经大学经济学院博士研究生, 研究方向为西方经济学。E-mail: jxmcufe@163.com。

昌忠泽 (1968—) (通讯作者), 中央财经大学财经研究院研究员, 博士生导师, 研究方向为国民经济学。E-mail: zhz_chang@163.com。

The Influence of Gender of First-born Children on the Decision of Children's Accompanying Schooling in Migrant Workers' Families

Xiaomin Jiang[1]   Zhongze Chang[2]

(1. School of Economics, Central University of Finance and Economics, Beijing, China

2. Research Institute of Finance and Economics, Central University of Finance and Economics, Beijing, China)

Abstract: The study of gender differences in the accompanying schooling of the first-born children of migrant workers is conducive to improving gender inequality, realizing equal educational opportunities, improving the living conditions of migrant workers, enhancing the sense of happiness and gain of migrant workers' families, and realizing social stability. This research empirically investigates the relationship between the gender of first-born children and the accompanying schooling decision of children of migrant workers' families by using the data of 2013 dynamic monitoring survey of the migrant population in China. The results find that children of migrant workers whose first child is a boy are more likely to migrate to school than those whose first child is a girl. First-born boys are more likely to go to school if they are from migrant workers' families with inter-provincial migration, migration time of 6 years or less, non-entrepreneurship, rural-urban migration, and social security in the current place. In addition, the study finds that the education expenditure of family children, the concept of "son preference" and the non-only-child family are the important mechanisms that influence the gender of first-born children on the children of migrant workers' families.

Key Words: Gender of First-born Child; Migrant Worker; Accompanying Schooling Decision

JEL Classification: C924. 24

基金经理与签字审计师校友关系研究[*]

□ 朱　超　林　树

摘　要：本文构建了基金经理与签字审计师之间的校友关系网络，研究了基金经理与上市公司签字审计师之间的校友关系是否影响基金经理的投资决策。研究发现，由于信息能够通过社会关系网络进行传递，降低了基金经理与上市公司之间的信息不对称，因此基金经理更偏好于投资与签字审计师存在校友关系的上市公司。相比于其他公司，基金经理更关注与签字审计师存在校友关系的上市公司的财务指标，且对于关联上市公司的审计意见、未预期盈余和净资产收益率（ROE）等审计、财务指标具有相对更好的预测能力。

关键词：校友关系；基金经理；签字审计师；投资决策

JEL 分类：G11，G23，M42

引　言

社会关系在经济活动中的作用一直是近年来学者们关注的重点（Cohen et al.，2008，2010；Fracassi and Tate，2012；Hwang and Kim，2009；Nguyen，2010；Guan et al.，2016；Chen et al.，2021）。相关的政策要求基金经理与各个经济主体之间无血缘关系、曾经的雇佣关系、金融关系等，而忽略了如同乡、校友等社会关系。以往的研究表明，基金经理能够通过与公司高管、股票分析师等之间存在的社会关系获得信息，进而进行投资决策，但研究忽略了基金经理与签字审计师之间关系的影响。签字审计师作为上市公司定期报告确认过程的重要参与者，对公司财务信息的获取存在天然优势，而基金经理则需要上市公司相关信息以进行骰子决策，因此两者之间的社会关系能否促进信息传递需要进行探究。本文采用基金经理与上市公司

---

* 基金项目：国家自然科学基金重点项目"变革环境下组织变革及其管理研究"（71832006），国家自然科学基金项目"会计异象策略、竞争强度与基金业绩"（71872081），国家自然科学基金项目"信息优势或利益冲突：股东关系对基金投资行为的影响"（71372030），教育部人文社会科学重点研究基地——南京大学长江三角洲经济社会发展研究中心暨区域经济转型与管理变革协同创新中心重大课题项目"长三角区域资本市场发展研究"（CYD-2020009），南京大学人文社科双一流建设"百层次"科研项目"信息传导、资本泡沫与产业集聚——基于网络分析技术的研究"。

签字审计师之间的校友关系研究其对于信息传递的影响，这主要是通过两个可能的渠道发生：①有相似经历的人发生冲突的概率远远小于没有相似经历的人（McPherson et al.，2001）；②有相同经历的人往往更加容易认同对方的观点（Marsden，1987；McPherson et al.，2001）。过去的文献主要关注了审计师与公司内部人员的社会关系（Guan et al.，2016），而忽略了审计师与资本市场上机构投资者之间的校友关系的经济影响。因此，本文将关注基金经理与上市公司签字审计师之间的校友关系是否影响基金经理的投资决策。我们预计校友关系将对基金经理的信息获取产生影响，进而影响其投资决策，主要的原因如下：①如果校友双方同时在校，则他们有更大的概率在校期间就互相认识；②如果双方不是同时在校，他们也很有可能在之后的校友会或捐献活动等情境下认识；③有很多学校的毕业生有其独有的特征，在之后的交流过程中互相更容易达成共识。参考其他研究社会关系的相关文献，本文并没有要求双方同时在校（Cohen et al.，2008，2010；Guan et al.，2016）。

实证证据分析显示，基金经理与上市公司签字审计师之间的校友关系普遍存在且比例呈上升趋势，截至2016年底，存在基金经理—签字审计师校友关系的基金管理中的资金占所有基金管理资金规模的4.24%，规模近千亿元。信息可能通过直接或间接的方式由签字审计师向与其存在校友关系的基金经理进行传递，而基金经理会根据这种私有信息进行投资决策。由于签字审计师的工作性质特殊，其天然地对上市公司定期报告中的财务信息具有信息优势，

其可能将该私有信息直接传递给基金经理，或是通过其他渠道降低基金经理信息搜集的成本，即使由于政策限制签字审计师无法将相关私有信息传递给相关的基金经理，但其之间存在校友关系，基金经理也能更好地理解相关签字审计师进行审计的定期报告，且对其发布的审计意见更加信任，因此基金经理会更多地持有相关签字审计师进行审计的上市公司的股票。此外，由于签字审计师对于上市公司的私有信息集中于财务信息方面，且均来自于定期报告中披露的内容，基于信任机制，基金经理会对相关签字审计师审计的上市公司的定期报告做出更大的反应。此外，由于信息机制，基金经理会在定期报告披露之前对上市公司将披露的定期报告取得部分信息，因此相关基金经理对于相关签字审计师审计的定期报告中的财务信息以及审计意见存在一定的预测能力。

本文可能存在的贡献如下：第一，本文研究了基金经理与上市公司签字审计师校友关系对于公司财务信息传递和签字审计师独立性两方面的影响，有助于社会关系相关研究的完善；第二，本文提供了基金经理基于私有信息进行投资决策的新证据，提出了基金经理—上市公司签字审计师这一新的消息传输渠道，有助于基金经理投资决策相关研究的丰富；第三，审计制度作为资本市场重要的外部监督机制，本文提供了其向外部投资者提供信息的新证据，为进一步规范资本市场审计制度提供了必要性的证据，同时有利于签字审计师相关研究的补充；第四，本文研究表明了相比股票分析师、签字审计师对于公司财务信息具有更多的私有信息，并能将之提供给关联基金经理，使其对

于公司财务信息的预测优于分析师预测的均值，提供了不同经济主体掌握不同类型信息的新证据。

1 研究问题与假设

会计与金融研究中的社会关系研究方面，最早起源于本土偏好（Home Bias）的研究（Coval and Moskowitz，1999），并引申出了很多有关地理距离和投资偏好的文章（Coval，2001；Loughran and Schultz，2004）。虽然这一类文章还没有开始关注投资者与被投资方的社会关系，而是仅仅从本土偏好出发，但是为之后社会关系研究在会计中的发展做了很好的铺垫作用。此后，开始有文章关注投资者与被投资方的社会关系是否会影响投资决策（Cohen，2008，2010）。社会关系的相关研究往往从信息传递和独立性两个方面展开：一方面，社会关系能有效降低经济个体之间的沟通成本，促使双方达成共识、互相信任；另一方面，社会关系使得个体之间独立性下降，这对很多需要独立性的经济活动产生了负面的影响（如审计、董事会对高管的监督）。之前有关社会关系的研究最早包括了基金经理与公司管理层的社会关系（Cohen，2008，2010；杨玉龙等，2017）、基金经理与金融分析师的社会关系（Gu et al.，2019），学者们分别研究了信息如何通过社会关系从公司高管或金融分析师传达到基金经理层面并影响基金经理的投资组合和风险偏好等行为。此外，关于公司高管的社会关系研究，包括了公司高管与并购方董事的社会关系（Ishii and Xuan，2014）、高管与其他上市公司高管的

社会关系（Engelberg et al.，2013）、高管与风险投资方的社会关系（Gompers et al.，2016）等，学者们研究了公司高管的社会关系如何影响公司业绩以及高管薪酬等因素，大多得到了高管的社会关系虽然提高了自身薪酬，但是仍然有利于公司价值的结论。与本文更相关的是关于公司董事会成员的社会关系，之前的研究包括了董事会成员与金融分析师的社会关系（Cohen et al.，2010）、董事会成员与银行工作人员的社会关系（Engelberg et al.，2012）、董事会成员与审计师的社会关系（Guan et al.，2016）等，这些社会关系一方面可以作为信息传递的桥梁，另一方面也降低了主体的独立性，但总体上对公司价值产生了正面的影响。而关于上市公司内部的社会关系研究，关注了董事会成员与高管之间的社会关系如何影响公司治理（Hwang and Kim，2009；Fracassi and Tate，2012；Bruynseels and Cardinaels，2014；Cao et al.，2015；Khanna et al.，2015），虽然社会关系能够降低两方的沟通成本，但是研究的结论多是董事会成员与高管之间的社会关系降低了董事会成员对高管监督的动机、提高了共谋的可能，因此提高了代理成本，进而不利于公司价值的提升。基金经理拥有较大的动机通过各种渠道获得上市公司的相关信息，包括公开信息和部分经济主体的私有信息，之前的文献研究基金经理社会关系对其投资决策的影响主要是关注公司高管和投资分析师（Cohen，2008，2010），两方对于公司的私有信息更多地集中于公司战略、行业动态等，而其对于公司财务信息的传递功能则与其他信息相混合，难以计量各自的独立影响。而签字审计师对于上

市公司的信息集中于财务信息，由于其工作经验等因素，其对于财务信息的理解甚至可能高过作为公司内部人员的高管，因此本文对于基金经理利用财务信息进行投资决策是现有研究的重要补充。特别地，Chen 等（2021）的研究关注了基金经理与审计师校友关系对于基金经理股票持有的影响，而本文提供了更多基金经理通过与审计师的校友关系获得信息的相关证据，并着重讨论了这种校友关系所带来的信息能否提高基金经理的持仓收益和盈余预测的准确性。

本文研究的是特定社会关系对于投资者投资决策的影响。在信息层面来看，信息将能够以更低的成本通过社会关系来进行传递。因此，本文研究的主要问题是社会关系对于信息传递效率的影响。在文中，我们通过校友关系来研究信息传递的效率，使用校友关系的优势有两个方面：第一，相对籍贯，基金经理和签字审计师的教育背景披露相对全面，数据可获得性好；第二，校友关系所存在的内生性相对较少，出现反向因果的可能性更低。因此，本文采用校友关系作为社会关系的衡量来检验其对信息传递的影响。基金经理的投资决策是一种很好的检验，因为基金经理与上市公司签字审计师之间天然地存在信息不对称，上市公司签字审计师由于其职业特征拥有对上市公司更多的非公开信息，而基金经理因业绩压力、职业发展等因素对这些信息有较强的获取动机，因此，利用基金经理与上市公司签字审计师之间的校友关系检验其对基金经理投资决策的影响是研究社会关系对信息传递效率影响的良好方法。

本文认为上市公司签字审计师持有的非公

开信息可以通过三种机制传递给基金经理。第一，签字审计师直接将信息传递给基金经理。以往的文献已经证明了信息能够通过校友关系进行更高效率的传递（Cohen，2008；Ishii and Xuan，2014）。"罗永斌内幕交易案"中，相关内幕信息也是在一次校友间的饭局中偶然透露的，这也说明校友关系能够促进信息的直接传递。在基金经理与签字审计师的特定情境下，这种途径可能违背了注册审计师相关规定和道德准则，但由于中国市场法制建设还相对不完善，相关信息传递难以监管，因此仍然可能存在这种直接的信息沟通行为。此外，签字审计师可能传递的部分不触犯规定私有信息，也有可能有助于基金经理的投资决策，例如仅仅是告知最近工作的难易程度，基金经理也可以通过分析提取到有助于其投资决策的信息。第二，与签字审计师之间的校友关系能够降低基金经理进行信息收集的成本，因此人们往往通过社会关系来获取更方便的信息收集渠道，例如通过签字审计师与公司内部其他人员建立联系，又或是与公司的其他相关方（如客户）取得联系，从而使得基金经理能以更低的成本进行信息采集。第三，拥有社会关系的个体往往持有类似的信念，因此他们能够更容易达成一致，与上市公司签字审计师存在校友关系的基金经理对于该公司的定期报告中与审计相关的内容更容易理解，并且更容易认可此次审计的结果与质量。

之前的文献研究了基金经理与上市公司内部人员的社会关系（Cohen，2008），与之不同的是，本文关注的是基金经理与上市公司定期报告的签字审计师之间的社会关系。与关注上市公司高管或董事会成员的研究不同的是，审计师在公司战略或发展进程方面的私有信息相对较少，但由于工作需求和职业专长，审计师对于公司的财务状态、盈余质量、定期报告信息含量等拥有更多的私有信息。同时，由于签字审计师的行业经验，一般审计师在获得签字权之前已经参加众多上市公司的审计项目，他们能够更高效、准确地获得并比较所审计公司的财务状况和盈余质量等财务特征，因此相比于公司内部人员，其对于财务信息的理解对于关联基金经理拥有增量价值。此外，部分签字审计师会同时对多家上市公司进行审计，因此相对于公司高管的关联，基金经理与之的社会关系能够使其以更低的成本获得更多公司的相关信息。

本文关注基金经理的投资决策来检验其与上市公司签字审计师之间的社会关系对信息传递的影响。投资者会对自己更加熟悉的上市公司持有更高的比重，因此提出假设 1。

H1：当基金经理与上市公司签字审计师之间存在校友关系时，基金经理将持有更多该公司的股票。

基于上文的分析，签字审计师由于其工作特性和经验，能够获得更多的对于上市公司的审计意见和财务指标等信息，且其工作经验能使其对该信息拥有更好的理解。而基金经理通过与审计师的校友关系，使两者更容易互相信任，进而对于该信息拥有更高的认可度，因此提出假设 2。

H2：当基金经理与上市公司签字审计师之间存在校友关系时，基金经理将更关注其审计意见和财务指标。

与公司高管不同的是，上市公司签字审计师通常更了解公司的财务信息，且由于其工作性质特殊，其更能充分获取并了解上市公司定期报告中的财务信息，因此，基金经理也能通过与签字审计师的校友关系以更低的成本提前获取上市公司的财务信息或审计意见信息。此外，上市公司签字审计师由于其工作原因能够在定期报告发布前提前了解到公司的运营状态和财务信息，如果信息能够通过该社会关系传递给基金经理，那么关联基金经理的持仓能够在一定程度上预测上市公司定期报告中的财务信息。因此，我们提出假设 3。

H3：拥有更多关联基金持仓的上市公司定期报告的财务信息更好。

基金经理有充足的动机从签字审计师处获得更多的私有信息，然而签字审计师在这种信息交流中的动机似乎是不明确的。在社会关系主导的价值交换过程中，互利的过程往往是隐性的，双方并不会产生契约性质的明确约定，而是"自然默契地"进行着互利行为。在以往的研究中已经证明，基金的持有能显著影响公司的行为（齐结斌、安同良，2014；李争光等，2015），基金经理与持股较多的上市公司管理层天然地存在着较多沟通机会，与基金经理具有校友关系的签字审计师也能通过这种渠道增加与管理层的联系，从而在审计过程中更多地获益，通常表现为获取更多的审计费用。因此，基金经理能通过该渠道促进由关联审计师审计的公司支付更多的审计费用。

H4：拥有更多关联基金持仓的上市公司所支付的审计费用更高。

2 研究设计

2.1 检验一：基金经理与签字审计师校友关系对基金经理持仓行为的影响

本文研究基金经理与上市公司签字审计师之间的校友关系能否影响基金经理的持仓行为，采用以下的回归模型来检验：

$$Holdings_{i,j,t} = \alpha + \beta_1 Link_{i,j,t} + \beta_2 style_{i,j,t} +$$
$$\beta_3 ME_{j,t} + \beta_4 BM_{j,t} + \beta_5 R12_{j,t} +$$
$$Year\_Dummy + Industry\_$$
$$Dummy + \varepsilon \qquad (1)$$

其中，$Holdings_{i,j,t}$ 表示基金 i 在 t 半年度持有上市公司 j 的股票占基金 i 净值的比例，（单位为基点，即 0.01%）用以计量基金的持仓行为。（Cohen，2008）。根据之前的中国基金持仓行为研究和相关法规（Gu et al.，2013），中国政策要求基金每季度披露一次持仓行为，其中第一季度和第三季度报告中仅需要披露其期末持仓的前十大股票及其每只股票的持仓比例，而中期报告和年度报告中则需要披露全部持仓细节，包括期末所持仓的所有股票及每只股票的持仓比例。因此，我们采用半年度数据来进行检验。

$Link_{i,j,t}$ 为表示基金 i 的基金经理与上市公司 j 在 t 季度报告的签字审计师之间校友关系的哑变量，当基金经理与签字审计师存在校友关系时为 1，否则为 0（Cohen，2008）。中国的政策要求基金经理的变更需要发布公告，因此我们可以获得基金经理的任职情况，而对于审计师，我们参考 Guan 等（2016）使用公司审计报告的签字审计师来计量。根据杜兴强（2014）的文章中整理的，中国上市公司的中期报告按

公司自愿进行审计，只有以下情况需要强制进行审计：①拟在下半年办理配股、公募增发或可转换公司债券申报等再融资事宜的公司；②T类上市公司；③拟在下半年进行利润分配的公司；④以公积金转增股本或者弥补亏损的公司。仅有 9% 左右的上市公司中期报告接受了审计，若该公司没有接受审计，则认为该公司没有任何信息通过签字审计师传递给基金经理。由于中国的审计报告可以由一到两名审计师来签字，在基金的中期报告或年度报告期间也可能存在多位基金经理任职的情况，若任一基金经理与任一审计师存在校友关系该变量为 1。根据之前校友关系的文献（Huwang and Kim，2009；Cohen，2008，2010；Hochberg et al.，2007；Schmidt，2015；Guan et al.，2016），我们仅要求基金经理与签字审计师曾在同一所高等院校学习，不要求其同时在校学习。

控制变量参考 Cohen（2008）中的变量设计，$Exe\_Link_{i,j,t}$ 为基金经理 i 与公司 j 高层（董事长、CEO、CFO）之间的校友关系，存在校友关系则为 1，否则为 0。$style_{i,j,t}$ 为基金 i 对于公司 j 所在类型的股票总的投资比例。按照 DGTW（1997）的方法将股票分为 125 组，即按照上期的市值将所有股票均分为 5 组，后在每组内按上期账面市值比分为 5 组，后在每组内按照过去 12 个月的股票收益分为 5 组，得到 125 组。$ME_{j,t}$、$BM_{j,t}$、$R12_{j,t}$ 分别是公司市值、账面市值比、过去 12 个月股票收益在所有上市公司中的百分位数。

根据上文的分析，我们预计基金经理会更偏向于投资与其签字审计师具有校友关系的公司，因此 $Link_{i,j,t}$ 的系数应显著为正。其余控制

变量应与之前文献保持一致，$Exe\_link_{i,j,t}$ 系数应显著为正，$style_{i,j,t}$ 系数应显著为正，$ME_{j,t}$ 系

数应显著为负，$BM_{j,t}$ 系数应显著为正，$R12_{j,t}$ 系数应显著为正。变量定义如表 1 所示。

表 1　模型 1 变量定义

变量	含义
$Holdings_{i,j,t}$	基金 i 在 t 半年度持有上市公司 j 的股票占基金 i 净值的比例（单位为基点，即 0.01%）
$Link_{i,j,t}$	基金 i 的基金经理与上市公司 j 在 t 半年度签字审计师之间的校友关系，当基金经理与公司高层存在校友关系时为 1，否则为 0
$Exe\_Link_{i,j,t}$	基金 i 的基金经理与上市公司 j 在 t 半年度任职高层（董事长、CEO、CFO）之间的校友关系，当基金经理与公司高层存在校友关系时为 1，否则为 0
$style_{i,j,t}$	基金 i 对于公司 j 股票所在分类的所有股票总的投资比例［股票分类参照 DGTW（1997）的方法分为 125 类］
$ME_{j,t}$	公司 j 在 t 半年度的市值在所有公司中的百分位数
$BM_{j,t}$	公司 j 在 t 半年度的账面市值比在所有公司中的百分位数
$R12_{j,t}$	公司 j 在 t 半年度的过去 12 个月股票收益在所有公司中的百分位数
$Big4_{j,t}$	公司 j 在 t 半年度的审计事务所为四大审计事务所之一的时候为 1，否则为 0
$AuditFee_{j,t}$	公司 j 在 t 半年度支付的审计费用的自然对数
$Lev_{j,t}$	公司 j 在 t 半年度的综合杠杆率
$ROA_{j,t}$	公司 j 在 t 半年度的总资产增长率
$LHR_{j,t}$	公司 j 在 t 半年度的最大股东持股比例
$IndDir_{j,t}$	公司 j 在 t 半年度的独立董事比例
$FundAsset_{i,t}$	基金 i 在 t 半年度管理资产总额的自然对数
$FundProfit_{i,t}$	基金 i 在 t 半年度的利润率

2.2　检验二：基金经理与签字审计师校友关系的改变对基金经理持仓行为的影响

为了进一步排除潜在的内生性影响，我们采用一个阶段变化模型来进行检验。根据上文的预测，关联基金经理会更多地持仓与之签字审计师存在校友关系的上市公司股票，因此当基金经理更换或签字审计师更换从而导致基金经理—上市公司签字审计师校友关系发生变化时，基金经理会改变其持仓。本文采用以下的模型进行检验：

$$\Delta Holdings_{i,j,t} = \alpha + \beta_1 Link01_{i,j,t} + \beta_2 Link10_{i,j,t} +$$
$$\beta_3 Link11_{i,j,t} + \beta_4 Style_{i,j,t} +$$
$$\beta_5 ME_{j,t} + \beta_6 BE_{j,t} + \beta_7 R12_{j,t} +$$

$$Year\_Dummy + Industry\_$$
$$Dummy + \varepsilon \qquad （2）$$

我们采用基金经理持仓的变化来计量基金经理的持仓行为，其中：

$$\Delta Holdings_{i,j,t} = Holdings_{i,j,t} - Holdings_{i,j,t-1}$$

当上个年度无校友关系而当年度存在校友关系时 $Link01_{i,j,t}$ 为 1，否则为 0；当上个年度存在校友关系且当年度无校友关系时 $Link10_{i,j,t}$ 为 1，否则为 0。

根据上文的分析，我们预计基金经理会更偏向于投资与其签字审计师具有校友关系的公司，因此 $Link01_{i,j,t}$ 的系数应显著为正，$Link10_{i,j,t}$ 的系数应显著为负。变量定义如表 2 所示。

表 2　模型 2 变量定义

变量	含义
$\Delta Holdings_{i,j,t}$	基金 i 在 t 半年度持有上市公司 j 的股票占基金 i 净值的比例与 t−1 半年度的净值比例差值（单位为基点，即 0.01%）
$Link01_{i,j,t}$	基金 i 的基金经理与上市公司 j 在 t 半年度签字审计师之间校友关系的变化，当 t−1 半年度不存在校友关系而 t 半年度存在校友关系时为 1，否则为 0
$Link10_{i,j,t}$	基金 i 的基金经理与上市公司 j 在 t 半年度签字审计师之间校友关系的变化，当 t−1 半年度存在校友关系而 t 半年度不存在校友关系时为 1，否则为 0
$Exe\_Link_{i,j,t}$	基金 i 的基金经理与上市公司 j 在 t 半年度任职高层（董事长、CEO、CFO）之间的校友关系，当基金经理与公司高层存在校友关系时为 1，否则为 0
$style_{i,j,t}$	基金 i 对于公司 j 股票所在分类的所有股票总的投资比例［（股票分类参照 DGTW（1997）的方法分为 125 类］
$ME_{j,t}$	公司 j 在 t 季度的市值在所有公司中的百分位数
$BM_{j,t}$	公司 j 在 t 季度的账面市值比在所有公司中的百分位数
$R12_{j,t}$	公司 j 在 t 季度的过去 12 个月股票收益在所有公司中的百分位数
$Big4_{j,t}$	公司 j 在 t 半年度的审计事务所为四大审计事务所之一的时候为 1，否则为 0
$AuditFee_{j,t}$	公司 j 在 t 半年度支付的审计费用的自然对数
$Lev_{j,t}$	公司 j 在 t 半年度的综合杠杆率
$ROA_{j,t}$	公司 j 在 t 半年度的总资产增长率
$LHR_{j,t}$	公司 j 在 t 半年度的最大股东持股比例
$IndDir_{j,t}$	公司 j 在 t 半年度的独立董事比例
$FundAsser_{i,t}$	基金 i 在 t 半年度管理资产总额的自然对数
$Fundprofit_{i,t}$	基金 i 在 t 半年度的利润率

2.3　检验三：基金经理是否对于公司的财务数据或者审计结果更敏感

为了验证假设 2，我们设计了如下模型：

$$\Delta Holdings_{i,j,t} = \alpha + \beta_1 Link_{i,j,t} + \beta_2 UE_{j,t} + \beta_3 Link_{i,j,t} \times UE_{j,t} + \beta_4 style_{i,j,t} + \beta_5 ME_{j,t} + \beta_6 BM_{j,t} + \beta_7 R12_{j,t} + Year\_Dummy + Industry\_Dummy + \varepsilon$$

（3）

其中，我们使用未预期盈余 UE 来代表公司的财务数据，这是由于基金经理和金融分析师往往更加关注上市公司的盈余信息（EPS），

并据此进行投资决策。

$$UE_{j,t} = \frac{Earnings_{j,t} - Earnings_{j,t-1}}{|Earnings_{j,t-1}|}$$

所有基金经理均会根据上市公司定期报告中的盈余信息调整自己的投资组合，我们预计 $UE_{j,t}$ 系数为正。由于关联基金经理对于关联上市公司的财务信息更容易达成信任，因此存在 $Link_{i,j,t}$ 的基金经理对上市公司定期报告的 $UE_{j,t}$ 反应更大，我们预计 $Link_{i,j,t}$ 与 $UE_{j,t}$ 的交乘项正显著。变量定义如表 3 所示。

表 3　模型 3 变量定义

变量	含义
$\Delta Holdings_{i,j,t}$	基金 i 在 t 半年度持有上市公司 j 的股票占基金 i 净值的比例与 t−1 半年度的净值比例差值（单位为基点，即 0.01%）

变量	含义
$Link_{i,j,t}$	基金 i 的基金经理与上市公司 j 在 t 半年度签字审计师之间的校友关系, 当基金经理与公司高层存在校友关系时为 1, 否则为 0
$UE_{j,t}$	上司公司 j 在 t 半年度的非预期盈余, 为 t 半年度的会计盈余较上个半年度会计盈余的增长 (或下降) 比例
$Exe\_ Link_{i,j,t}$	基金 i 的基金经理与上市公司 j 在 t 半年度任职高层 (董事长、CEO、CFO) 之间的校友关系, 当基金经理与公司高层存在校友关系时为 1, 否则为 0
$style_{i,j,t}$	基金 i 对于公司 j 股票所在分类的所有股票总的投资比例 [股票分类参照 DGTW (1997) 的方法分为 125 类]
$ME_{j,t}$	公司 j 在 t 季度的市值在所有公司中的百分位数
$BM_{j,t}$	公司 j 在 t 季度的账面市值比在所有公司中的百分位数
$R12_{j,t}$	公司 j 在 t 季度的过去 12 个月股票收益在所有公司中的百分位数
$Big4_{j,t}$	公司 j 在 t 半年度的审计事务所为四大审计事务所之一的时候为 1, 否则为 0
$AuditFee_{j,t}$	公司 j 在 t 半年度支付的审计费用的自然对数
$Lev_{j,t}$	公司 j 在 t 半年度的综合杠杆率
$ROA_{j,t}$	公司 j 在 t 半年度的总资产增长率
$LHR_{j,t}$	公司 j 在 t 半年度的最大股东持股比例
$IndDir_{j,t}$	公司 j 在 t 半年度的独立董事比例
$FundAsset_{i,t}$	基金 i 在 t 半年度管理资产总额的自然对数
$FundProfit_{i,t}$	基金 i 在 t 半年度的利润率

2.4 检验四与检验五: 关联基金经理是否能预测关联上市公司的财务信息, 关联基金经理持股能否影响审计费用

基于上文的分析, 由于上市公司签字审计师可能在定期报告发布前提前了解到报告中盈余相关的信息, 因此基金经理也能够通过社会关系的渠道以更低的成本提前了解到相关信息。此外, 关联基金经理的更多持仓也有可能影响公司支付的审计费用。因此, 我们采用上市公司的年度数据进行检验, 通过以下的模型来检验假设 3 和假设 4:

$$Performance_{j,t} = \alpha + \beta_0 CIO_{j,t} + \beta_1 IO_{j,t} + \beta_2 ME_{j,t} + \beta_3 BM_{j,t} + \beta_4 R12_{j,t} + Year\_ Dummy + Industry\_ Dummy + \varepsilon \quad (4)$$

其中, $CIO_{j,t}$ 是上市公司 i 所有关联基金经理的持仓总额所占比例, $Performance_{j,t}$ 为公司财务信息, $IO_{j,t}$ 为上市公司机构投资者持仓比例, $ME_{j,t}$ 为市值的自然对数, $BM_{j,t}$ 为账面市值比, $R12_{j,t}$ 为过去 12 个月股票收益。我们还采用了非预期盈余 UE、基于分析师的非预期盈余 $UE\_ ByForecast$ (上市公司定期报告中披露的盈余与该期间所有分析师最后一次盈利预计均值的差异比例)、净资产收益度 (ROE)、审计意见 (当该定期报告为标准无保留意见时为 0, 否则为 1) 以及审计费用 $AuditFee_{j,t}$。

根据前文分析, 当 $Performance_{j,t}$ 为公司财务指标 (UE、ROE 变化等)、定期报告审计意见或是审计费用时, $CIO_{j,t}$ 的系数应显著为正, $IO_{j,t}$ 的系数应显著为正, $ME_{j,t}$ 的系数应显著为负, $BM_{j,t}$ 的系数应显著为负, $R12_{j,t}$ 系数应显著为正。变量定义如表 4 所示。

表 4　模型 4 变量定义

变量	含义
$UE_{j,t}$	上司公司 j 在 t 半年度的非预期盈余，为 t 半年度的会计盈余较上个半年度会计盈余的增长（或下降）比例
$UE\_ByForecast_{j,t}$	上司公司 j 在 t 半年度的非预期盈余，为 t 半年度的会计盈余较之前一个半年度所有分析师盈余预计均值的差异比例
$ROE_{j,t}$	上司公司 j 在 t 半年度的 ROE 变化，为 t 半年度的 ROE 较之前一个半年度的 ROE 变化
$AO_{j,t}$	上市公司 j 在 t 半年度的定期报告审计意见，当审计意见为标准无保留意见时则为 1，否则为 0
$AuditFee_{j,t}$	上市公司 j 在 t 年度审计费用的自然对数
$CIO_{j,t}$	上市公司 j 在 t 年度时，关联基金（基金经理与上市公司签字审计师存在校友关系的基金）持有的市值占公司总市值的比例
$IO_{j,t}$	上市公司 j 在 t 年度时，所有基金持有的市值占公司总市值的比例
$ME_{j,t}$	公司 j 在 t 季度的市值在所有公司中的百分位数
$BM_{j,t}$	公司 j 在 t 季度的账面市值比在所有公司中的百分位数
$R12_{j,t}$	公司 j 在 t 季度的过去 12 个月股票收益在所有公司中的百分位数

3　描述性统计

本文采用 2005~2016 年中国基金与上市公司的年度或半年度数据。上市公司为全部上市公司，基金包括去除了指数基金的股票型基金和混合型基金，样本的投资风格包括了增值型、收益型、分红型、稳健型、成长型、价值型、积极成长型、中小企业成长型、混合收益型、稳健成长型等。之后我们又参考 Cohen（2008）提取了投资风格为增值型、成长型、积极成长型、稳健成长型的样本重新进行了检验。

数据来源于 CSMAR 数据库和 CNRDS 数据库。其中，基金经理的任职信息、签字审计师数据、公司高层的任职数据均来自 CSMAR 数据库，基金经理、签字审计师、公司高层的毕业学校数据来自 CNRDS 数据库，基金的持仓数据、公司的市场和财务数据均来自 CSMAR 数据库。

在处理基金经理、签字审计师和公司高层的学校数据时，我们使用教育部 2017 年发布的高等学校编码对所有学校名进行更替，进行过合并的学校均记入最后合并完全后的高校中。对于在高校编码表格中不存在的学校或者难以确认的高校我们直接使用登记的学校名进行匹配，其余学校采用编码进行匹配。

表 5 中是描述性统计的结果。从表中结果可以看出，我国主动型基金数量随年份上涨，从 2005 年的 114 只上涨到 2016 年的 1821 只，管理资金规模也从 2005 年到 2016 年上涨了 11 倍。我国基金发展迅速，对资本市场和经济发展起到了越来越大的作用，因此研究主动型基金的基金经理投资决策的影响因素十分重要。此外，我国上市公司数量也逐步上升，而基金经理的所有持仓中，与公司签字审计师存在校友关系的关联持仓每年均在 3% 左右，且有上升趋势。最后一个分栏展示了与基金经理存在关联的签字审计师发表的审计意见占比，据此可

以看出，关联审计师发表的标准审计意见比例 几乎均比无关联的标准审计意见比例高。

表5　描述性统计

年份	基金数（只）	基金经理人数（人）	基金管理资产（万亿元）	签字审计师人数（人）	上市公司数（家）	基金经理—审计师校友关系数	无关联持仓数（笔）	关联持仓数（笔）	关联持仓资金占比（%）	无关联审计师审计报告数（份）	关联审计师审计报告数（份）	无关联审计非标意见占比（%）	关联审计非标意见占比（%）
2005	114	250	0.194	1413	1253	3063	4819	147	2.54	1187	66	6.40	0
2006	167	357	0.527	1638	1366	4568	6073	198	2.67	1272	94	4.32	1.06
2007	240	495	2.79	1781	1458	6763	10803	421	4.07	1312	146	1.83	0
2008	293	551	1.23	1804	1530	8696	13033	465	2.74	1381	149	2.24	0
2009	358	636	1.91	2004	1599	10090	17581	459	4.14	1436	163	2.51	0
2010	425	765	1.78	2429	2081	14214	18745	418	2.84	1877	204	1.65	0
2011	517	855	1.38	2781	2244	18997	20902	481	3.06	2043	201	1.27	0
2012	604	976	1.40	2729	2468	27044	25885	567	3.16	2275	193	0.75	0.52
2013	692	1162	1.40	2794	2514	43111	26444	688	3.20	2287	227	1.22	0.44
2014	829	1495	1.41	2961	2630	60183	30513	889	4.87	2338	292	1.03	1.03
2015	1291	2583	2.52	3224	2823	88241	38224	976	3.89	2453	370	0.77	0.27
2016	1821	3349	2.32	3488	3117	115435	51609	1271	4.24	2696	421	1.11	0.24

表6中展示了基金经理—审计师校友关联的主要学校，与Guan等（2016）结果基本类似，匹配数较多的均为国内知名高校。此外，基金经理—审计师的关联以及基金经理—高管关联的匹配学校中均出现了4个财经类大学，这是因为绝大部分的签字审计师均毕业于财经类大学。由此可以看出，基金经理—审计师的配对结果也相对集中，排第一位的上海财经大学占所有配对数的19.52%，而前十大学校总和占了所有配对的74.71%。

表6　基金经理—签字审计师匹配前十大学校及配对占比　　　　单位:%

学校名称	配对占比（总数662436）
上海财经大学	19.52
中国人民大学	14.34
复旦大学	6.82
北京大学	6.72
中南财经政法大学	6.35
厦门大学	6.22
中央财经大学	4.45
西南财经大学	4.24
南开大学	3.20
武汉大学	2.85

4 回归结果

如表7所示，各层的检验均在1%水平上显著为正，因此支持假设1。列（1）为未加入控制变量的结果，列（2）~（4）中分别加入了控制变量、控制变量及基金固定效应控制、控制变量及公司固定效应控制，列（5）控制了半年度、公司、基金固定效应，列（6）控制了半年和基金经理就读高校固定效应，在这些检验中 Link 系数均在1%水平上显著，因此该结果相对稳健。而控制变量的显著性和方向均与之前文献不存在矛盾。

表7 基金经理与签字审计师之间的校友关系是否会影响基金经理的持股比例检验结果

变量	holdings （1）	holdings （2）	holdings （3）	holdings （4）	holdings （5）	holdings （6）
Link	0.891*** （14.67）	0.203*** （2.67）	0.215*** （2.80）	0.243*** （3.20）	0.254*** （3.34）	0.216*** （2.81）
Exe_Link		0.929*** （13.02）	0.942*** （13.15）	0.203*** （2.76）	0.206*** （2.79）	0.946*** （13.20）
Style		0.990*** （243.66）	0.985*** （235.75）	0.941*** （236.54）	0.934*** （227.60）	0.990*** （242.98）
ME		1.368*** （45.05）	1.397*** （45.17）	-0.409*** （-8.22）	-0.377*** （-7.53）	1.370*** （45.03）
BM		-2.752*** （-100.00）	-2.755*** （-100.16）	-3.856*** （-63.75）	-3.877*** （-64.12）	-2.752*** （-100.00）
R12		2.643*** （113.99）	2.646*** （114.17）	2.506*** （94.87）	2.514*** （95.20）	2.643*** （114.00）
Big4		1.210*** （29.96）	1.211*** （29.99）	-1.371*** （-12.02）	-1.375*** （-12.05）	1.210*** （29.95）
AuditFee		1.088*** （61.03）	1.090*** （61.16）	0.453*** （13.99）	0.456*** （14.09）	1.088*** （61.03）
Lev		-0.000 （-0.01）	-0.000 （-0.01）	-0.000 （-1.25）	-0.000 （-1.25）	-0.000 （-0.01）
ROA		0.052*** （21.91）	0.052*** （21.91）	-0.015*** （-5.46）	-0.015*** （-5.46）	0.052*** （21.91）
LHR		-0.054*** （-112.12）	-0.054*** （-112.09）	-0.051*** （-41.88）	-0.051*** （-41.94）	-0.054*** （-112.12）
IndDir		0.670*** （5.56）	0.670*** （5.57）	-0.183 （-0.83）	-0.177 （-0.80）	0.670*** （5.56）
FundAsset		0.016*** （3.85）	0.017* （1.68）	0.020*** （4.94）	0.014 （1.40）	0.016*** （3.67）

续表

变量	holdings（1）	holdings（2）	holdings（3）	holdings（4）	holdings（5）	holdings（6）
FundProfit		0.043 ** (2.48)	0.034 (1.42)	0.040 ** (2.34)	0.036 (1.49)	0.049 *** (2.82)
Constant	4.820 *** (51.78)	-12.522 *** (-50.65)	-12.714 *** (-36.42)	15.155 *** (12.27)	15.166 *** (12.04)	-12.513 *** (-50.41)
Dummy	Half-Year	Half-Year	Half-Year&Fund	Half-Year&Firm	Half-Year&Fund&Firm	Half-Year&School
Cluster	Firm	Firm	Firm	Firm	Firm	Firm
Observations	34174469	22448307	22448307	22448307	22448307	22448307
Adjusted R^2	0.001	0.036	0.036	0.057	0.057	0.036
F	1151.804	4584.948	163.164	81.138	59.636	1009.875

注：括号内为 t 值，* 表示 p<0.10，** 表示 p<0.05，*** 表示 p<0.01。

表 8 中展示了基金经理与签字审计师之间校友关系的变化是否会影响基金经理持仓比例改变的结果。为了进一步排除内生性问题的影响，防止内生的因素同时影响基金经理—审计师配对、基金经理持仓行为，我们采用了基金经理与签字审计师校友关联的变化来进行检验排除内生性。从表中可以看出，当基金经理—审计师关联从有转向无后，基金经理的持仓比例显著下降，在 6 列中，该结果均在 1% 水平上负显著。而当基金经理—审计师关联从无到有后，基金经理对该公司的持仓比例也显著增加，也均在 1% 水平上显著，除列（1）之外，其他均比 $Link10_{i,j,t}$ 结果要低，这是因为签字审计师对于公司信息的获取需要一定的时间。

表 8 基金经理与签字审计师校友关系的改变是否会影响基金持仓检验结果

变量	ΔHoldings（1）	ΔHoldings（2）	ΔHoldings（3）	ΔHoldings（4）	ΔHoldings（5）	ΔHoldings（6）
*Link*01	0.218 *** (3.11)	0.314 *** (3.66)	0.304 *** (3.51)	0.279 *** (3.23)	0.266 *** (3.06)	0.303 *** (3.50)
*Link*10	-0.335 *** (-4.44)	-0.239 *** (-2.66)	-0.230 ** (-2.54)	-0.258 *** (-2.86)	-0.251 *** (-2.76)	-0.243 *** (-2.68)
Exe_ Link		-0.040 (-0.47)	-0.033 (-0.39)	-0.039 (-0.43)	-0.031 (-0.35)	-0.035 (-0.41)
Style		0.310 *** (89.05)	0.325 *** (90.92)	0.339 *** (96.89)	0.358 *** (99.01)	0.311 *** (89.18)
ME		-2.256 *** (-63.78)	-2.360 *** (-65.67)	-1.694 *** (-29.49)	-1.773 *** (-30.70)	-2.264 *** (-63.91)
BM		1.198 *** (37.74)	1.215 *** (38.25)	3.659 *** (52.98)	3.714 *** (53.77)	1.200 *** (37.78)

变量	ΔHoldings (1)	ΔHoldings (2)	ΔHoldings (3)	ΔHoldings (4)	ΔHoldings (5)	ΔHoldings (6)
R12		3.155*** (114.09)	3.141*** (113.61)	3.438*** (109.73)	3.418*** (109.12)	3.154*** (114.06)
Big4		−0.276*** (−5.90)	−0.282*** (−6.03)	0.356*** (2.77)	0.365*** (2.83)	−0.276*** (−5.91)
AuditFee		−0.340*** (−16.26)	−0.347*** (−16.64)	−0.413*** (−10.87)	−0.423*** (−11.12)	−0.340*** (−16.29)
Lev		0.000 (0.58)	0.000 (0.57)	0.000 (1.21)	0.000 (1.22)	0.000 (0.58)
ROA		0.002** (2.17)	0.002* (1.88)	0.005* (1.83)	0.005* (1.83)	0.002** (2.15)
LHR		0.002*** (3.83)	0.002*** (3.71)	0.007*** (4.97)	0.007*** (5.09)	0.002*** (3.82)
IndDir		0.051 (0.37)	0.051 (0.36)	0.479* (1.88)	0.465* (1.83)	0.051 (0.36)
FundAsset		−0.042*** (−8.85)	−0.035*** (−2.65)	−0.044*** (−9.35)	−0.033** (−2.48)	−0.043*** (−8.70)
FundProfit		0.072*** (3.39)	0.032 (1.09)	0.075*** (3.49)	0.031 (1.04)	0.064*** (3.01)
Constant	0.175*** (3.02)	3.820*** (13.26)	3.907*** (9.18)	−2.752* (−1.88)	−2.885* (−1.92)	3.853*** (13.33)
Dummy	Half−Year	Half−Year	Half−Year&Fund	Half−Year&Firm	Half−Year&Fund&Firm	Half−Year&School
Cluster	Firm	Firm	Firm	Firm	Firm	Firm
Observations	28489070	20576802	20576802	20576802	20576802	20576802
Adjusted R²	0.000	0.003	0.003	0.004	0.004	0.003
F	49.693	828.541	20.813	12.297	9.092	179.936

注：括号内为 t 值，*表示 p<0.10，**表示 p<0.05，***表示 p<0.01。

基于上文的检验，我们发现基金经理会更多地持有与签字审计师存在校友关系的公司股票，其中通过一个变化模型排除了部分内生性因素。而由于签字审计师在上市公司内的主要工作是为定期报告中的财务数据进行确认，因此与之存在校友关系的基金经理应更加关注该上市公司定期报告中披露的财务信息，即假设2。表9中展示了假设2的检验结果，我们可以看出在6栏中 $UE_{j,t}$ 均在1%水平上显著为正，

说明所有基金经理均会对公司发布的定期报告（中报和年报）中的财务数据做出反应，从而调整自己的持仓组合，而 $Link_{i,j,t}$ 与 $UE_{j,t}$ 的交乘项也均在1%水平上显著，说明关联基金经理相比其他基金经理更关注了关联公司的定期报告中的财务数据，假设2得到支持。该交乘项的系数超过了 UE，因此可以看出，关联基金经理对于关联公司的财务数据关注度高出平均很多。

表 9 基金经理是否对关联公司财务数据更关注检验结果

变量	ΔHoldings （1）	ΔHoldings （2）	ΔHoldings （3）	ΔHoldings （4）	ΔHoldings （5）	ΔHoldings （6）
Link	0.172* （1.76）	0.312** （2.51）	0.303** （2.40）	0.283** （2.14）	0.271** （2.03）	0.304** （2.39）
UE	0.000*** （12.08）	0.000*** （17.47）	0.000*** （17.69）	0.000*** （10.19）	0.000*** （10.21）	0.000*** （17.49）
Link×UE	0.001*** （32.44）	0.001*** （37.69）	0.001*** （36.75）	0.001*** （40.03）	0.001*** （39.26）	0.001*** （36.27）
Exe_Link		−0.031 （−0.32）	−0.024 （−0.25）	−0.033 （−0.43）	−0.026 （−0.33）	−0.026 （−0.27）
Style		0.310*** （21.81）	0.326*** （21.76）	0.340*** （22.05）	0.359*** （21.98）	0.311*** （21.80）
ME		−2.264*** （−17.97）	−2.370*** （−18.11）	−1.724*** （−7.86）	−1.803*** （−8.10）	−2.272*** （−17.99）
BM		1.262*** （12.07）	1.279*** （12.09）	3.781*** （13.55）	3.838*** （13.59）	1.263*** （12.07）
R12		3.222*** （22.97）	3.208*** （22.98）	3.516*** （20.26）	3.495*** （20.25）	3.221*** （22.97）
Big4		−0.288** （−2.19）	−0.294** （−2.21）	0.271 （0.71）	0.279 （0.73）	−0.288** （−2.19）
AuditFee		−0.341*** （−5.41）	−0.349*** （−5.49）	−0.421*** （−3.09）	−0.430*** （−3.14）	−0.342*** （−5.41）
Lev		0.000 （1.15）	0.000 （1.09）	0.000** （2.17）	0.000** （2.25）	0.000 （1.14）
ROA		0.002 （0.20）	0.002 （0.17）	0.005 （0.50）	0.005 （0.49）	0.002 （0.20）
LHR		0.002 （1.30）	0.002 （1.25）	0.006 （0.61）	0.006 （0.62）	0.002 （1.30）
IndDir		0.056 （0.14）	0.056 （0.14）	0.527 （0.56）	0.513 （0.54）	0.056 （0.14）
FundAsset		−0.041*** （−9.34）	−0.035*** （−2.84）	−0.044*** （−9.69）	−0.033*** （−2.65）	−0.042*** （−9.26）
FundProfit		0.072** （2.41）	0.027 （0.71）	0.074** （2.48）	0.026 （0.67）	0.063** （2.14）
Constant	0.008 （0.03）	3.804*** （4.27）	3.926*** （4.39）	−2.644 （−1.30）	−2.744 （−1.32）	3.843*** （4.30）
Dummy	Half-Year	Half-Year	Half-Year&Fund	Half-Year&Firm	Half-Year&Fund&Firm	Half-Year&School
Cluster	Firm	Firm	Firm	Firm	Firm	Firm
Observations	27992426	20338396	20338396	20338396	20338396	20338396

续表

变量	ΔHoldings (1)	ΔHoldings (2)	ΔHoldings (3)	ΔHoldings (4)	ΔHoldings (5)	ΔHoldings (6)
Adjusted R²	0.000	0.003	0.003	0.004	0.004	0.003
F	57.055	85.369	10.612			21.009

注：括号内为 t 值，＊p 表示<0.10，＊＊p 表示<0.05，＊＊＊p 表示<0.01。

表 9 中的结果说明了关联基金经理会更加关注审计师签字的年度报告，这是因为他们之间信息沟通的成本更低，但类似的生活经验也更容易导致双方达成共识，我们无法区分这两种机制如何在其中产生作用。因此，我们补充了关联基金经理对关联公司的预测能力检验，我们将每个上市公司所有关联基金经理的持仓加总起来，计算其占公司所有股份的比例，从而计算出了关联基金经理持仓比例 $CIO_{j,t}$。由于基金定期报告（中报、年报）披露的是每年 6 月或 12 月底基金的持仓，而公司定期报告的发布均在这个时间点之后，因此我们采用同期上市公司财务指标、审计意见作为因变量进行回归，并加入了机构投资者持股比例、公司市值、账面市值比、过去 12 个月股票收益作为控制变量，控制了行业、年度固定效应，同时在公司层面聚类调整了标准差。从表 10 中可以看出，在控制了所有机构投资者持仓比例的前提下，关联基金经理的持仓比例仍与非预期盈余、基于分析师预测的非预期盈余、ROE 改变正相关，

说明关联基金经理更能预测公司的财务指标，而 MAO 相关结果中 CIO 系数的 t 值为 1.53，表 5 的描述性统计中已经可以看出关联公司的非标准报告比例非常小，因此其变化缺乏，t 值略小于 10% 水平上显著的 t 值可以接受。这说明关联基金经理能够通过签字审计师获得更多的财务信息，使之能够更好地预测公司财务信息和定期报告审计意见，而列（2）中基于分析师预测非预期盈余获得了更好的结果，说明相对于分析师，签字审计师提供给关联基金经理的财务信息更为准确，因此关联基金经理对于上市公司财务信息的预测能力优于分析师，假设 3 得到支持。

基金经理有充足的动机从签字审计师处获得更多的私有信息，而签字审计师也能通过这种社会关系在审计过程中更多地获益。表 10 的列（5）显示了相关结果，CIO 的系数为 4.337 并在 1% 水平上显著，说明更多的关联基金经理持股能显著提高公司支付的审计费用，假设 4 得到支持。

表 10　关联持股是否能够预测公司业绩表现、审计意见以及关联持股能否影响审计费用检验结果

变量	UE (1)	UE_byForecast (2)	ΔROE (3)	MAO (4)	AuditFee (5)
CIO	6.790* (1.69)	1.941** (2.19)	0.308** (2.13)	8.176 (1.53)	4.337*** (3.28)

续表

变量	UE （1）	UE_ byForecast （2）	ΔROE （3）	MAO （4）	AuditFee （5）
IO	-1.172** （-2.41）	0.674*** （5.93）	0.038*** （3.03）	-2.643*** （-4.09）	-1.452*** （-8.46）
ME	0.469*** （8.70）	0.167*** （12.58）	0.003** （2.15）	-0.262*** （-5.65）	0.632*** （26.55）
BM	-0.351*** （-4.97）	-0.144*** （-7.33）	-0.002* （-1.75）	0.022 （0.52）	0.312*** （17.90）
R12	0.823*** （8.92）	0.095*** （6.11）	0.031*** （8.50）	0.079** （2.55）	-0.092*** （-9.16）
Constant	-6.764*** （-7.37）	-2.511*** （-11.43）	-0.051** （-2.58）	1.876*** （2.74）	3.781*** （10.95）
Dummy	Industry&Year	Industry&Year	Industry&Year	Industry&Year	Industry&Year
Cluster	Firm	Firm	Firm	Firm	Firm
Observations	17308	15639	17307	17229	19182
Adjusted R^2	0.037	0.085	0.043	—	0.676
Pseudo R^2	—	—	—	0.0778	—

注：括号内为 t 值，＊表示 p<0.10，＊＊p 表示<0.05，＊＊＊p 表示<0.01。

表 10 中结果已经表明基金经理能够通过与上市公司签字审计师的校友关系获得更多的私有信息，因此提高了其对于上市公司财务指标和审计结果的预测能力。而这种预测能力的提高能否使得基金经理在投资过程中获得更高的收益，这是值得研究的。我们参照 Cohen（2008）的做法，假设基金在两个报告期内持仓没有变动，将每个基金的持仓分为与签字审计师关联的持仓和无关联的持仓，并分别计算关联持仓和非关联持仓的持有市值加权收益。之后在所有基金的层面上按照基金持仓总市值加权，计算所有关联持仓的收益和非关联持仓的收益。表 11 中展示了相关结果，例（1）显示了关联持仓收益在四因子模型下的超额收益为 0.007，且在 10% 水平上显著，而例（2）中结果显示无关联持仓的收益在四因子模型下无超额收益（常数项不显著）。例（3）中结果显示了持有关联持仓并做空无关联持仓的对冲方案的收益，其在四因子模型下的超额收益不显著，但其系数为正。

表 11　基金经理与签字审计师校友关系能否提高其投资收益检验结果

变量	关联持仓 （1）	无关联持仓 （2）	关联持仓—无关联持仓 （3）
SMB	0.1386* （16.90）	0.0983** （35.64）	0.0403 （-4.29

续表

变量	关联持仓 （1）	无关联持仓 （2）	关联持仓—无关联持仓 （3）
HML	−0.1052 （1.87）	−0.3779*** （2.33）	0.2727** （0.68）
UMD	0.0957 （−0.79）	0.1231*** （−4.99）	−0.0274 （2.55）
Constant	0.0070* （1.28）	0.0021 （2.88）	0.0049 （−0.46）
Observations	138 （1.78）	138 （0.92）	138 （1.55）
Adjusted R-squared	0.692	0.912	0.152
F	77.97	356.7	7.134

注：括号内为 t 值，* 表示 p<0.10，**p 表示<0.05，***p 表示<0.01。

前文中的结果已经说明了关联基金经理对于公司的盈余有一定的预测能力，为了进一步厘清基金经理与签字审计师校友关系如何帮助基金经理进行投资判断，我们补充了基金经理的关联持仓在盈余公告前后的收益表现检验。与表 11 的做法类似，我们假设基金在两个报告期内持仓没有变化，将所有持仓分为关联持仓和非关联持仓，之后将所有股票盈余公告前 3 个交易日到后 1 个交易日的累计收益进行持有市值加权，再在所有基金层面上基于基金持仓总市值加权。在此基础上，我们仅保留了正向盈余消息（即当期盈余超过去年同期水平）的

股票和负向盈余消息（即当地盈余不及上年同期水平）的股票分别进行如上检验。表 12 显示了相关结果，从列（3）可以看出，关联持仓与非关联持仓在盈余消息前后的超额收益并没有显著的差异，而在发布正向盈余消息时，基金在非关联持仓中获得了更高的超额收益，在负向盈余消息的样本中，基金在关联持仓的样本中获得了更高的超额收益。这是由于审计本质上属于一种独立监督行为，因此对于上市公司的负面消息更为敏感，使得关联基金经理能更好地防范相关风险，从而有助于基金经理的投资决策。

表 12　盈余信息发布前后的关联、非关联持仓收益比较

变量	关联持仓 （1）	非关联持仓 （2）	关联持仓—非关联持仓 （3）
盈余信息发布前后	0.0024* （1.71）	0.0020 （1.57）	0.0004 （0.37）
正向盈余消息	0.0087*** （6.27）	0.0126*** （8.74）	−0.0039*** （−3.39）

续表

变量	关联持仓 （1）	非关联持仓 （2）	关联持仓—非关联持仓 （3）
负向盈余消息	-0.0063 *** （-5.97）	-0.0106 *** （-8.74）	0.0043 *** （4.12）

注：括号内为 t 值，∗表示 p<0.10，∗∗p 表示<0.05，∗∗∗p 表示<0.01。

5 结论

在资本市场中，社会关系作为信息传递的中介能显著减少信息在不同经济主体之间的不对称性。过去的文献研究了董事会成员与公司高管、公司高管与银行工作人员、基金经理与公司高管、股票分析师与基金经理等经济主体之间的社会关系对于其间信息传递效率的影响，并普遍得到了积极结果。然而，社会关系也会导致经济主体的独立性降低，因此可能干扰到公开信息披露的质量。在此双重影响下，社会关系导致了关系内群体和关系外群体之间信息的不平衡，因此得到了学术界的广泛关注。而之前的研究忽略了基金经理和上市公司签字审计师之间社会关系的影响，基金经理作为资本市场中重要的机构投资者即基金的主要管理者，对于资本市场有较大影响，而签字审计师作为上市公司定期报告的重要监督者，对于上市公司的信息披露也起到关键确认作用。由于工作性质特殊，签字审计师不可避免地掌握着上市公司的部分私有信息，这部分信息以财务相关信息为主，可能通过基金经理与签字审计师的社会关系进行传递，以帮助基金经理制定投资决策。

本文使用了基金经理与上市公司签字审计师校友关联数据，研究了社会关系如何影响基金经理的投资决策和预测能力。从描述性统计上来看，基金经理与上市公司签字审计师之间的校友关系普遍存在。与之前研究不同的是，我们不仅发现基金经理会因为与上市公司签字审计师的校友关系而更多地持有公司的股票，而且基金经理会更加关注其定期报告中的财务数据。此外，关联基金经理对关联公司的财务指标有更强的预测能力。本文检验结果说明基金经理与上市公司签字审计师之间的社会关系有利于基金经理获得上市公司相关财务信息，并使其对于公开披露的财务信息更加信任，且其能通过该关系在上市公司定期报告前获得相关的信息，使得关联基金经理对于上市公司的财务信息和审计意见具有一定的预测能力，能够提前调整其投资组合。

本文在实践上可能存在的贡献如下。第一，对于基金经理信息获取的监管具有指导意义，提供了基金经理通过上市公司签字分析师获取公司财务信息的证据，证明了对于我国资本市场上的机构投资者还需要更加完善的制度来对其信息获取手段进行规范，我国市场有效程度还需进一步加强；第二，本文证明了上市公司定期报告的签字审计师能够通过自身工作获得上市公司相关财务信息，并传递给关联基金经理，我国注册会计师职业行为尚需进一步规范，以防止机构投资者以不当手段获取私有信息，切实保护个体投资者利益。

参考文献

［1］Allen F . Qian J . , Qian M . Law, Finance, and Economic Growth in China ［J］. Journal of Financial Economics, 2005, 77（1）：57-116.

［2］Bruynseels L. , Cardinaels . E. The Audit Committee：Management Watchdog or Personal Friend of the CEO ［J］. The Accounting Review, 2014, 89（1）：113-145.

［3］Cao Y. , Dhaliwal D. , Li Z. et al. Are All Independent Directors Equally Informed？Evidence Based on Their Trading Returns and Social Networks ［J］. Management Science, 2015, 61（4）：795-813.

［4］Carcello J. V. , Li. C. Costs and Benefits of Requiring an Engagement Partner Signature：Recent Experience in the United Kingdom ［J］. Social Science Electronic Publishing, 2013, 88（5）：1511-1546.

［5］Chen Y . , Huang J. , Li T. , et al. It's a Small World：The Importance of Social Connections with Auditors to Mutual Fund Managers' Portfolio Decisions ［J］. Journal of Accounting Research, 2021, Forthcoming.

［6］Cohen L. , Frazzini A. , Malloy C. The Small World of Investing：Board Connections and Mutual Fund Returns ［J］. Journal of Political Economy, 2008, 116（5）：951-979.

［7］Cohen L. , Frazzini A. , Malloy C. Sell Side School Ties ［J］. Journal of Finance, 2010, 65（4）：1409-1437.

［8］Daniel K. , Grinblatt M. , Titman S. , & Wermers R. Measuring Mutual Fund Performance with Characteristic-Based Benchmarks ［J］. The Journal of Finance, 1997, 52（3）：1035-1058.

［9］Hegde D. , Tumlinson J. Does Social Proximity Enhance Business Partnerships？Theory and Evidence from Ethnicity's Role in U. S. Venture Capital ［J］. Management Science, 2014, 60（9：）2355-2380.

［10］Defond M. , Wong T. , Li S. The Impact of Improved Auditor Independence on Audit Market Concentration in China ［J］. Journal of Accounting snd Economics, 1999, 28（3）：269-305.

［11］Engelberg J. , Gao P. , Parsons C. Friends with Money ［J］. Journal of Financial Economics, 2012, 103（1）：169-188.

［12］Engelberg J. , Gao P. , Parsons C. The Price of a CEO's Rolodex ［J］. Review of Financial Studies, 2013, 26（1）：79-114.

［13］Fracassi C. , Tate U. External Networking and Internal Firm Governance ［J］. Journal of Finance, 2012, 67（1）：153-194.

［14］Giroud X. Proximity and Investment：Evidence from Plant-Level Data ［J］. Quarterly Journal of Economics, 2013, 128（2）：861-915.

［15］Gompers P. , Mukharlyamov V. , Xuan Y. The Cost of Friendship ［J］, Journal of Financial Economics, 2016, 119（3）：626-644.

［16］Goodwin J. , Wu D. Is the Effect of Industry Expertise on Audit Pricing an Office-level or a Partner-level phenomenon？［J］. Review of Accounting Studies, 2014, 19（4）：1532-1578.

［17］Gu Z. , Li Z. , Yang Y. G. Monitors or Predators：The Influence of Institutional Investors on Sell-side Analysts ［J］. Social Science Electronic Publishing, 2013, 88（1）：137-169.

［18］Gu Z. , Li G. , Li Z. , et al . Yang. Friends in Need are Friends Iindeed：An Analysis of Social Ties between Financial Analysts and Mutual Fund Managers ［J］.

The Accounting Review, 2019, 94（1）：153-181.

［19］Guan Y., Su L., Wu D. et al. Do School Ties between Auditors and Client Executives Influence Audit Outcomes［J］. Journal of Accounting and Economics, 2016, 61（2-3）：506-525.

［20］Gul F. A., Wu D., Yang Z. Do Individual Auditors Affect Audit Quality? Evidence from Archival Data［J］. Accounting Review, 2013, 88（6）：1993-2023.

［21］Heninger W. G. The Association Between Auditor Litigation and Abnormal Accruals［J］. Accounting Review, 2001, 76（1）：111-126.

［22］Hochberg Y. V., Ljungqvist A., Lu Y. Whom You Know Matters：Venture Capital Networks and Investment Performance［J］. Journal of Finance, 2007, 62（1）：251-301.

［23］Hwang B., Kim S. It Pays to Have Friends［J］. Journal of Financial Economics, 2009, 93（1）：138-158.

［24］Ishii J., Xuan Y. Acquirer-Target Social Ties and Merger Outcomes［J］. Journal of Financial Economics, 2014, 112（3）：344-363.

［25］Coval J. D., Moskowitz T. J. Home Bias at Home：Local Equity Preference in Domestic Portfolios［J］. Journal of Finance, 1999, 54（6）：2045-2073.

［26］Joshua D. Coval, Tobias J. Moskowitz. The Geography of Investment：Informed Trading and Asset Prices［J］. Journal of Political Economy, 2001, 109（4）：811-841.

［27］Khanna V., Kim E. H., & LU Y. CEO Connectedness and Corporate Fraud［J］. The Journal of Finance, 2015, 70（3）：1203-1252.

［28］Kothari S. P., Shu S., Wysocki P. D. Do Managers Withhold Bad News?［J］. Journal of Accounting Research, 2009, 47（1）：241-276.

［29］Loughran T., Schultz P. Weather, Stock Returns, and the Impact of Localized Trading Behavior［J］. Journal of Financial and Quantitative Analysis, 2004, 39（2）：343-364.

［30］Marsden P. V. Core Discussion Networks of Americans.［J］. American Sociological Review, 1987, 52（1）：122-131.

［31］Mcpherson M., Smith-Lovin L., Cook J. M. Birds of a Feather：Homophily in Social Networks［J］. Annual Review of Sociology, 2001, 27（1）：415-444.

［32］Nguyen B D, Nielsen K M. The Value of Independent Directors：Evidence from Sudden Deaths［J］. Journal of Financial Economics, 2010, 98（3）：550-567.

［33］Wang Q., Wong T. J., Xia L. State Ownership, the Institutional Environment, and Auditor Choice：Evidence from China［J］. Journal of Accounting & Economics, 2008, 46（1）：112-134.

［34］Schmidt B. Costs and benefits of friendly boards during mergers and acquisitions［J］. Journal of Financial Economics, 2015, 117（2）：424-447.

［35］杜兴强. 自愿审计、公司治理与代理成本［J］. 江西财经大学学报, 2014（3）：29-48.

［36］李争光, 赵西卜, 曹丰, 等. 机构投资者异质性与会计稳健性——来自中国上市公司的经验证据［J］. 南开管理评论, 2015, 18（3）：111-121.

［37］齐结斌, 安同良. 机构投资者持股与企业研发投入——基于非线性与异质性的考量［J］. 中国经济问题, 2014（3）：27-39.

［38］杨玉龙, 孙淑伟, 孔祥. 媒体报道能否弥合资本市场上的信息鸿沟?——基于社会关系网络视角的实证考察［J］. 管理世界, 2017（7）：99-199.

论文执行编辑：皮建才

论文接收日期：2021 年 7 月 2 日

作者简介：

朱超（1995—），南京大学会计学系，在读博士生，研究方向为财务金融与资本市场。E-mail：zhuchao@smail.nju.edu.cn。

林树，（1978—）通讯作者，管理学博士，南京大学会计学系，教授、博士生导师，研究方向为财务金融与资本市场。E-mail：slin@nju.edu.cn。

Research on the Relationship between Fund Managers and Signing Auditors

Chao Zhu[1]   Shu Lin[2]

(1. Accounting Departmenet, Nanjing University Najing, China)

(2 . Accounting Departmenet, Nanjing University, Najing, China)

Abstract: This paper constructs the alumni relationship network between fund managers and signing auditors, and studies whether the alumni relationship between fund managers and signing auditors of listed firms affects the investment decisions of fund managers. Our results indicates that because information can be transmitted through social networks, which reduces the in formation asymmetry between fund managers and listed firms, fund managers prefer to invest in listed firms that have alumni relationships with the signing auditors manager. Compared with other firms, This paper finds that fund managers keeps more focus on the financial index of listed firms which have alumni relationships with the signing auditors and have relatively better predictive capabilities of audit opinions, unexpected earnings and ROE of the firms which has a linked auditor.

Key Words: Alumni Relationship; Fund manager; Signing Auditor; Investment Decision

JEL Classification: G11, G23, M42

品牌名称字体粗细对品牌权力的影响研究[*]

□ 李　珊　赵一晨　石佳颐　王　虹

摘　要：品牌名称字体粗细作为一项重要的视觉元素，在企业进行品牌形象设计乃至战略定位中发挥着重要作用，而目前理论上关于品牌名称字体粗细的研究并未准确揭示其背后的影响机制，也不能很好地解决业界问题。对此，本文基于概念隐喻理论，通过三项实证研究，考察了品牌名称字体的粗细对品牌权力的影响。研究发现，相较于细体，品牌使用粗体名称能显著提升品牌权力，这一影响借由视觉重量得以实现，且受到消费者个人结构需求水平的调节。具体而言，对于结构需求水平较高的消费者，品牌使用粗体名称能获得更强的品牌权力；对于结构需求水平较低的消费者，品牌使用粗体名称还是细体名称，不会对其品牌权力产生显著影响。本文结论明晰了品牌名称字体粗细对消费者心理感知的影响机制，拓展了品牌视觉效应的研究，为企业提升其品牌权力感知，提升目标消费者品牌评价等提供了理论依据与实际指导。

关键词：品牌名称字体；粗细；视觉重量；品牌权力；个人结构需求

JEL 分类：M31

引　言

品牌名称能在传递品牌价值、构建品牌形象和凸显品牌特征的过程中发挥关键作用（Grohmann et al.，2015；孙瑾、张红霞，2012；魏华等，2018），为此，许多品牌不惜花费巨资于品牌名称的各种元素之上，以期获得最佳的品牌效果。作为一项重要的品牌名称元素，近年来，越来越多的品牌对其名称字体的粗细进行了调整，有的将其名称由粗体变为细体，而有的则将其由细体变为粗体。例如，共享出行品牌

* 基金项目：国家自然科学基金面上项目（72172099）、四川省社科规划重大招标项目（SC21ZDCY006）、四川省社科联哲学社会科学研究基地重点项目（CDNUSXH2021ZD-04）。感谢评审专家和执行编辑对本文提出的宝贵修改建议，以及陈斯文女士、周寿江先生对本文提出的建议和给予的帮助。

Uber 在 2016 年将其名称的字体由细体更换成粗体，杜邦也在 2018 年将其名称的字体由细体更换成粗体。同时，也有品牌将其名称的字体由粗体更换为细体（如旅行箱品牌日默瓦等），甚至有品牌的字体不断地在粗体、细体间进行变化（如万科地产），类似案例很多，不胜枚举。那么，作为品牌名称的一项基本视觉元素，品牌名称字体粗细的变化，是否会对消费者认知产生影响？如果会，这种影响的潜在机制以及作用边界又是什么？

对这一问题，既有研究并未给出明确答复。以往研究发现，品牌名称字体是通过影响消费者的视觉感知从而对消费者心理施以影响的（魏华等，2018；许销冰等，2016；Xu et al.，2017）。对品牌名称的视觉效应，以往研究已从字体的大小写（许销冰等，2016；Xu et al.，2017）、正斜体（魏华等，2018）、完整性（Hagtvedt，2013），乃至粗细等方面，对其进行了研究。具体到品牌名称字体的粗细方面，以往研究已从进化心理学的视角发现其会对消费者的品牌性别感知产生影响（Grohmann et al.，2015；Grohmann，2014）。然而，以往研究多将其与字体类型、形状等置于一起，考察品牌名称字体的各种元素对消费者的共同影响，缺乏将品牌名称的粗细作为核心研究问题单独进行考察，未能清晰揭示品牌名称字体粗细设计背后的作用机制。

此外，现有研究也并未关注品牌名称粗细对品牌权力的影响作用。在实践中，看似不起眼的品牌名称字体粗细的设计与调整，却往往体现了一个品牌整体的战略规划与市场定位，同时改变着消费者对品牌的认知。例如，我国

知名地产品牌万科，其品牌名称进行了由细改粗的变化，预示着万科地产品牌计划在消费者心目中建立一个权威、负责的品牌形象，也预示其未来将在城市配套服务领域探索更多的发展空间，以期实现进一步扩大市场占有率的目标。又如西班牙快时尚巨头 Zara，其 APP 图标在 2020 年又使用了进一步加粗的品牌名称设计，以期改变消费者的品牌认知，也体现出面对业绩下滑的压力 Zara 争夺市场的决心。表面上微小的字体改变，却是品牌更宏大的战略思考。有鉴于此，本文对品牌字体粗细的设计如何影响消费者对品牌的权力认知进行了重点关注与研究。

依据概念隐喻理论，对物体的粗感知代表着该物体可靠、有力和稳妥（Pan et al.，2015），对物体的细感知则代表着该物体柔软、灵活和变通（Pušnik et al.，2016）。Pan（2015）发现，粗细感知代表着一种强势程度。物体越粗，代表着该物体力量越大、越强势，这与品牌层面的"强势程度"——品牌权力（brand power）相契合。品牌权力较强的品牌有较强的危机抵抗能力，容易进入消费者的优先购买考虑集（Na and Marshall，2005）。因此，本文推测，品牌名称字体的粗细同样存在概念隐喻，可能会对品牌层面的"强势"程度——品牌权力产生影响。

本文首先将品牌名称字体的粗细作为自变量，品牌权力作为因变量，探讨品牌名称字体的粗细对品牌权力的直接影响。其次，以往研究发现，当品牌名称用较粗的字体展现时，消费者会感受到该品牌较为"厚重"（Stevens and Grainger，2003），这与品牌层面"强势"的衡

量标准——品牌权力可能存在较强联系。因此，本文引入视觉重量作为中介变量，考察品牌名称字体的粗细影响品牌权力的中介路径。最后，对于依赖隐喻加工信息程度不同的消费者而言，品牌名称字体的粗细对其的影响也可能不尽相同。因此，本文引入个人结构需求这一变量，探索品牌名称字体粗细对品牌权力的作用边界。本文结论可为品牌视觉效应理论提供补充，并可为企业品牌视觉管理提供建议。

1　文献回顾与研究假设

1.1　品牌权力

品牌权力指在消费者心中，该品牌拥有支配所处行业及市场的力量，代表着该品牌在该行业或同品类之中的强势程度（Sundar and Noseworthy，2014）。一般而言，拥有较强品牌权力的品牌，消费者会基于其固有印象认为该品牌行业占有率更高，行业的风险抵御能力更强，也更能为消费者提供优质、稳定、可靠的产品或服务。另外，高权力的品牌在消费者选择集中常处于首要位置，更易获得消费者的青睐（或偏好）、购买选择（Sundar and Noseworthy，2014）和正面的品牌态度评价和情感依赖。因此，通过构建强势品牌，企业能获得更高的市场份额，并能从其高品牌意识中获利。

品牌权力对消费者的影响常会通过两种方式体现。其一，品牌权力自身能独立地影响消费者认知和决策。随着品牌权力的提升，消费者对品牌的积极响应会增强。消费者往往更为喜爱，也更愿意给予强势品牌更优的产品质量评价（Page and Herr，2002），也更愿意购买其

推出的产品或服务。其二，品牌权力会与品牌的其他要素形成联结，并以一种潜在认知模式的方式固化在消费者的脑海之中，在特定线索的刺激下与其他品牌要素共同作用于消费者。比如，当把强势品牌的 Logo 置于包装下部时（或把弱势品牌的 Logo 放在包装上部），由于这种搭配与消费者认知中的"高权力—上部、低权力—下部"模式相冲突，会对产品的评价造成明显的负面效应。相反，如果品牌的 Logo 位置与人们既有的"权力—位置"联结一致，则会促进消费者对品牌信息的加工，并进而提升其购买意愿（Sundar and Noseworthy，2014）。

1.2　品牌名称字体的粗细对品牌权力的影响

概念隐喻（Conceptual Metaphor）理论认为，人们常常将一个具体的概念域系统地映射到一个抽象的概念域之上（Yang et al.，2019），以实现对更高层面概念的理解与诠释。换言之，消费者会依据一个显性概念域中的事物，对另外一个抽象概念域中的事物进行判断。比如，人们常用垂直高度（Giessner and Schubert，2007；Sundar and Noseworthy，2014；Schubert，2005）、重量、大小、颜色（杨惠兰等，2015）等具体特征来对权力进行表征和理解。这是由于权力是一个抽象的概念，无法为人们的身体、五官等所直接察觉到，因此需要借助一些具体、外在的视觉或其他感官特征来进行表征和描述。与此相对应，人们也常常通过改变这些权力具象特征，从而实现对人们权力认知和评价的改变。权力的这种隐喻非常频繁，以往研究已为此提供了充足的证据（Sundar and Noseworthy，2014；Giessner and Schubert，2007；杨惠兰等，

2015）。

从本质上来看，作为品牌支配所属行业或市场的力量体现（Sundar and Noseworthy, 2014），品牌权力也是一种权力。品牌权力也很可能通过一些具体的视觉特征体现出来，改变这些特征也能反过来影响消费者的品牌权力认知。实际上，通过改变一些品牌元素的视觉特征，从而改变消费者对品牌的权力认知，这种做法并不鲜见。比如，奢侈品品牌常使用大写字体的名称来体现自己的高端、贵重、地位属性。在一些公众场所，管理者也常常通过加粗、大写警示标语的方式，向人们传递一种"权威"感，从而迫使消费者遵从其命令（许销冰等，2016）。

作为品牌名称字体的一种基本属性，粗细也常被用来改变人们对品牌的权力认知。深究其原因，一方面，当消费者面对新品牌时，短时间内往往很难获得额外的信息对品牌进行判断，此时，作为首先被消费者所注意和获取到的一种信息，品牌名称字体的粗细特征会立刻进入到消费者的信息加工过程之中，并对消费者的深层次感知和认知产生影响。另一方面，消费者基于其已有的经验或认知，往往会认为更粗的物体更加有力、更加稳定（Grohmann et al.，2015）。这种经验和认知联结会随着实践中人们的频繁使用而得到强化，并且这种强化会进一步促使人们在后续决策中使用粗细这一视觉特征。比如，在文本沟通中，人们常"加粗"字体以突出某部分（如文章的标题、重要段落等）的"重要性"（Sanocki and Dyson，2012），也常通过"加粗"的方式突出某一内容的"权威性"（许销冰等，2016）。当人们

在下一次使用文本时，如果其想突出某一内容的"重要性"和"权威性"，就更有可能使用"加粗"的方式来实现这一目的。

这种从具象的粗细到抽象的权力间的概念联结，形成了一项典型的隐喻配对。对物体的粗感知往往意味着该物体可靠、有力和稳妥（Pan et al.，2015），对物体的细感知则代表着该物体柔软、灵活和变通（Grohmann，2014；Pušnik et al.，2016）。粗细感知代表着一种强势程度，物体越粗，代表着该物体力量越大、越强势（Pan et al.，2015）。反映到品牌层面，作为企业品牌形象的外在表露，品牌名称的字体越粗，那么该品牌在消费者心中就可能越强势，其品牌权力也会越强。据此，本文提出假设 H1。

H1：相对于以细体呈现的品牌名称，以粗体呈现的品牌名称能形成更强的品牌权力。

1.3 视觉重量的中介作用

营销者和品牌管理者普遍认可，视觉展示（如品牌商标名称、营销广告、产品包装和设计等）是传递品牌形象、构建品牌价值的有效途径（Childers and Jass，2002；Orth and Malkewitz，2008）。在众多品牌名称设计元素中，视觉效应可以通过颜色（如可口可乐的经典红色）、形状（如麦当劳的"M"形缩写）、字体（如万达影业的加粗印章体）等多个方面为消费者留下深刻印象。其中，字体（typeface）通常被认为是非常重要的视觉工具之一（Childers and Jass，2002；McCarthy and Mothersbaugh，2002；Doyle and Bottomley，2004；Hagtvedt，2013）。

在品牌名称的视觉效应方面，以往研究对

于字体也有广泛关注，包括大小写（许销冰等，2016；Xu et al.，2017）、正斜体（魏华等，2018）、完整性（Hagtvedt，2013）等。例如，小写字体的品牌名称使消费者感觉缺乏权威性，但具有更高的友好性（许销冰等，2016）。倾斜的品牌标识使得消费者认为该品牌速度更快、效率更高，也更具创新性，但端正的品牌标识会让消费者觉得该品牌更加稳定、可靠和安全（魏华等，2018）。此外，Hagtvedt（2013）的研究发现，品牌标识中不完整的字体设计激活了个体的模糊知觉（Ambiguity），从而降低了消费者对品牌的信任，但同时也会增加消费者对品牌趣味性与创造力的评价。Rowe（1982）发现个体更倾向于认为手写体（Script Type-face）比非手写体（Non-scripted Typeface）更为优雅。

视觉是人类了解与获取外界信息的主要手段，超过80%的信息由视觉所获得（张腾霄、韩布新，2013）。人的重量感知不仅来自触觉，还可以通过视觉通道来获得。已有学者对视觉重量进行了多个维度的探讨。既有研究表明，视觉重量感知与色彩亮度、位置等存在匹配关系，如色彩亮度与感知重量成负相关关系，即亮度越高，感知重量越轻，亮度越低则会使人产生更重的重量感知（Walker et al.，2010）。位置也会影响视觉重量感知，相比于上方，位于下方会让人感觉较重（Deng and Kahn，2009）。此外，根据杠杆效应（Level Effect）和眼优势（Ocular Dominance）理论解释，个体普遍存在"右—重、左—轻"的视觉重量感知现象（Arnheim，1956；Porac and Coren，1976）。

一般而言，人们会认为越粗的物体或字体看起来更重。当品牌名称用较粗的字体表示时，消费者视觉上会觉得该品牌字体更为厚重、可靠与稳定（Stevens and Grainger，2003），也会具备更高的权力特征（杨惠兰等，2015）。认知心理学的研究表明，权力会通过视觉重量隐喻表征（杨惠兰等，2015），即消费者会将权力等抽象概念与视觉重量等具象特征联系起来。高视觉重量感知的物体，消费者会赋予其更高质量的评价（Tsai et al.，2014；Youn and Kim，2017），也会赋予其稳定、支配等权力属性（Stevens and Grainger，2003）。反映到品牌感知层面，如果消费者视觉上感知品牌字体更"重"，基于"重量—权力"隐喻及溢出效应，将会对品牌名称视觉元素的权力感知转移至品牌之上，从而认为品牌更为强势，更具有影响力。

本文认为，品牌名称字体的粗细会对视觉重量产生影响，进而影响消费者对品牌权力的判断。具体而言，品牌名称的字体越粗，消费者视觉上会觉得品牌更为"厚重"，较同行业其他品牌而言，该品牌更为强势，在行业中拥有更为"粗壮"的形象。因此，其品牌权力也越强。细体的品牌名称则不然，其会给消费者带来更多纤细、柔弱、易变的感觉，这很可能降低消费者对品牌的权力感知。据此，本文提出假设H2。

H2：视觉重量在品牌名称字体粗细影响品牌权力的过程中起中介作用。

1.4 个人结构需求的调节作用

结构需求（Personal Need for Structure，PNS）指个体对结构简单、条理清晰的事物与环境的偏爱和需要（刘艳丽等，2016；Neuberg and Newsom，1993；Parker，1989）。相较于个体有限的认知资源（Cognitive Resource），外部世界的复杂性和高信息量使得消费者信息加工变得尤为困难（刘艳丽等，2016；Neuberg and Newsom，1993；王艳丽等，2017）。因此，个体会倾向于采用心理表征（Mental Representation）的方式对自身以往经验和认知进行固化和概括，将其抽象为一种认知结构（如将某些同质性事件划归为同一类别）。当遇到新事物时，使用这种认知结构对其进行表征，以实现信息加工（刘艳丽等，2016；Neuberg and Newsom，1993）。而结构需求，则是衡量个体这种需求的有效工具。

结构需求存在个体差异性（刘艳丽等，2016）。对于高结构需求的个体而言，其会更加依赖知识结构（Knowledge Structure），从而对客观世界进行简化和概括（刘艳丽等，2016），或者建立对他人的刻板印象并据此对其进行评判（Neuberg and Newsom，1993；Moskowitz；1993），这能有效助其理解和加工复杂的事物、信息，并降低认知资源的消耗。此外，高结构需求的个体还会表现出对混乱不清、杂乱无序的厌烦和不适（刘艳丽等，2016）。基于结构需求理论，Boyoun 和 JoAndrea（2013）从时间隐喻的视角出发，对产品图片位置在时间感知方面的影响进行了研究，其结果表明，消费者的结构需求水平越高，越可能利用以往的"左—过去，右—未来"隐喻认知，从而将水平位置与时间前后顺序相联系，并影响对产品时间属性的判断。

同理，对于高结构需求的个体而言，其越可能在评价品牌时依赖过去形成的经验认知和知识框架，这种概念间的隐喻联系也会因此变得更加稳定和固化。如上文所述，消费者会基于其以往的经验和视觉上的感受，从而建立起粗细与重量、权力间的隐喻关联，并在遇到新事物时，利用该关联结构对信息进行加工和处理，进而做出信息推断。换言之，消费者对粗细的隐喻认知会受到结构需求水平的强化，且结构需求水平越高，品牌名称字体粗细对消费者的影响越强烈。

相反，低结构需求的消费者对认知结构的依赖较少，其在加工信息和信息推断时，不易受到其固化的隐喻认知的影响。因此，本文推论，对于低结构需求的消费者而言，品牌名称字体的粗细对消费者视觉重量、品牌权力的影响无显著差异。

由此，本文提出假设 H3 及其相应子假设 H3a、H3b。

H3：个人结构需求在品牌名称字体粗细影响品牌权力的过程中起调节作用。

H3a：对于高结构需求的消费者而言，相较于细体的品牌名称，粗体的品牌名称会显著提升品牌权力。

H3b：对于低结构需求的消费者而言，粗体与细体的品牌名称所引起的品牌权力无显著差异。

综合以上研究假设，提出本文的研究模型，如图 1 所示。

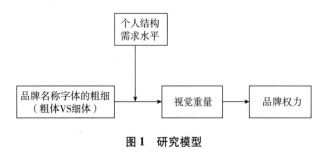

图 1　研究模型

2 研究方法及研究结果

2.1 研究一：品牌名称字体的粗细对品牌权力的直接影响

研究一采用实验室实验，以检验假设 H1 是否成立。实验采用虚拟品牌刺激物，以消除实际品牌可能导致的潜在干扰。

2.1.1 实验设计与过程

2.1.1.1 预实验

首先，本文根据以往研究（许销冰等，2016；Xu et al.，2017；Schmitt et al.，1994），筛选得到 10 个无意义的虚拟品牌（nonsense word），作为候选品牌集。随后，为消除文字本身的语义、情感、视觉复杂度等对研究结果可能造成的偏差（Grohmann et al.，2015；Sundar and Noseworthy，2014；Carnevale et al.，2017；Geerlings，2016；Pieters et al.，2010），本文对候选品牌集进行了测量和甄选，最终得到"伽佰"这一虚拟品牌名称。

实验刺激物均由专业平面设计师设计而成，尺寸为 57.9×29.7mm，粗体字体均使用文档编辑的"加粗"功能实现。字体均为 44 号"黑体"，黑底白字（Xu et al.，2017；Geraci et al.，2008）。之后，118 名本科生被随机分为两组（M_{age}=21.86，SD=2.17；女性 70 人，59.32%），分别浏览粗体、细体的品牌名称。单因素方差分析结果表明，两组被试在熟悉度 [F（1，116）= 1.20，p = 0.275]、视觉复杂度 [F（1，116）= 0.60，p = 0.441]、意义 [F（1，116）= 2.84，p = 0.095]、易记程度 [F（1，116）= 2.66，p = 0.105]、作为一个品牌名称

的接受度 [F（1，116）= 3.52，p = 0.063] 五方面均无显著差异。

实验涉及的所有变量均采用 7 点 Likert 量表（1 = 完全不同意，7 = 完全同意）测量。控制变量的测量均采用此前研究已使用过的成熟量表，英文量表均采用回译的方式确保量表信度。其中，熟悉度（Sundar and Noseworthy，2014；Schmitt et al.，1994）使用 3 个题项测量，其余变量即视觉复杂度（Pieters et al.，2010）、易记程度、作为一个品牌名称的接受度、意义（Schmitt et al.，1994）均使用单个题项进行测量，多个题项的变量以其均值作为该变量的值。研究二和研究三变量测量的方式及量表与研究一一致，后文不再赘述。

2.1.1.2 正式实验

实验采用单因素（品牌名称字体的粗细：粗体名称 vs. 细体名称）组间设计。共招募 212 名被试，其中 12 名被试的数据被剔除（6 人数据标准化后 Z 分数绝对值大于 2，4 人实验时间过短，2 名被试数据有缺失）。最终，"粗体名称"组获得了 100 名有效被试的数据（M_{age} = 30.26，SD=6.10；女性 52 人，占 52%），"细体名称"组也获得了 100 名有效被试的数据（M_{age} =29.41，SD = 5.27；女性 53 人，占 53%）。

实验于某高校的消费者数据科学实验室进行，具备良好的隔声和抗干扰条件。当被试进入候场室后，首先要求其阅读"实验知情同意书"并签字确认。其次，将其随机分入任一条件组。两条件组除刺激物存在差异之外，无程序、步骤等方面的不同。被试进入实验主页面时，先在一个独立界面（Power Point 软件生

成）阅读指导语。指导语中隐去了实验的目的以避免被试形成预判。再次，被试被要求浏览粗体（或细体）的品牌名称并对该名称的熟悉度、意义、易记程度等5个控制变量进行作答。最后，被试完成对品牌权力的测量，并填答相应的人口统计变量。被试完成实验需耗时5~10分钟，结束后，研究者向其致以感谢并赠送价值3元的小礼品。

品牌权力的测量（Schubert，2005）使用2题项7点语义量表（我觉得该品牌看起来是一个：1=非常没有影响力/非常弱势的品牌，7=非常有影响力/非常强势的品牌，$r = 0.755$）完成，原始英文量表通过回译的方法得到中文量表。

2.1.2 数据分析结果

数据全部使用SPSS 22软件进行分析。对品牌熟悉度、意义、易记程度、作为一个品牌名称的接受度以及视觉复杂度的方差分析表明

（见表1），两组被试在这些因素方面均没有显著差异（p's>0.07）。另外，共同方法偏差检验发现，研究一共同方法偏差情况不会对研究结论造成干扰（CMV值为33.444%，低于40%）。值得一提的是，本文以意义题项得分与中间值（4分）进行单样本t检验以确定"伽佰"这一品牌名称是无意义的。结果表明，"伽佰"品牌意义不显著，即无意义，$M = 4.06$，t（199）= 0.45，$p = 0.654$，进一步证明实验刺激物设计成功。

单因素方差分析结果还表明，两组被试在品牌权力感知方面存在显著差异，如表1所示，F（1，198）= 16.45，$p<0.001$，$\eta_p^2 = 0.08$。具体而言，当品牌名称以粗体呈现时，其能获得更高的品牌权力评价（$M_粗 = 3.89$，$SD = 1.85$；$M_细 = 2.98$，$SD = 1.64$），这与假设H1一致。由此，假设H1得到了支持。

表1 研究一正式实验数据分析结果

	$M_粗$	$M_细$	F（1，198）	p
熟悉度	5.00（1.59）	4.60（1.55）	3.29	0.071
意义	4.03（1.78）	4.08（1.69）	0.04	0.839
易记程度	4.11（2.12）	3.83（1.85）	0.99	0.322
作为一个品牌名称的接受度	4.20（2.04）	3.88（1.95）	1.29	0.258
视觉复杂度	4.69（1.57）	4.90（1.29）	1.06	0.304
品牌权力	3.89（1.85）	2.98（1.64）	16.45	0.000***
样本数量	100	100	—	—

注：括号内为标准偏差（SD），***表示在0.1%的水平上显著。

2.1.3 讨论

研究一使用虚拟品牌刺激物验证了假设H1，其结论表明，品牌名称字体的粗细会显著

影响消费者对品牌的权力感知。作为一种品牌符号，"粗"或"细"这一字体视觉特征会被消费者捕捉并建立概念间的联系，将字体的粗

细与品牌权力联系起来。

研究一的意义在于支持了假设 H1，并为中介效应、调节效应的检验提供了基础，这是因为后续假设是基于假设 H1 而推导的。然而，研究一尚存在两点缺陷：一是未能探索这一效应的心理机制；二是使用虚拟品牌作为刺激物，所得结论需用真实品牌刺激物进行重复验证。研究二将着力解决以上两个问题。

2.2 研究二：视觉重量的中介作用

为拓展研究一结论的外部效度，研究二将使用真实品牌刺激物进一步验证假设 H1。一般而言，人们会觉得越粗的个体或物体看起来越发厚重、沉稳，并且与抽象的"重要性"等概念相联系（Djordjevic and Ijzerman，2015）。因此，消费者的视觉重量感知是否中介了品牌名称字体粗细影响品牌权力的过程，这一问题将在研究二中进行探讨。

2.2.1 实验设计与过程

2.2.1.1 预实验

在实验刺激物品类的选择上，借鉴范宝财和王虹（2015）的研究，本文选择消费者广泛熟悉和接触的产品——纯净水。为避免消费者的品牌（或产品）知识对研究结论造成干扰，本文选择了市面上销量非前五的品牌"怡宝"[①]，这是因为一般只有市场前三的品牌才能清晰地印刻在消费者的心智中（Ries and Trout，2000）。需要说明的是，研究二由于选择实际品牌作为刺激物，因此不再对"作为一个品牌名称的接受度"这一变量进行检验，但以朱丽叶等（2017）改编的 PII 量表（Zaichkowsky，

1985）对品牌卷入度该品牌对我而言是：1 = 不重要的/不相关的/无吸引力的，7 = 重要的/相关的/有吸引力的，$\alpha = 0.806$）进行测量。

对 80 名（$M_{age} = 24.03$，$SD = 4.37$；女性 45 人，占 56.3%）来自某高校的学生样本进行随机分组实验。结果表明："粗体名称"组与"细体名称"组被试对品牌的熟悉度［$F_{(1, 78)} = 0.18$，$p = 0.675$］、意义［$F_{(1, 78)} = 0.21$，$p = 0.650$］、易记程度［$F_{(1, 78)} = 0.00$，$p = 1.000$］、视觉复杂度［$F_{(1, 78)} = 1.71$，$p = 0.194$］、品牌卷入度［$F_{(1, 78)} = 0.41$，$p = 0.527$］五方面的评价均无显著差异，表明选取的刺激物品牌适合进入正式实验。

2.2.1.2 正式实验

实验采用单因素（品牌名称字体的粗细：粗体名称 vs. 细体名称）组间设计。共招募 160 名被试，并将其随机分配至"粗体名称"（$n = 80$，$M_{age} = 25.81$，$SD = 6.43$；女性 41 人，占 51.3%）、"细体名称"组（$n = 80$，$M_{age} = 25.85$，$SD = 5.87$；女性 37 人，占 46.3%）。

实验流程、量表设计均与研究一正式实验一致。以 3 个 7 点语义题项［该品牌名字看起来是（请根据您的实际视觉感受作答）：1—非常薄弱的/非常轻的/非常柔弱的，7—非常坚固的/非常重的/非常强力的］的均值（Deng and Kahn，2009）作为被试的视觉重量感知值（$\alpha = 0.931$）。

2.2.2 数据分析结果

首先对控制变量进行方差分析。结果显示，

---

① 品牌排名根据中国品牌网 2017 年开展的一项调研得到，该项调研收集了来自于 100 余万样本的评选数据。因此，其结论具备一定的可信性。链接：https://www.chinapp.com/paihang/yinyongshui/2017。

两组被试在熟悉度、意义、品牌卷入度等方面都不存在显著差异（p's>0.08，见表2），再次验证了实验刺激物的成功设计。其次，对性别进行的单因素方差分析表明，性别对视觉重量 [$M_男$=4.23，SD=1.75；$M_女$=4.56，SD=1.66；F（1，158）=1.44，p=0.232，η_p^2<0.01]、品牌权力 [$M_男$=4.26，SD=1.72；$M_女$=3.96，SD=1.77；F（1，158）=1.19，p=0.277，η_p^2<0.01] 的影响都不显著。最后，共同方法偏差检验表明其不会对实验结论造成影响（CMV 值为 32.587%，低于 40%）。

关于品牌权力，单因素方差分析结果表明，相对于接受"细体名称"的被试，接受"粗体名称"的被试对品牌有更高的权力感知 [$M_粗$=4.81，SD=1.54；$M_细$=3.41，SD=1.66；F（1，158）=30.23，p<0.001，η_p^2=0.16]，这为假设 H1 再次提供了支持。

表 2　研究二正式实验结果

	$M_粗$	$M_细$	F（1，158）	p
熟悉度	5.49（1.09）	5.33（1.28）	0.67	0.415
意义	5.38（1.26）	5.16（1.31）	1.10	0.296
易记程度	5.28（1.44）	5.35（1.50）	0.10	0.748
视觉复杂度	4.78（1.06）	5.00（1.09）	1.76	0.187
品牌卷入度	4.30（1.38）	4.65（1.15）	2.96	0.087
视觉重量	5.05（1.50）	3.73（1.65）	27.98	0.000***
品牌权力	4.81（1.54）	3.41（1.66）	30.23	0.000***
样本数量	80	80	—	—

注：括号内为标准偏差（SD），***表示在 0.1% 的水平上显著。

关于视觉重量的中介作用，单因素方差分析进一步发现，相对于以细体形式呈现的品牌名称，消费者对粗体的品牌名称视觉感知更重 [$M_粗$=5.05，SD=1.50；$M_细$=3.73，SD=1.65；F（1，158）=27.98，p<0.001，η_p^2=0.15]。

为进一步检验视觉重量在品牌名称字体粗细与品牌权力评价间的中介作用，本文按照 Preacher 和 Hayes（2004）、Hayes（2013）提出的 Bootstrap 方法（Model 4）进行中介效应检验。置信区间选择 95%，样本量选择 5000。结果如图 2 所示，非直接路径中没有包含 0（LLCI=0.2032，ULCI=0.7475），表明"视觉重量"中介效应显著，且中介效应大小为 0.4431。当控制了中介变量—视觉重量后，品牌名称字体粗细对品牌权力的影响显著（p<0.001），且区间（LLCI=0.4363，ULCI=1.4651）没有包含 0。上述结果表明，"视觉重量"在品牌名称字体粗细影响品牌权力的过程中起到了中介作用。由此，假设 H2 得到了支持。

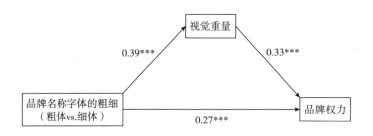

图2　中介效应路径分析图

2.2.3　讨论

研究二通过真实品牌刺激物，进一步拓展了研究一结论的外部效度，再次验证了假设H1。同时，研究二还对品牌名称字体的粗细影响消费者品牌权力感知的中介路径进行了检验。结论表明，品牌名称字体的粗细首先会对消费者的视觉重量感知产生影响，进而影响消费者对品牌的权力评价。对于以粗体呈现的品牌名称，消费者视觉上会感觉其"更重"，这种视觉上的重量感知会溢出到对品牌的权力评价之上，进而认为该品牌在市场上更加强势，更能支配市场，这与假设H2一致。

研究二的意义在于为假设H1、H2提供了实证支撑。但其依旧存在两点缺陷：一是尽管前两个研究均在不同程度上控制了消费者的个体差异，但是现实生活中消费者在加工信息时，其概念隐喻的程度往往是不同的。那么，这种消费者自身的个体差异是否会对前述研究中的效应产生调节，研究二并没有回答；二是研究二以真实品牌刺激物检验假设H2，所得结果表明视觉重量并非完全中介，造成这一结果的原因可能在于，实际品牌刺激物无法将各种潜在干扰彻底排除。研究三将着力解决上述两个问题。

2.3　研究三：个人结构需求水平的调节作用

研究三有两个目的：一是旨在利用虚拟品牌刺激物对假设H1、H2再次进行验证；二是检验消费者个人结构需求水平的调节作用（假设H3、H3a和H3b）。

2.3.1　实验设计与过程

2.3.1.1　预实验

预实验旨在确定进入正式实验的刺激物。按照研究一预实验的方法，研究三得到虚拟品牌名称"哈偶"。借助问卷星平台，共招募100名（$M_{age} = 27.36$，$SD = 6.37$；女性53人，占53%）被试对其"粗体名称"和"细体名称"进行评价。单因素方差分析结果表明，两组被试在刺激物熟悉度〔$F_{(1, 98)} = 0.17$，$p = 0.681$〕、意义〔$F_{(1, 98)} = 1.23$，$p = 0.270$〕、易记程度〔$F_{(1, 98)} = 0.35$，$p = 0.558$〕、作为一个品牌名称的接受度〔$F_{(1, 98)} = 0.01$，$p = 0.968$〕、视觉复杂度〔$F_{(1, 98)} = 0.02$，$p = 0.894$〕五方面均无显著差异。这一结果表明，刺激物可以进入正式实验。

2.3.1.2　正式实验

实验采用2（品牌名称字体的粗细：粗体名称vs.细体名称）×连续变量（个人结构需求水平）组间设计，以品牌权力为因变量、个人结构需求水平为调节变量，对假设H3、H3a和

H3b 进行检验。同时，为克服研究二中使用实际品牌可能造成的偏差，研究三使用虚拟品牌刺激物，对视觉重量的中介作用（假设 H2）进行重复验证。

通过社交平台共招募 173 名被试，并将其随机分配至"粗体名称"（$n = 79$，$M_{age} = 26.59$，$SD = 6.05$；女性 46 人，占 58.2%）、"细体名称"（$n = 94$，$M_{age} = 28.54$，$SD = 7.19$；女性 48 人，占 51.1%）实验组。实验流程、控制变量、视觉重量（$\alpha = 0.946$）、品牌权力（$r = 0.758$）测量量表均与研究二保持一致。需特别解释的是，个人结构需求水平的测量采用张南楠（2005）修订后的 PNS-11 中文量表完成，陈阳等（2008）对该量表的信效度进行了检验。该量表分为两个维度（对结构的需求与对缺乏结构的反应）11 个题项（6 点计分）。PNS-11 量表是由 Neuberg 和 Newsom（1993）在考虑了社会赞许效应后修订 PNS-12 量表完成的，其被世界各地广泛采用，充分证明了其效果。本文以 PNS-11 量表得分加总后的数值作为被试的个人结构需求得分（$\alpha = 0.967$）。

2.3.2 数据分析结果

首先对控制变量进行单因素方差检验，结果表明，品牌名称字体的粗细对其熟悉度、意义等方面均无显著影响（$p's > 0.31$，见表 3）。其次为排除性别对结果的可能干扰，需对其进行单因素方差分析，但结果表明性别对视觉重量 [$M_{男} = 4.00$，$SD = 1.67$；$M_{女} = 4.07$，$SD = 1.71$；$F_{(1, 173)} = 0.07$，$p = 0.795$，$\eta_p^2 < 0.01$]、品牌权力 [$M_{男} = 3.88$，$SD = 1.63$；$M_{女} = 3.86$，$SD = 1.65$；$F_{(1, 173)} = 0.01$，$p = 0.926$，$\eta_p^2 < 0.01$] 均无显著影响。最后对量表的所有题项进行因子分析，未旋转的第一公因子值为 27.610%（低于 40%），表明共同方法偏差不会对研究三结论造成影响。

关于品牌权力，单因素方差分析发现，品牌名称字体的粗细对消费者品牌权力感知的影响显著 [$F_{(1, 173)} = 27.58$，$p < 0.001$，$\eta_p^2 = 0.14$]，且相较于"细体名称"，"粗体名称"获得了更高的品牌权力评价（$M_{粗} = 4.53$，$SD = 1.56$；$M_{细} = 3.31$，$SD = 1.50$），这为假设 H1 再次提供了支持。

关于视觉重量，单因素方差分析同样发现，品牌名称字体的粗细显著影响了消费者对视觉重量的评价 [$F_{(1, 173)} = 29.21$，$p < 0.001$，$\eta_p^2 = 0.15$]。具体而言，相较于细体名称，品牌使用粗体名称能获得更强的视觉重量评价（$M_{粗} = 4.74$，$SD = 1.62$；$M_{细} = 3.45$，$SD = 1.52$）。

表 3 研究三正式实验结果

	$M_{粗}$	$M_{细}$	$F_{(1, 173)}$	p
个人结构需求	49.20（17.08）	48.47（17.47）	0.08	0.781
熟悉度	4.17（1.71）	4.19（1.75）	0.01	0.957
意义	4.62（1.44）	4.71（1.44）	0.18	0.675
易记程度	4.62（1.72）	4.81（2.00）	0.43	0.512
视觉复杂度	3.75（1.33）	3.54（1.35）	1.00	0.319
作为一个品牌名称的接受度	4.31（1.62）	4.34（1.66）	0.01	0.916

续表

	$M_{粗}$	$M_{细}$	$F (1, 173)$	p
视觉重量	4.74 (1.62)	3.45 (1.52)	29.21	0.000 ***
品牌权力	4.53 (1.56)	3.31 (1.50)	27.58	0.000 ***
样本数量	79	94	—	—

注：括号内为标准偏差（SD），***表示在0.1%的水平上显著。

关于有调节的中介效应，引入调节变量——个人结构需求水平后，研究三构建了一个有调节的中介模型（见图3）。按照 Preacher 和 Hayes（2004）、Hayes（2013）提出的 Bootstrap 方法，以品牌名称字体的粗细为自变量、个人结构需求水平为调节变量、视觉重量为中介变量、品牌权力为因变量，置信区间设为95%，样本量选择5000，进行有调节的中介效应检验。条件间接效应（Conditional Indirect Effect）分析结果表明，当被试的个人结构需求得分高于均值一个标准差时（$PNS = 65.00$），非直接路径没有包含0（$LLCI = 0.6617$，$ULCI = 1.5006$），表明此时视觉重量的中介效应显著；当低于均值一个标准差时（$PNS = 31.56$），非直接路径包含0（$LLCI = -0.0859$，$ULCI = 0.3196$），表明

此时视觉重量的中介作用不显著。另外，当控制了视觉重量后，品牌名称字体的粗细对品牌权力的影响显著（$p < 0.01$，置信区间 $CI = [0.1928, 1.1122]$ 不包含0）。上述结果再次支持了假设 H2，即视觉重量中介了品牌名称字体的粗细对品牌权力的影响。

更重要的是，有调节的中介效应检验结果表明，品牌名称字体的粗细与消费者个人结构需求水平之间存在显著的交互作用（$\beta = 0.53$，$SE = 0.01$；$t = 2.38$，$p < 0.05$），这证明中介模型的第一阶段受到了个人结构需求水平的调节。同样地，视觉重量与个人结构需求水平间也存在显著的交互效应（$\beta = 1.03$，$SE = 0.01$；$t = 4.07$，$p < 0.001$），这表明中介模型的第二阶段也受到个人结构需求水平的调节。

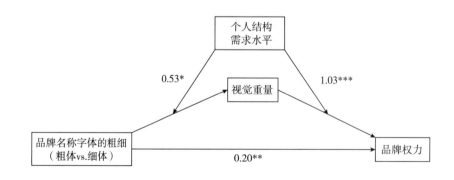

图3 有调节的中介效应分析

被试个人结构需求的最低分为23，最高分为65，平均分为48.80。由于消费者的个人结构需求水平是连续变量，因此采用 Johnson-Neyman 技术（Floodlight 方法）进行分析（Spiller et al.，2013），并计算个人结构需求水平的 Johnson-Neyman 数值（以下简称 J-N 值），

以确定其调节范围（Hayes，2013）。分析得出，只有当被试的个人结构需求得分高于 30.33（J-N 值）时，品牌名称字体的粗细对视觉重量的影响（第一阶段）才显著，而当其低于 30.33 时，这一影响不再显著（见图 4（a））。同样地，只有当被试的个人结构需求得分高于 35.28（J-N 值）时，视觉重量对品牌权力的影响（第二阶段）才显著，而当其低于 35.28 时，视觉重量对品牌权力的影响不再显著（见图 4（b））。

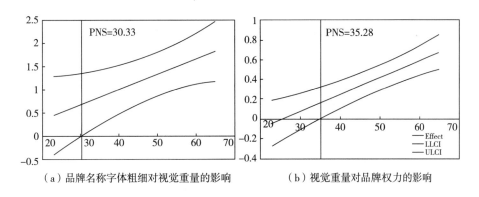

（a）品牌名称字体粗细对视觉重量的影响　　（b）视觉重量对品牌权力的影响

图 4　品牌名称字体的粗细对消费者视觉重量（品牌权力）感知的影响

2.3.3　讨论

研究三使用虚拟品牌刺激物检验了消费者个人结构需求水平的调节作用。研究结果表明：对于具有较高个人结构需求的消费者而言，品牌名称字体的粗细会显著影响其对品牌的权力评价，且品牌采用"粗体名称"时能获得更强的品牌权力；对于个人结构需求水平较低的消费者而言，其对品牌的权力评价不会受到品牌名称字体粗细的显著影响。这一结果确定了消费者个人结构需求水平的调节作用（假设 H3 及其子假设 H3a、H3b）。此外，研究三重新检验了假设 H2，再次验证了视觉重量的中介作用，并为其提供了稳健性支撑。

3　研究结论与未来展望

本文通过三个研究检验了品牌名称字体的粗细对消费者品牌权力感知的直接影响，以及视觉重量、消费者个人结构需求在这一过程中的中介作用和调节作用。三个研究得到了一致结论：品牌名称字体的粗细会显著影响消费者的品牌权力感知（研究一、研究二和研究三）。在这一作用过程中，视觉重量发挥了中介作用（研究二和研究三）。此外，本文还发现，消费者个人结构需求水平调节了品牌名称字体粗细影响品牌权力的过程（研究三）。具体而言，对于具有较高结构需求的消费者，品牌使用粗体的名称能够获得更高的视觉重量、品牌权力评价，而对于结构需求水平较低的消费者则不然，品牌使用粗体名称还是细体名称对其视觉重量、品牌权力均无显著影响。研究使用虚拟刺激物与真实刺激物进行假设验证，结论具备良好的效度。

3.1 理论贡献

本文理论贡献主要有三个方面。

第一，本文从概念隐喻的角度探讨了品牌名称文字视觉特征对消费者心理感知的影响，拓展了品牌视觉效应的研究领域。品牌的视觉特征一直是心理学、营销学所关注的重点，在这一领域，学者们已对品牌名称的大小写（许销冰等，2016；Xu et al.，2017）、正斜体（魏华等，2018）、完整性（Hagtvedt，2013）、形状（Grohmann et al.，2015；Jiang et al.，2016；杨晨、陈增祥，2019）、长宽比（钟科、王海忠，2015）等进行了丰富的研究。然而，作为品牌名称的一项基本视觉特征，品牌名称字体的粗细却未能得到充分的关注。以往研究虽从进化心理学的视角发现了品牌名称字体的粗细与品牌个性（品牌性别）之间的关联（Grohmann et al.，2015；Grohmann，2014），例如Grohmann等（2015）发现品牌名称字体的粗细与性别间存在"粗体—男性质、细体—女性质"的认知联结，但并未对这一效应的深入机理进行考察，也并未探索品牌名称字体的粗细对消费者其他心理感知的影响。本文基于概念隐喻理论发现，字体粗细这一品牌视觉特征会通过对视觉重量的影响影响消费者对品牌权力的认知，这为品牌视觉效应提供了补充。

第二，品牌权力是品牌的重要个性维度，也是影响消费者意愿、行为决策的重要前因变量（Sundar and Noseworthy，2014），对于企业品牌建设具有重要的作用。虽然Sundar和Noseworthy（2014）从信息加工流畅性的视角考察了品牌权力与品牌Logo空间位置的匹配关系，但是相较于品牌与性别（Grohmann，2014）、品

牌知觉（魏华等，2018）等方面的丰富研究，对品牌权力的关注仍旧偏少。另外，以往研究也多从品牌权力自身以及与其他品牌视觉元素的交互方面对其作用进行考察（Sundar and Noseworthy，2014），鲜有研究关注品牌视觉元素本身对品牌权力的影响。本文对外部视觉线索影响消费者品牌权力感知的研究，增进了学界对于品牌权力的前置因素以及形成机制的理解，并为权力的隐喻研究提供了理论支撑。

第三，消费者是通过"自上而下"以及"自下而上"两条路径对外部信息进行加工的，但以往品牌视觉效应方面的研究多集中在"自下而上"这一路径之上，即外部视觉特征以及产品、品牌线索（品牌类型等）对消费者的影响，例如许销冰等（2016）、魏华等（2018）学者的研究，而本文在考察了品牌视觉特征"自下而上"地影响消费者的基础上，将个人结构需求这一"自上而下"的因素纳入研究之中，发现品牌的视觉效应在某些消费者群体之间并不明显。这一结论不仅使得品牌名称字体粗细的视觉效应边界更加清晰，而且为视觉效应边界条件的后续研究提供了理论借鉴。

3.2 管理启示

首先，企业在进行品牌视觉形象设计时，应该重视品牌名称字体粗细的作用。品牌权力作为品牌感知层面的一个显性变量，能够通过外界视觉刺激直接在消费者心中形成变化（Hagtvedt，2013）。合理利用品牌名称字体的设计与调整，有助于塑造消费者对品牌权力的认知，进而影响品牌感知层面的其他重要变量，如品牌形象与品牌印象等。因此，作为品牌名称的一项重要视觉元素，品牌管理者应该充分

认识和重视字体粗细的作用，并尽可能地利用"粗细"以对消费者的品牌权力、品牌个性（Grohmann et al.，2015；Grohmann，2014）认知施以影响，进而提升消费者对品牌的整体评价。

其次，品牌名称使用粗体的字体设计，有助于提升消费者对品牌权力的感知，进而有利于促进品牌实施市场扩张战略。从企业品牌的建设与发展角度来看，拥有较强品牌权力的品牌，市场占有率更高，行业的风险抵御能力更强；从消费者态度与选择角度来看，高权力的品牌在消费者选择集中常处于首要位置，更易获得消费者的青睐（或偏好）、购买选择和正面的品牌态度评价与情感依赖。例如，美国知名美妆品牌雅芳（AVON）在被收购后使用了全新加粗的字体名称，体现了其扩大市场、提升消费者品牌权力感知的决心。因此，通过合理利用品牌字体粗细设计，更能使企业在市场竞争中得到凸显，这也为通过品牌名称字体的视觉设计来服务品牌战略规划起到了实际借鉴与指导。

再次，为提升品牌权力感知，使消费者对品牌产生可靠、强大等印象，企业可采取一系列措施来提升品牌名称的视觉重量感知。例如，使用黑色的字体（Boroditsky，2001），拐角的品牌名称标识，或将品牌名称置于整体广告图案的下方（Sundar and Noseworthy，2014）。尤其是对于重量为一种积极属性的产品而言，如果消费者视觉上觉得某品牌的产品"更重"，就更有可能选择该品牌的产品（Deng and Kahn，2009），并为此支付更高的价格。

最后，企业应积极增进对目标消费者的了

解，从而有针对性地进行品牌字体设计与开展营销活动。此前研究表明，结构需求较高的个体更偏好清晰有序的事物和环境，当面对可预测的环境和事物时会表现出喜悦、舒适的反应倾向，而对不可预测和杂乱无序的事物及环境时，则会表现出不适和厌烦（Neuberg and Newsom，1993；刘艳丽等，2016）。正如本文研究发现，如果品牌的目标消费群体是那些追求规律生活、依赖以往经验认知进行决策的高结构需求消费者，则宜选用较粗的品牌名称字体，因为这能有效提升其对品牌的权力感知。然而，对于那些喜欢杂乱、不规律生活，喜欢不确定性的低结构需求消费者而言（例如盲盒品牌的目标消费者），采用粗体还是细体的名称并不会影响其对品牌视觉重量、品牌权力的感知，此时营销者应将品牌传播的侧重点置于其他方面，以提升这类消费者对品牌的评价。

3.3 研究局限与未来研究方向

本文的研究局限与未来研究方向主要有四个方面。

首先，本文所使用的刺激物品牌，除研究二之外，均未指定所属的行业，且研究二使用的矿泉水也属于中性品类产品，虽然这能确保研究结论的可靠性，但是很可能导致研究结论的适用性受到一定的限制。为此，未来研究可将产品类型（如享乐品与实用品、奢侈品与日用品等）、品牌类别（男性质品牌与女性质品牌、高权力品牌与低权力品牌）等因素纳入研究之中，以更准确、直观地展现本文结论的适用环境。

其次，本文引入视觉重量这一解释机制，以确定品牌名称字体的粗细对品牌权力的影响路径，但研究二和研究三的结果均表明，其并非唯一的中介。通常而言，消费者的印象越深刻对企业越有利，例如，大字体相较于小字体会给人留下更深刻的印象（Undorf and Zimdah，2018），从而使用较大字体的品牌标志、产品包装等有利于帮助企业和产品在同类产品的竞争中取得有利地位。类似地，使用粗体字会使消费者对品牌产生更加深刻的感知记忆，产生品牌权力认知感与认同感。因此，未来研究可引入其他解释机制，如心理层面的感知记忆性等，以更深入地探索品牌名称字体粗细影响消费者的作用机制。

再次，品牌名称字体的粗细设计不仅与消费者定位有关，还与品牌本身的特征有关，本研究指出字体粗细影响了品牌权力感知，但权力越高并不一定对所有品牌来说就越好，后续研究可以继续关注对于什么类型的品牌来说，权力感知越高越好，而对于什么类型的品牌来说，权力越低越好。要与品牌自身特征与定位相结合，设计真正适合品牌的字体。

最后，本文仅在单一环境下考察了品牌名称字体的粗细对消费者的影响，但在实际商业环境中，品牌名称往往并非单一地呈现给消费者，而是与产品包装、广告等一同出现在消费者面前。那么，在这种多元素共存的商业环境中，品牌名称字体的粗细效应是否会与品牌口号、广告文字，乃至产品名称的字体发生冲突或被强化，这也为后续研究提供了一个有价值的研究方向。

参考文献

［1］Arnheim R. Art and Visual Perception：A Psy-chology of the Creative Eye ［J］. Philosophy & Phenome-nological Research，1956，16（3）：425.

［2］Boroditsky L. Does Language Shape Thought？Mandarin and English Speakers' Conceptions of Time ［J］. Cognition Psychology，2001，43（1）：1-22.

［3］Boyoun C.，Joandrea H. The Future Looks "Right"：Effects of the Horizontal Location of Advertising Images on Product Attitude ［J］. Journal of Consumer Research，2013，40（2）：223-238.

［4］Carnevale M.，Luna D.，Lerman D. Brand Linguistics：A Theory-Driven Framework for the Study of Language in Branding ［J］. International Journal of Research in Marketing，2017，34（2）：572-591.

［5］Childers T. L.，Jass J. All Dressed Up with Something to Say：Effects of Typeface Semantic Associations on Brand Perceptions and Consumer Memory ［J］. Journal of Consumer Psychology，2002，12（2）：93-106.

［6］Deng X.，Kahn B. E. Is Your Product on the Right Side？The "Location Effect" on Perceived Product Heaviness and Package Evaluation ［J］. Journal of Marketing Research，2009，46（6）：725-738.

［7］Djordjevic S.，Ijzerman H. Weight as an Embodiment of Importance：Replication and Extensions ［J］. Psychological Science，2015，20（9）：1169-1174.

［8］Doyle J. R.，Bottomley P. A. Font Appropriateness and Brand Choice ［J］. Journal of Business Research，2004，57（8）：873-880.

［9］Geerlings M. The Influence of the Font of the Brand's Name within a Logo and Logo Complexity on the Perception of Logo-Core Value Fit and on Consumer Response ［D］. Nijmegen：Radboud University，2016.

［10］Geraci C.，Gozzi M.，Papagno C.，et al. How Grammar can Cope with Limited Short-Term Memory：Simultaneity and Seriality in Sign Languages ［J］. Cognition, 2008, 106 (2): 780-804.

[11] Giessner S. R., Schubert T. W. High in the Hierarchy: How Vertical Location and Judgments of Leaders' Power are Interrelated [J]. Organizational Behavior & Human Decision Processes, 2007, 104 (1): 30-44.

[12] Grohmann B. Communicating Brand Gender Through Type Fonts [J]. Journal of Marketing Communications, 2014, 22 (4): 1-16.

[13] Grohmann B., Herrmann A., Lieven T., et al. The Effect of Brand Design on Brand Gender Perceptions and Brand Preference [J]. European Journal of Marketing, 2015, 49 (1/2): 146-169.

[14] Hagtvedt H. The Impact of Incomplete Typeface Logos on Perceptions of the Firm [J]. Journal of Marketing, 2013, 75 (4): 86-93.

[15] Hayes A. F. Introduction to Mediation, Moderation, and Conditional Process Analysis: A Regression-Based Approach [M]. New York: Guilford Press, 2013.

[16] Jiang Y., Gorn G. J., Galli M., et al. Does Your Company Have the Right Logo? How and Why Circular- and Angular- Logo Shapes Influence Brand Attribute Judgments [J]. Journal of Consumer Research, 2016, 42 (5): 709-726.

[17] Mccarthy M. S., Mothersbaugh D. L. Effects of Typographic Factors in Advertising-Based Persuasion: A General Model and Initial Empirical Tests [J]. Psychology & Marketing, 2002, 19 (7/8): 663-691.

[18] Moskowitz G. B. Individual Differences in Social Categorization: The Influence of Personal Need for Structure on Spontaneous Trait Inferences [J]. Journal of Personality & Social Psychology, 1993, 65 (1): 132-142.

[19] Na W. B., Marshall R. Brand Power Revisited: Measuring Brand Equity in Cyber-Space [J]. Journal of Product & Brand Management, 2005, 14 (1): 49-56.

[20] Na W. B., Marshall R., Keller K. L. Measuring Brand Power: Validating a Model for Optimizing Brand Equity [J]. Journal of Product & Brand Management, 1999, 8 (3): 170-184.

[21] Neuberg S. L., Newsom J. T. Personal Need for Structure: Individual Differences in the Desire for Simple Structure [J]. Journal of Personality & Social Psychology, 1993, 65 (1): 113-131.

[22] Orth U. R., Malkewitz K. Holistic Package Design and Consumer Brand Impressions [J]. Journal of Marketing, 2008, 72 (3): 64-81.

[23] Page C., Herr P. M. An Investigation of the Processes by Which Product Design and Brand Strength Interact to Determine Initial Affect and Quality Judgements [J]. Journal of Consumer Psychology, 2002, 12 (2): 133-147.

[24] Pan M. C., Kuo C. Y., Pan C. T. Measuring the Effect of Chinese Brand Name Syllable Processing on Consumer Purchases [J]. Internet Research, 2015, 25 (2): 150-168.

[25] Parker K. E. Assessing Cognitive Need: The Development of the Personal Need for Structure and Personal Fear of Invalidity Scale [C]. The Annual Meeting for the Canadian Psychological Society, 1989.

[26] Pieters R., Wedel M., Batra R. The Stopping Power of Advertising: Measures and Effects of Visual Complexity [J]. Journal of Marketing, 2010, 74 (5): 48-60.

[27] Porac C., Coren S. The Dominant Eye [J]. Psychological Bulletin, 1976, 83 (5): 880-897.

[28] Preacher K. J., Hayes A. F. SPSS and SAS Procedures for Estimating Indirect Effects in Simple Mediation Models [J]. Behavior Research Methods, Instru-

ments, & Computers, 2004, 36 (4): 717-731.

[29] Pušnik N., Možina K., Podlesek A. Effect of Typeface, Letter Case and Position on Recognition of Short Words Presented on Screen [J]. Behaviour & Information Technology, 2016, 35 (6): 1-10.

[30] Ries A., Trout J. Positioning: The Battle for Your Mind [M]. New York: McGraw-Hill Professional, 2000.

[31] Rowe L. L. The Connotative Dimensions of Selected Display Typefaces [J]. Information Design Journal, 1982, 3 (1): 30-37.

[32] Sanocki T., Dyson M. C. Letter Processing and Font Information during Reading: Beyond Distinctiveness, Where Vision Meets Design [J]. Attention Perception & Psychophysics, 2012, 74 (1): 132-145.

[33] Schmitt B. H., Pan Y., Tavassoli N. T. Language and Consumer Memory: The Impact of Linguistic Differences between Chinese and English [J]. Journal of Consumer Research, 1994, 21 (3): 419-431.

[34] Schubert T. W. Your Highness: Vertical Positions as Perceptual Symbols of Power [J]. Journal of Personality & Social Psychology, 2005, 89 (1): 1-21.

[35] Spiller S. A., Fitzsimons G. J., Lynch J. G., et al. Spotlights, Floodlights, and the Magic Number Zero: Simple Effects Tests in Moderated Regression [J]. Journal of Marketing Research, 2013, 50 (2): 277-288.

[36] Stevens M., Grainger J. Letter Visibility and the Viewing Position Effect in Visual Word Recognition [J]. Perception & Psychophysics, 2003, 65 (1): 133-151.

[37] Sundar A., Noseworthy T. Place the Logo High or Low? Using Conceptual Metaphors of Power in Packaging Design [J]. Journal of Marketing, 2014, 78 (5): 138-149.

[38] Tsai M. C., Lou Y. C., Bei L. T., et al. Position Matters When We Stand Together: A Linguistic Perspective on Composite Brand Extensions [J]. Journal of the Academy of Marketing Science, 2014, 42 (6): 680-701.

[39] Undorf M., Zimdahl M. F. Metamemory and Memory for A Wide Range of Font Sizes: What Is the Contribution of Perceptual Fluency? [J]. Journal of Experimental Psychology Learning Memory & Cognition, 2018, 45 (1): 97 - 109.

[40] Walker P, Francis B. J., Walker L. The Brightness-weight Illusion: Darker Objects Look Heavier but Feel Lighter [J]. Experimental Psychology, 2010, 57 (6): 462-469.

[41] Xu X., Chen R., Liu M. W. The Effects of Uppercase and Lowercase Wordmarks on Brand Perceptions [J]. Marketing Letters, 2017, 28 (3): 449-460.

[42] Yang X., Mao H., Jia L., et al. A Sweet Romance: Divergent Effects of Romantic Stimuli on the Consumption of Sweets [J]. Journal of Consumer Research, 2019, 45 (6): 1213-1229.

[43] Youn H., Kim J. H. Effects of Ingredients, Names and Stories about Food Origins on Perceived Authenticity and Purchase Intentions [J]. International Journal of Hospitality Management, 2017, 63: 11-21.

[44] Zaichkowsky J. L. Measuring the Involvement Construct [J]. Journal of Consumer Research, 1985, 12 (3): 341-352.

[45] 陈阳, 黄韫慧, 王垒, 等. 结构需求量表的信效度检验 [J]. 北京大学学报 (自然科学版), 2008 (3): 490-492.

[46] 范宝财, 王虹. 产品伤害危机对品牌污名化的影响: 基于品牌关系视角的实证研究 [M]. 青岛: 中国海洋大学出版社, 2015.

［47］刘艳丽，陆桂芝，刘勇．结构需求：概念、测量及与相关变量的关系［J］．心理科学进展，2016（2）：228-241.

［48］孙瑾，张红霞．品牌名称暗示性对消费者决策选择的影响：认知需要和专业化水平的调节作用［J］．心理学报，2012（5）：698-710.

［49］王艳丽，郭永玉，杨沈龙．家庭社会阶层与其结构需求的关系：补偿性控制理论视角［J］．中国临床心理学杂志，2017（2）：371-377.

［50］王瑛迪．品牌标识字体粗细对消费者感知与购买意愿的影响［D］．北京：首都经济贸易大学硕士学位论文，2019.

［51］魏华，汪涛，冯文婷，等．文字品牌标识正斜对消费者知觉和态度的影响［J］．管理评论，2018（2）：136-145.

［52］许销冰，陈荣，刘文静．商标的大小写设计对消费者品牌感知的影响［J］．营销科学学报，2016（2）：75-86.

［53］杨晨，陈增祥．数字有形状吗？数字信息精确性和品牌标识形状的匹配效应［J］．心理学报，2019（7）：841-856.

［54］杨惠兰，何先友，赵雪汝，等．权力的概念隐喻表征：来自大小与颜色隐喻的证据［J］．心理学报，2015（7）：939-949.

［55］张南楠．中文版结构需求量表的修订［D］．北京：北京大学硕士学位论文，2005.

［56］张腾霄，韩布新．红色的心理效应：现象与机制研究述评［J］．心理科学进展，2013（3）：398-406.

［57］钟科，王海忠．品牌拉伸效应：标识形状对产品时间属性评估和品牌评价的影响［J］．南开管理评论，2015（1）：64-76.

［58］朱丽叶，袁登华，张静宜．在线用户评论质量与评论者等级对消费者购买意愿的影响——产品卷入度的调节作用［J］．管理评论，2017（2）：87-96.

论文执行编辑：何健

论文接收日期：2021 年 3 月 15 日

作者简介：

李珊（1978—），四川大学商学院教授，博士生导师，研究方向为营销模型与消费者行为。Email：lishan@scu.edu.cn。

赵一晨（1998—），四川大学商学院博士研究生，研究方向为消费者行为。Email：superc1998@163.com。

石佳颐（1997—）（通讯作者），西南财经大学工商管理学院硕士研究生，研究方向为消费者行为。Email：1761536515@qq.com。

王虹（1989—），成都理工大学商学院研究员，硕士生导师，研究方向为体育赛事赞助。Email：781617414@qq.com。

Research on the Influence of Brand Name Font Thickness on Brand Power

Shan Li[1] Yichen Zhao[1] Jiayi Shi[2] Hong Wang[3]

(1. Business School, Sichuan University, Chengdu, China

2. School of Business Administration, Southwest University of Finance and Economics, Chengdu, China

3. Business School, Chengdu University of Technology, Chengdu, China)

Abstract: As an important visual element, the thickness of brand name font plays an important role in brand image design and even strategic positioning of enterprises. The current theoretical research on brand name font thickness does not accurately reveal the influence mechanism behind it, nor does it solve the industry's problems well. In this regard, this paper investigates the influence of brand name font thickness on brand power through three empirical studies based on conceptual metaphor theory. It indicates that, compared with thin font, brand names with thick font are perceived more powerful, which is achieved through visual weight and moderated by consumers' individual level of structural demand. Specifically, for consumers with higher structural needs, brands using bold names can gain stronger brand power. For consumers with lower structural needs, no significant difference exists between the thickness and the thin group when evaluating brand power. The conclusion clarifies the mechanism of the influence of brand name font thickness on consumers' psychological perceptions and expands the study of brand visual effects. It provides a theoretical basis and practical guidance for enterprises to enhance their brand power perception and improve the brand evaluation of target consumers.

Key Words: Brand Name Font; Thickness; Visual Heaviness; Brand Power; Personal Need for Structure

JEL Classification: M31

南大商学评论

第 56 辑

述说手写

——营销领域手写字体对消费行为的影响*

□ 李 瑶 徐慧敏 Dickson Tok 初星宇

摘 要: 字体设计在营销领域应用广泛,对消费者决策及行为有重要影响。手写字体区别于机器字体,在感知书写主体、物理结构、书写风格、文字感知特性四个方面具有独特内涵。手写字体效应的内在机制可从人因机制、情感机制、认知机制三个方面进行讨论。此外,手写字体对消费者的影响会受到产品类型、消费者类型、信息框架与服务质量四个方面因素的调节。未来的研究可进一步探讨手写字体的设计、潜在负面效果、新的内在机制等。

关键词: 字体设计;手写字体;消费者行为;营销效果;影响因素

JEL 分类: M31

引 言

文字作为信息交流的重要载体,已经渗透到生活的方方面面。作为重要的信息来源,文字的字体设计(Typeface Design)能够传递非文字内容隐含的意义(Hagtvedt, 2011; Jiang et al., 2016; Kronrod and Danziger, 2013),从而让读者对采用不同字体设计形式的相同文字的内容进行不同的解读(Kim et al., 2014)。因此,字体设计在信息交流中具有至关重要的作用。

在营销领域,字体设计是重要的视觉营销元素(McCarthy and Mothersbaugh, 2002)。在 Adobe 公司的字体设计规则下,手写字体被归类为一种基本的字体类型。在营销实践中,手写字体的应用也非常广泛,从产品标签、产品包装、宣传海报,到网页设计等,手写字体随处可见。近年来,学者们也开始聚焦手写字体的研究,通过对比手写字体与机器字体,发现手写字体的应用会给企业带来积极效应,如传递友好、温暖、人文关怀等(Ren et al., 2018; Schroll et al., 2018),从而引发消费

---

* 基金项目:国家自然科学基金项目(71902083);中央高校基本科研业务费专项资金项目(010414370114)。

者对产品/品牌的好感，减少其负面评价等（Tassiello et al.，2018）。由此可见，研究手写字体对于企业营销沟通、品牌形象塑造等意义重大。

然而，目前的研究仅聚焦于手写字体某一方面的特征（如友好性、随意性、幼稚性等），且字体设计应用于营销领域的相关研究比较零散，尚无研究系统全面地归纳和总结手写字体相关理论。基于此，本文针对营销领域中手写字体对消费者不同层面的影响，以及影响背后隐藏的机制与原理进行全面系统的总结与归纳，以期进一步完善和发展字体设计相关理论，同时在实践上为营销者和管理者有效进行营销沟通，以及采用合适的字体塑造品牌形象提供借鉴。

手写字体是什么？有什么样的特点？在营销实践中，手写字体的应用会给消费者造成怎样的影响？造成这些影响的主要原因又是什么？还有哪些因素会对手写字体的营销效果产生影响？为了解决以上问题，本文首先介绍手写字体的内涵和特点，然后分类归纳手写字体产生的营销效果；其次，为深入探究这些营销效果产生的内在原理，分类讨论引发上述营销效果的机制；最后，为进一步明确手写字体的作用范围，分类整合存在的调节因素。本文的研究框架具体如图1所示。

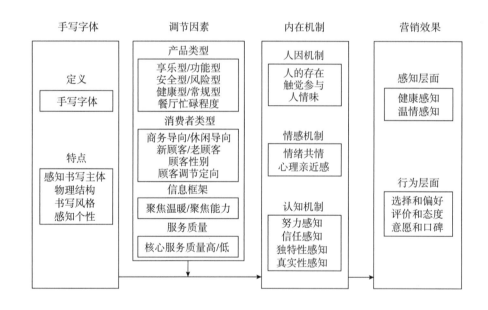

图1 本文研究框架

1 字体设计与手写字体

1.1 字体设计定义

字体（Typeface）是遵循相同设计原则的一系列字形结构（Velasco et al.，2018；Wang et al.，2020）。字体是设计中的一个重要方面，简单的字体设计可以传达出超过其本身含义的意义（Venkatesan et al.，2020）。字体设计是指对字体的图形描述（Henderson et al.，2004），包括粗体（Bold）、扩张（Expansion）、倾斜度（Slope）、曲率（Curvature）、连接性（Connectivity)、方向（Orientation）和规则性（Regularity）等（Leeuwen, 2006）。

1.2 手写字体定义

根据 Adobe 公司的字体分类规则，手写字体是六种字体类型之一①。在学术界，国外对手写字体营销效果的研究较为丰富，基于 Henderson 等（2004）提出的"看起来像手写的"这一设计特征定义手写字体。国外的研究普遍认为手写字体可以由机器打印，但是看起来像手写的，区别于传统的机器字体（Izadi and Patrick, 2020; Schroll et al., 2018）。而国内对于手写字体的研究，暂未涉足营销领域，主要集中于中文文字识别领域（任晓倩等，2018）。故本文引用国内手写字体相关文献归纳手写字体的特点，而对于手写字体在营销领域的研究，仍然主要采用国外研究对手写字体的定义"看起来像手写"，从而归纳及总结手写字体的营销效果及其作用机制和影响因素。当然，手写字体的书写主体到底是人还是机器，是否会产生不同的营销效果，也值得学者进行研究，不过本文将手写字体的细分及其营销效果作为未来研究问题进行阐述。

1.3 手写字体的特点

通过对过去文献的梳理，本文归纳出手写字体区别于机器字体四个方面的主要特征：

第一，感知书写主体。机器字体让人感觉是机器打印的，而手写字体则是人手写的（任晓倩等，2018），或看上去"像人手写的"（Henderson et al., 2004; Schroll et al., 2018）。Schroll 等（2018）将手写字体定义为看起来像人手写的字体，并将字体分为典型的手写字体（随意的手写字体），以及机器（打印）字体，典型代表为常见的无衬线字体，比如 Helvetica、Futura、Gill Sans。

第二，物理结构特征。手写字体的物理结构较复杂，具有"笔画模糊不清、连笔、畸变、倾斜"等特点（任晓倩等，2018；常玉林等，2016）。Liu、Choi 和 Mattila（2019）对手写字体与机器字体进行区分，认为机器字体是笔直的、方形的、规则的，而手写字体是不完美的、天然的，具有弯曲的、倾斜的、不规则的笔触和字母。Mackiewicz（2005）发现类手写体（如 Bradley Hand、Comic Sans）具有"简洁性"与"不完美"等特点。

第三，书写风格特征。手写字体的书写风格多变，具体来说，手写字体的文字相似性较低，"文字大小不一、结构多变"，且书写风格"无规律可循，个体间差异较大"（任晓倩等，2018）。相比之下，机器打印的字体格式规范，文字间相似性很高，书写风格是有规律的，同一词汇多次打印后个体间的细微差别"很难用肉眼发现"（任晓倩等，2018）。

第四，字体感知个性特征。一方面，手写字体相较于机器字体具有正面的感知个性：Henderson 等（2004）认为手写字体比机器打印字体更天然；Mackiewicz 和 Moeller（2004）实验发现模仿手写的打印字体（比如 Bradley Hand、Comic Sans）具有较高的"友好性"；模仿草书的手写体更加优雅，有艺术化、戏剧化、

---

① Adobe 公司对字体的分类：Sans Serif, Serif, Slab Serif, Script, Mono, Hand。

个性化特征；Izadi 和 Patrick（2020）认为手写字体能够彰显温暖、友好和真实性，具有高宜人性与高吸引力。另一方面，手写字体亦具有负面的感知个性：过去的研究发现，手写字体在"专业性"和"技术性"方面的得分较低，且让人感觉随意、凌乱、幼稚，不够严肃（Mackiewicz and Moeller，2004）。

2　手写字体的营销效果

手写字体具有独特的属性，那么手写字体会在营销实践中产生怎样的效果？对于手写字体的营销效果，我们将聚焦消费者的感知与行为两个方面，对手写字体的营销效果进行系统归纳和梳理。

2.1　对消费者感知的影响

消费者在进行购买选择时很容易根据产品的外部线索产生直观感受，从而对产品进行评价和判断。字体具有多感官属性，其情感功能会引发消费者参与字体沟通的积极性（Liu et al.，2019）。许多产品外包装上会印有品牌或产品名称，这些名称使用的字体设计会影响消费者的产品感知（Sundar and Noseworthy，2014）。手写字体对消费者感知和认知的影响体现在以下两个方面：

第一，手写字体影响消费者对产品健康性的感知和估计。Liu 等（2019）对注重健康的餐厅和普通餐厅进行实验对比，实验结果表明，对于注重健康的餐厅，手写字体比机器字体更能让人感觉健康。相比之下，对于普通餐厅，消费者感知到的餐厅健康程度不受字体的影响；在社交用餐和单人用餐的情况下，手写字体都

比机器字体让人感知到的健康性更高。由此可见，相比机器字体，手写字体更能提高消费者对产品健康性的感知。

第二，手写字体影响消费者对产品温情感（Warmth）的感知和评判。Ren 等（2018）对手写便条与印刷便条进行对比，发现酒店客户认为手写的便条比印刷的便条更能传递温情，因为手写便条更能传递出服务人员的用心程度以及心理亲近感（Psychological Closeness）。

2.2　对消费者行为结果的影响

现有的研究表明手写字体亦会对消费者行为产生影响。我们通过对以往的文献进行归纳和总结，发现手写字体在不同情境下会影响消费者对产品的选择与偏好（Izadi and Patrick，2020；Schroll et al.，2018）、消费者对产品的评价与态度（Huang and Liu，2020；Tassiello et al.，2018）、消费者的意愿与口碑传播（Huang and Liu，2020）等。因此，下文我们将从这三个方面具体阐述手写字体对消费者行为结果的影响。

第一，手写字体影响消费者对产品的选择和偏好。首先，手写字体的产品包装能增加消费者的触碰，从而影响消费者对产品的评价和选择偏好（Izadi and Patrick，2020）。其次，手写字体会增强消费者与产品之间的情感依恋，使消费者对产品产生更高的偏好。Schroll 等（2018）实验发现30.4%的消费者偏好选择包装上有手写字体的薯片，相比较而言，只有5.6%的人会选择包装上有机器字体的薯片。

第二，手写字体影响消费者对产品的评价和态度。首先，让消费者手写评论会影响其后

续的评价。Tassiello 等（2018）[①] 在实验中邀请消费者在住宿结束时对酒店进行手写评论（只评论，不评分），然后再记录这批消费者之后对酒店的线上评分，结果发现，参与手写评论的消费者的在线评分显著高于未参与手写评论的消费者的在线评分。其次，手写字体会影响消费者对产品的态度。Chen 等（2021）研究发现，如果餐厅菜单使用手写字体，消费者会对菜单产生更积极的态度，消费者会更加喜欢，认为菜单更具吸引力，质量更高等。此外，相比常规餐厅，健康餐厅在使用手写字体的菜单时，会让消费者感受到人情味，从而增加消费者对这家餐厅的喜爱程度（Liu et al.，2019）。最后，手写字体影响品牌忠诚度。研究发现，在制作慈善捐赠海报，并使用聚焦温暖的信息框架时，手写字体会让消费者产生更高的品牌忠诚度（Huang and Liu，2020）。由此可见，无论手写字体来自商家还是消费者，都可能对消费者的产品态度和评价产生积极影响。

第三，手写字体影响消费者的意愿和口碑传播。首先，Huang 和 Liu（2020）发现手写字体会影响消费者的捐赠意愿。在聚焦温暖的信息框架下，用手写字体传达聚焦温暖的捐赠信息可以引发更高水平的消费者捐赠意愿。其次，Yu 等（2020）发现如果在餐厅菜单上使用手写字体会提高消费者的购买意愿。此外，手写字体还会影响产品的口碑（即消费者传播产品口碑的参与度）。Liu 等（2019）研究发现，相较于机器字体，手写字体能为注重健康的餐厅带来更高的消费者社交媒体参与度（如在社交媒体上与品牌互动，进行产品口碑传播等）。

综上所述，聚焦消费者的感知与行为两个方面，对手写字体营销效果的研究具体如表 1 所示。

表 1　手写字体的营销效果

影响层面		营销效果	研究发现	研究文献
感知层面	感知	健康感知	对于注重健康的餐厅，在菜单上使用手写字体能够提高消费者对餐厅的健康性感知	Liu 等（2019）
		温情感知	手写便条引发了更强烈的温情感，因为人们感觉到了服务提供者更大的努力，同时也拉进了与服务提供者的心理距离	Ren 等（2018）
行为层面	选择和偏好	选择和偏好	手写字体能够增强消费者与产品之间的情感依恋，从而提高消费者对产品的选择	Schroll 等（2018）
			手写字体能够提高消费者的触碰意愿，从而提高消费者对产品的偏好	Izadi 和 Patrick（2020）
	评价和态度	产品评价	手写字体会产生较少的负面以及极端的在线评分	Tassiello 等（2018）
		产品态度	菜单上使用手写字体会使消费者对菜单产生更加积极的态度	Chen 等（2021）
			对于注重健康的餐厅，在菜单上使用手写字体能够提高消费者对餐厅的喜爱程度	Liu 等（2019）
		品牌忠诚度	在聚焦温暖的信息框架中，采用手写字体可以最大限度地提高消费者的品牌忠诚度	Huang 和 Liu（2020）

①　本文引用所有文献中，仅 Tassiello 等（2018）中手写字体的书写主体是消费者，而非商家。

影响层面		营销效果	研究发现	研究文献
行为层面	意愿和口碑传播	捐赠意愿	当捐赠呼吁信息聚焦温暖时，采用手写字体能提高消费者的捐赠意愿	Huang 和 Liu（2020）
		购买意愿	餐厅菜单使用手写字体会提高消费者的购买意愿	Yu 等（2020）
		社交媒体参与度	在餐厅注重健康的背景下，菜单上的手写字体让消费者感受到人情味和爱意，从而增加消费者在社交媒体上与品牌互动等互惠行为	Liu 等（2019）

3 手写字体营销效果的内在机制

手写字体不仅能影响消费者的感知与认知，还能影响消费者的行为决策。那么，这些手写字体产生营销效果背后的原理究竟是什么？为了进一步剖析手写字体内在的作用机制，下文将从人因机制、情感机制和认知机制着手，系统解读手写字体的作用原理。

3.1 人因机制

本文将手写字体通过让消费者联想到"人"而产生营销效果的机制，统称为"人因机制"，主要包含："人的存在"（Human Presence）、"触觉参与"（Haptic Engagement），以及"人情味"（Human Touch）三个机制。

"人的存在"机制[①]。部分学者引入与人关联的心理机制解释手写字体的影响。Schroll 等（2018）提出了"人的存在"这一心理机制，并将"人的存在"定义为一种"产品充满了人性化的人类触觉的感觉"，因此即使没有（或不需要）其他人物理上的实际存在，消费者也能够感觉到人的存在或参与。另外，Schroll 等（2018）还指出，即使人们知道产品包装上的手写字体实际上是机器创造的，其仍然可以作为激活人类知识的提示，向消费者传递人类存在的感知，而"人的存在"感知会使产品充满个性化，从而让消费者与产品的联系更加紧密，进而增强消费者对产品的情感依恋，使消费者对产品产生更积极的产品评价。

"触觉参与"机制。Izadi 和 Patrick（2020）提出了人的"触觉参与"机制，发现当产品包装采用手写字体时，消费者会更有可能拿起、打开或触摸它。该研究基于手写字体能够传递"人类的存在"感知这一研究发现，提出"人类的存在"感知会使消费者产生基于感官的行为反应——触摸，从而对产品做出更积极的评价。

"人情味"机制[②]。Liu 等（2019）认为在菜单上使用手写字体能够触发人情味，进而向消费者们传递一种感知："爱"象征性地融入到了餐厅的产品中。具体来说，这是因为产品包装上的手写字体会增强消费者与产品之间的情

---

① 此类机制为序列型中介：Human Presence→Emotional Attachment，指手写字体会引发人的存在感知，从而触发消费者对产品的情感依恋。人的存在是该链式中介的第一个中介，进而引发第二个中介，因此归类到人因机制。

② 此类机制为序列型中介：Human Touch→Love，指手写字体会引发人情味，进而向消费者传递一种"爱"的感知。人情味是该链式中介的第一个中介，进而引发第二个中介，因此归类到人因机制。

感依恋（Schroll et al.，2018），从而使消费者感觉餐厅的菜单包含了服务提供商对工作的热爱与激情，这种"爱"被象征性地嵌入到产品中，最终增加消费者对产品的积极态度。

3.2 情感机制

情感机制在先前的研究中，也常常被用于解释手写字体的作用原理。情绪共情，是由 Tassiello 等（2018）提出的用于解释手写字体效果的情感机制。具体来说，研究发现手写字体会引发更高水平的消费者参与，包括物理上、触觉上的体验，而这种体验会激发同理心，进而引起同情心，产生情绪共情，使消费者获得站在他人角度看待问题的替代体验，进而对酒店运营商产生更高的同理心（Tassiello et al.，2018）。

心理亲近感也是一种关键的情感机制（Ren et al.，2018）。心理亲近感是一种与他人关联的依恋感（Gino and Galinsky，2012）。Ren 等（2018）引入心理亲近感解释了手写字体向消费者传递温情的作用原理。具体来说，由于手写字体具有人类的特征，手写与人类的含义之间具有一定的关联，因此当服务商使用手写字体向消费者传递信息时，消费者会从心理上感觉与企业更加亲近，产生更强的心理亲近感，从而增强企业向消费者传递的温情感（Ren et al.，2018）。此外，Ren 等（2018）还指出，心理亲近感会影响消费者对企业的感受，因为当人们在心理上感觉与一个人亲近时，他们就更不容易质疑这个人的举动别有用心，而是会感觉这个人是仁慈友善的。

3.3 认知机制

认知机制是指与消费者的感知及认知有关的机制。努力感知（Perceived Effort），由 Ren 等（2018）提出，这一认知机制背后的原理是：由于手写字体会让人联想到手写的动作，左脑的主要运动皮层会变得活跃，而手写（相比机器打印）是更花费时间、更消耗体力的（Longcamp et al.，2011），因此会使消费者感觉到服务公司付出了更多的努力。更高的努力感知会让消费者据此推断商品提供者是真诚的，花了很多心思，从而给出更积极的态度和评价（Ren et al.，2018）。

信任感知（Trust）。先前的研究发现，接触到具有一致含义的刺激（如信息、字体等）可以促进人们对信息的处理，进而使消费者认为刺激是可信的，从而转化为品牌信任，这也是建立客户品牌忠诚度的前提（Van Rompay and Pruyn，2011）。品牌信任是指消费者相信品牌是可靠的，相信品牌会为消费者的利益负责（Munuera-Aleman et al.，2003）。Huang 和 Liu（2020）引入品牌信任（Brand Trust）解释手写字体对消费者捐赠意愿的影响，认为字体可以被视为捐赠呼吁信息中的一种隐式元素，当捐赠呼吁信息聚焦温暖时，采用手写字体能够达成二者间的一致性，进而增强消费者的品牌信任，让消费者相信企业会按照捐赠前约定的方式使用消费者的捐赠资金，从而提高消费者的捐赠意愿。

独特性感知（Perceived Uniqueness）。Chen 等（2021）对餐厅菜单的研究发现：由于每个人的手写字体都是独特的，并且难以被人复制，这种异质性会增强手写字体的独特性，因此当餐厅菜单使用手写字体时，能够显著提高消费者对菜单的独特性感知，即认为这个菜单是独一无二的、特别的，这种独特性感知会大大提高消费者对菜单的好感，让消费者对菜单产生更加积极的态度。

真实性感知（Perceived Authenticity）。先前的研究发现，真实性感知可作为手写字体营销效果的解释机制：由于手写字体与"真诚的""友好的""纯粹的""热情的"这些概念紧密相关，因此手写字体能够引发真实性感知。例如，Yu 等（2020）研究发现，当餐厅菜单使用的是手写字体时，相较于使用机器字体，其会让消费者感觉更加真诚（Genuine）、真实（Authentic）、原创（Original），从而提高真实性感知，最终提高消费者的购买意愿。

4　手写字体营销效果的影响因素

为了进一步丰富手写字体的内涵、更好地指导手写字体的应用，需要进一步明确手写字体的作用范围。因此，下文将从产品类型、消费者类型、信息框架和服务质量四个方面入手，分类归纳影响手写字体发挥作用的因素，进一步探讨影响手写字体营销效果的主要因素。

4.1　产品类型

根据字体—产品的适当性原理（Typeface-Product Appropriateness），字体含义和产品含义一致能够带来更多积极效应（Childers and Jass，2002；Doyle and Bottomley，2006），而产品类型在很大程度上决定了产品的含义，因此产品类型是手写字体营销效果重要的调节因素。

享乐型与功能型产品的影响。Schroll 等（2018）发现，相较于机器字体，手写字体会使消费者对享乐型产品做出更积极的评价；而相较于手写字体，机器字体会使消费者对功能型产品做出更积极的评价。

安全型/风险型产品的影响。Izadi 和 Patrick（2020）发现手写字体触发的一系列积极效应只存在于安全型产品（Benign Product）中，而不存在于风险型产品（Risky Product）中。

健康型/常规型产品的影响。Liu 等（2019）发现只有在餐厅注重健康的情况下，手写字体的积极影响才会体现出来。具体来说，对于普通餐厅，消费者对餐厅的健康感知不受手写字体/机器字体的影响；而对于注重健康的餐厅来说，相较于在菜单上使用机器字体，使用手写字体会让消费者感觉更加健康。

餐厅的忙碌程度（Busyness）也是一个重要的影响因素。当餐厅不忙碌的时候，消费者会感觉使用手写字体的菜单比使用机器字体的菜单更加独特，从而对菜单产生积极的态度。然而，当消费者感觉餐厅很忙碌时，菜单是否使用手写字体就不太能影响到消费者对菜单的独特性感知，也无法影响消费者对菜单的态度（Chen et al.，2021）。

4.2　消费者类型

消费者类型也是手写字体营销效果重要的调节因素。首先，不同的顾客导向（商务 vs. 休闲）会影响消费者对手写字体的反应，比如在旅游时，商务类游客受手写字体的影响较小，因此手写字体降低消费者极端负面评分的正面作用会减弱；而休闲类游客受手写字体的影响较大，因此手写字体会而减少消费者极端负面评分。其次，新顾客（First-time Customer）与老顾客（Repeat Customer）之间也存在差异，老顾客受手写字体的影响较小，而新顾客受手写字体的影响更大（Tassiello et al.，2018）。再次，顾客性别也是一项重要的调节因素。研究发现，相较于女性顾客，男性顾客更容易受手写菜单的影响，更容易感知到手写菜单的独特性，并对手写菜单产生更积极的态度（Chen et al.，2021）。最后，顾客调节定向（促进定向 vs. 预防定向）也能显著调节手写字体的影响。在 Yu 等（2020）的研究中，只有预防定向的顾客会受到餐厅手写菜单的影响，对手写菜单产生显著的真实性感知，并提高购买意愿；相反，促进定向的顾客不会受到菜单是否是手写的影响。

4.3 信息框架

研究发现，信息框架（Message Framing）也会对手写字体的营销效果产生调节作用。在慈善捐助活动中，聚焦温暖的信息框架（Warmth-focused Message Framing）与手写字体更加匹配，而聚焦能力的信息框架（Competence-focused Message Framing）则与机器字体更加匹配，当一则慈善呼吁信息更强调温暖时，使用手写字体有利于赢得更高的消费者捐赠意愿，也更容易提高消费者的品牌忠诚度（Huang and Liu，2020）。

4.4 服务质量

在服务营销场景中，当企业提供的核心服务质量很低时，手写字体就无法传递温情感。也就是说，只有当核心服务的服务质量满足顾客的期望时，服务提供商才有可能有效地利用手写信息来传递温情感，让消费者感觉其付出了很多努力，进而建立亲密的企业客户关系（Ren et al.，2018）。

5 结论与未来研究展望

近年来，虽然手写字体对产品与消费者的影响已在营销领域被越来越多的学者关注，但还有很多领域未被研究涉及，值得深入探讨。具体而言，营销领域手写字体的未来研究可以尝试从以下几方面展开。

第一，手写字体细分研究。手写字体还可以进一步细分为：机器打印的"类手写体"，以及真人书写的"真实手写体"。二者的不同之处在于，类手写体虽然看起来像人手写的，但其书写主体仍能够被识别出是机器，而真实手写体很明显是人书写的。这一区别可能导致不同的营销效果。具体来说，书写主体存在的不同，真人或者机器，会使消费者产生不同的感知和认知，从而产生不同的营销效果。由于手写字体蕴含了"比机器字体付出了更多努力"的意义，当消费者收到商家提供的虚假的"手写体"时，可能会感到自己"被欺骗"，反而会降低对商家的信任感，因此，使用手写字体也可能适得其反。

第二，字体设计研究。可以探究手写字体书写位置、大小以及颜色等方面对消费者决策及行为的影响。首先，从手写字体位置的角度探讨。标识以及产品名称的位置会对消费者进行产品判断和表明购买意愿倾向时产生影响（Dong and Gleim，2018）。先前研究发现，不同位置上的产品图像会影响产品的视觉沉重感，当产品图像在包装的底部、右侧或右下角时，会显得产品较重；当产品图像在包装的顶部、左侧或左上角时，则显得产品较轻（Deng and

Kahn，2009）。由此可见，手写字体的位置也可能影响消费者对产品的感知。其次，从手写字体大小的角度研究。大量的研究表明产品的特征，如尺寸，可以通过充当认知捷径来影响人的行为。人们常常将尺寸大小与人的地位相联系——较大的尺寸往往比较小的尺寸具有更高的地位（Dubois et al.，2012）。因此，手写字体的大小或许也能影响人们对地位的认知，从而影响人们的消费行为。最后，从手写字体颜色的角度探讨。有研究表明，颜色是物体识别的重要线索，而且颜色常常与情感联系在一起，不同的颜色可能会使观察者产生不同的情绪和感觉（Hanada，2018）。由此推测，不同颜色的手写字体可能与不同的情感/情绪相关联，未来可以进一步探讨不同颜色的手写字体对消费者的影响，从而帮助产品、品牌和企业形象实现差异化。

第三，手写字体影响因素研究。一方面，可以从品牌个性角度出发。已有研究表明 Logo 设计特点与品牌个性的一致性会影响消费者对产品的感知和判断（Luffarelli et al.，2019）。King 和 Koehler（2000）发现手写特征和人格维度之间具有关联现象：笔迹特征和个人特征具有语义关联。因此，未来可以研究如何使用手写字体凸显产品个性、契合品牌个性、提升品牌形象。另一方面，还可以从产品视角进行研究，如绿色产品营销。国家和社会愈发重视环保问题，企业也纷纷推出绿色产品，基于手写字体会提高捐赠意愿（Huang & Liu，2020）以及提升餐厅健康性感知及购买意愿（Liu et al.，2019），未来研究可进一步挖掘手写字体对绿色产品营销的影响，针对绿色产品进行营销活动时，是否使用手写字体会提升消费者环保感知，从而提升绿色产品消费。

第四，手写字体营销效果的研究。一方面，手写字体潜在的负面效果研究。目前，大量的研究倾向于挖掘手写字体的正面营销效果：手写字体的友好性、人性化等特点增强了消费者的购买意愿。然而，由于手写字体具有不专业、不正式的特点（Mackiewicz and Moeller，2004；Mackiewicz，2005），据此推测，在专业/正式情境中，手写字体可能会产生负面的营销效果。另一方面，手写字体对后续消费行为影响的研究。目前的研究主要探讨手写字体带来的即时营销效果，未来可以进一步探讨手写字体对后续消费行为的影响，如对产品退换率的影响。产品退货率是影响企业利润的重要因素，即使"双十一"销售额超过千亿元，但高居不下的退货率也让企业利润大打折扣。基于前人的研究推测，在产品包装上使用手写字体可能会起到增强消费者对产品温情感的感知，拉近消费者与企业的心理距离（Ren et al.，2018），从而降低消费者的退货意愿。

第五，手写字体影响消费行为的潜在机制研究。根据前人的研究，手写字体能够传递人性化内涵、增强情感依恋（Liu et al.，2019；Schroll et al.，2018），而人性化又能增加消费者的联系感（Tam et al.，2013）。因此，未来可以尝试将社会联系（Social Connection），或连接感（Connectedness）作为潜在机制，探讨手写字体是否能增强人与人之间、人与品牌之间、人与企业之间的连接感，从而提高消费者的购买意愿。

第六，手写字体的本土化研究。在实际消

费场景中，手写字体的书写风格难免会受到本国的文化、风土人情或者产品特性的影响。本文回顾的主要是国外相关研究，这也意味着大部分研究更多的是探讨英文语境下的手写字体。国内营销领域中与手写字体相关的研究较为匮乏，因此未来研究可以在中文语境下，结合汉字的手写字体书写风格及本土化（如中国风等），对不同汉字字体（如楷书、行书、草书等）做进一步的研究，探索不同文化情境下不同手写字体对消费行为的影响，亦具有较强的研究价值。

参考文献

［1］Chen F. F., Liu S. Q., Mattila A. S. Ethnic restaurants: Bringing uniqueness to the table through handwriting［J］. Cornell Hospitality Quarterly, 2021: 1-14.

［2］Childers T. L., Jass J. All dressed up with something to say: Effects of typeface semantic associations on brand perceptions and consumer memory［J］. Journal of Consumer Psychology, 2002, 12（2）: 93-106.

［3］Deng X., Kahn B. E. Is your product on the right side? The "location effect" on perceived product heaviness and package evaluation［J］. Journal of Marketing Research, 2009, 46（6）: 725-738.

［4］Dong R., Gleim M. R. High or low: The impact of brand logo location on consumers product perceptions［J］. Food Quality and Preference, 2018, 69: 28-35.

［5］Doyle J. R., Bottomley P. A. Dressed for the occasion: Font-product congruity in the perception of logotype［J］. Journal of Consumer Psychology, 2016, 16（2）: 112-123.

［6］Dubois D., Rucker D. D., Galinsky A. D. Super size me: Product size as a signal of status［J］. Journal of Consumer Research, 2012, 38（6）: 1047-1062.

［7］Gino F., Galinsky A. D. Vicarious dishonesty: When psychological closeness creates distance from one's moral compass［J］. Organizational Behavior and Human Decision Processes, 2012, 119（1）: 15-26.

［8］Hagtvedt H. The impact of incomplete typeface logos on perceptions of the firm［J］. Journal of Marketing, 2011, 75（4）: 86-93.

［9］Hanada M. Correspondence analysis of color - emotion associations［J］. Color Research & Application, 2018, 43（2）: 224-237.

［10］Henderson P. W., Giese J. L., Cote, J. A. Impression management using typeface design［J］. Journal of Marketing, 2004, 68（4）: 60-72.

［11］Huang H., Liu, S. Q. "Donate to help combat COVID-19!" How typeface affects the effectiveness of CSR marketing?［J］. International Journal of Contemporary Hospitality Management, 2020, 32（10）: 3315-3333.

［12］Izadi A., Patrick V. M. The power of the pen: Handwritten fonts promote haptic engagement［J］. Psychology & Marketing, 2020, 37（8）: 1082-1100.

［13］Jiang Y., Gorn G. J., Galli M., Chattopadhyay A. Does your company have the right logo? How and why circular- and angular-logo shapes influence brand attribute judgments［J］. Journal of Consumer Research, 2016, 42（5）: 709-726.

［14］Kim J. Y., Min S. N., Subramaniyanm M., Cho Y. J. Legibility difference between e-books and paper books by using an eye tracker［J］. Ergonomics, 2014, 57（7）: 1102-1108.

［15］King R. N., Koehler D. J. Illusory correlations in graphological inference［J］. Journal of Experimental Psychology: Applied, 2000, 6（4）: 336-348.

［16］Kronrod A., Danziger S. "Wii will rock you!" The use and effect of figurative language in consumer reviews of hedonic and utilitarian consumption [J]. Journal of Consumer Research, 2013, 40 (4): 726-739.

[17] Leeuwen T. V. Towards a semiotics of typography [J]. Information Design Journal, 2016, 14 (2): 139-155.

[18] Liu S. Q., Choi S., Mattila A. S. Love is in the menu: Leveraging healthy restaurant brands with handwritten typeface [J]. Journal of Business Research, 2019, (98): 289-298.

[19] Longcamp M., Hlushchuk Y., Hari M. What differs in visual recognition of handwritten vs. printed letters? An fMRI study [J]. Human Brain Mapping, 2011, 32 (8): 1250-1259.

[20] Luffarelli J., Stamatogiannakis A., Yang H. The visual asymmetry effect: An interplay of logo design and brand personality on brand equity [J]. Journal of Marketing Research, 2019, 56 (1): 89-103.

[21] Mackiewicz J. How to use five letterforms to gauge a typeface's personality: A research-driven method [J]. Journal of Technical Writing and Communication, 2005, 35 (3): 291-315.

[22] Mackiewicz J., Moeller R. Why people perceive typefaces to have different personalities [C]. International Professional Communication Conference, 2004.

[23] McCarthy M. S., Mothersbaugh D. L. Effects of typographic factors in advertising-based persuasion: A general model and initial empirical tests [J]. Psychology & Marketing, 2002, 19 (7-8): 663-691.

[24] Munuera-Aleman J. L., Delgado-Ballester E., Yague-Guillen M. J. Development and validation of a brand trust scale [J]. International Journal of Market Research, 2003, 45 (1): 1-18.

[25] Ren X., Xia L., Du J. Delivering warmth by hand: Customer responses to different formats of written communication [J]. Journal of Services Marketing, 2018, 32 (2): 223-234.

[26] Schroll R., Schnurr B., Grewal D. Humanizing products with handwritten typefaces [J]. Journal of Consumer Research, 2018, 45 (3): 648-672.

[27] Sundar A., Noseworthy T. J. Place the logo high or low? Using conceptual metaphors of power in packaging design [J]. Journal of Marketing, 2014, 78 (5): 138-151.

[28] Tam K. P., Lee S. L., Chao M. M. Saving Mr. Nature: Anthropomorphism enhances connectedness to and protectiveness toward nature [J]. Journal of Experimental Social Psychology, 2013, 49 (3): 514-521.

[29] Tassiello V., Viglia G., Mattila A. S. How handwriting reduces negative online ratings [J]. Annals of Tourism Research, 2018, 73: 171-179.

[30] van Rompay T. J. L., Pruyn A. T. H. When visual product features speak the same language: Effects of shape-typeface congruence on brand perception and price expectations: Shape-typeface congruence [J]. Journal of Product Innovation Management, 2011, 28 (4): 599-610.

[31] Velasco C., Hyndman S., Spence C. The role of typeface curvilinearity on taste expectations and perception [J]. International Journal of Gastronomy and Food Science, 2018, 11: 63-74.

[32] Venkatesan T., Wang Q. J., Spence C. Does the typeface on album cover influence expectations and perception of music? [J]. Psychology of Aesthetics, Creativity, and the Arts, 2020. Advance online publication, https://doi.org/10.1037/aca0000330.

[33] Wang L., Yu Y., Li O. The typeface curvature effect: The role of typeface curvature in increasing preference toward hedonic products [J]. Psychology & Market-

ing，2020，37（8）：1118-1137.

［34］Yu X．，Huang H．，Liu S．Q．，Lu Z. Signaling authenticity of ethnic cuisines via handwriting［J］. Annals of Tourism Research，2020，（85）：1-13.

［35］任晓倩，方娴，隋雪，吴岩．手写体文字识别的特点及神经机制［J］．心理科学进展，2018，26（7）：1174-1185.

［36］常玉林，王丹烁，周蔚．字形判断过程中的整体与局部优先效应：来自反应时和眼动指标的证据［J］．心理科学，2016，39（5）：1040-1044.

论文执行编辑：黄韫慧

论文接收日期：2021 年 6 月 8 日

作者简介：

李瑶（1998—），南京大学商学院营销与电子商务系硕士研究生。研究方向为消费者行为、数字技术与消费行为、危机营销。E-mail：liyao@ smail. nju. edu. cn。

徐慧敏（1999—），南京大学商学院营销与电子商务系硕士研究生。研究方向为消费者行为学、品牌管理、绿色消费。xuhuimin_19@ 163. com。

Dickson Tok（1989—）（通讯作者），南京大学商学院营销与电子商务系博士研究生。研究方向为消费者行为、广告研究、食品消费。E - mail：dickson. dtok @ gmail. com。

初星宇（1985—）（通讯作者），南京大学商学院营销与电子商务系助理教授。研究方向为消费者心理及行为、广告研究、视觉营销、亲社会行为、慈善营销。E-mail：marcoschu@ nju. edu. cn。

What Does Handwriting Say

—The Effect of Handwritten Typeface Design on Consumer Behaviors: A Marketing Perspective

Yao Li, Huimin Xu, Dickson Tok, Xing-Yu Chu

(School of Business, Nanjing University, Nanjing, China)

Abstract: Typeface design is a key element in marketing materials and has great influence on consumer decision-making and behaviors. A handwritten typeface differs from a machine-written typeface based on four characteristics: the perceived writer, the body structure, the writing style, and the typeface personality. The handwritten typeface can affect consumers' perception and benavior. The internal mechanism of these effects can be explained by the following three aspects: human-related associations, e-motion, and cognition. The effects of a handwritten typeface on consumers are moderated by product type, consumer type, message framing, and service quality. Future studies can explore various design factors as well as the negative effects of a handwritten type-face. Researchers can also discover new moderators and new underlying mechanisms of the handwritten typeface effects.

Key Words: Typeface Design; Handwritten Typeface; Consumer Behavior; Marketing Effects; Influential Factors

JEL Classification: M31

本地 CEO 任职能否抑制实体企业"空心化"？

——基于身份认同视角的研究*

□安维东　刘　伟

摘　要：地缘关系是高管身份认同的重要维度，对企业经营决策影响重大。基于中国情境，本文选取 2007~2018 年 A 股非金融类上市公司样本，考察本地 CEO 任职与实体企业金融资产投资的关系。研究发现：CEO 本地籍贯产生的家乡身份认同有助于弱化上市企业投资替代倾向与蓄水池动机，降低长期和短期的金融资产投资。其中，信贷约束起了部分中介作用。拓展研究表明，CEO 身份认同作为内在的情感偏好，不会因为后期社会关系嵌入发生利己转变。在市场化进程较慢、社会信任水平较低的地区，经理人本地标签对上市企业金融化抑制效果更强。本文为丰富身份认同经济学假说提供了证据支持，也对解释实体企业金融化成因、优化金融资产配置以及高管选聘有重要参考价值。

关键词：籍贯；身份认同；金融资产；信贷

JEL 分类：F832.51；F275

1　研究背景

近年来，随着企业外部营商环境复杂化及经济政策不确定性的攀升，中国经济金融化进程不断加深（张成思和张步昙，2016）。2020 年《国民经济和社会发展统计公报》显示：2020 年中国金融行业增加值 84070 亿元，同比增长 7.0%；而制造业增长率却仅达到 3.4%，较 2019 年同期放缓约 2.6 个百分点。金融渠道的高收益、低限制易诱发企业生产资金等要素偏离实体在虚拟领域空转，产生过度金融化风险（张成思，2019）。为引导上市公司资金"回归本源"，党的十九届五中全会明确提出

---

* 基金项目：国家社会科学基金资助项目"创始人社会资本、控制权配置与家族企业成长问题研究"（17CGL016）。

"要坚持把发展经济着力点放在实体经济上"。在中国新兴市场环境中，公司普遍面临严苛的融资约束、进入壁垒和经济不确定性下的产权保障难问题（周泽将等，2019），其金融化驱动因素具有复杂性。管理者出于缓解融资约束的蓄水池动机（Stulz，1996；胡奕明等，2017）或投资替代倾向（Demir，2009），偏好将资金投入虚拟领域，引致金融与房地产行业的资金配置比例日趋增加，实体部门逐渐呈现"空心化"。在经济高质量发展形势下，防范过度金融化风险是亟待解决的重要课题。现有对经济"脱实向虚"的研究多集中于宏观的政策不确定性、监管空白、货币因素（彭俞超等，2018；张成思和郑宁，2020；Demir，2009）等层面，但也有部分学者直观地从企业内部视角，发现聘用不具备金融背景（杜勇等，2019）与贫困经历（牛煜皓和卢闯，2020）的 CEO 更有助于降低投资的金融化倾向。CEO 是公司投资决策的主体，从高管个人特质的微观层面理解 CEO 在经济金融化中的角色，对解释实体企业金融化成因、主动把控金融投资水平、避免产业"脱实向虚"有理论和现实意义。

公司开展主营业务活动往往伴随着设备购入、研发支出、实体项目的建立与推进等行为，这都需要大规模且长期的财力投入。目前，企业获取外部资金的渠道还不完善，普遍依靠风险投资和银行机构贷款。相比美国等发达国家，中国风险投资水平有较大差距，仅占美国风险投资的 3.77 个百分点，银行借贷仍是公司获取外源性融资的重要来源（王满四和王旭东，2020）。然而发展中国家对债权人保护、契约履行的法治建设尚未成熟，导致银行机构进行信贷审核时需要借助社会资本约束作为正式制度的替代机制，以规避授信可能面临的道德风险（Du et al.，2015）。由此，银行信贷资源的配置决策不仅仅基于企业会计信息质量、内部控制和治理等硬性指标，同时还有赖如老乡关系、政企关联、银企联系等关系型融资的非正式制度软约束（张樱，2017）。因此"关系"对企业取得银行信贷支持，服务实体发挥着重要作用。

中华传统宗族理念中，企业权力交接讲究"后继有人"，因此高管人选往往是拥有类似工作经历、具有文化认同感及血脉亲情等身份的"自家人"，即所谓的"泛家族化"格局（陆瑶和胡江燕，2016；叶文平等，2018），以便形成彼此认可、互相信赖的利益趋同体，而一个人是否为本地人的身份特征自古就是被关心和提及的话题。尤其在乡土文化浸染下，由本地身份萌发的个人家乡认同情感在中国经济社会中有着十分突出的表现（李吉园等，2020）。自 Akerlof 和 Kranton（2000）将身份加入效用函数后，国内学者围绕身份认同经济学发掘了管理者家乡认同对环境治理、企业避税的证据，但尚未有文献将当前实体经济金融化浪潮与高管家乡身份认同建立框架联系。本地 CEO 通过亲切的方言（戴亦一等，2016）、高度认可的身份象征与情感共鸣易于在当地缔造紧密的网络关系，在地区人文、社会、环境的交流互动中增进个体归属感与身份认同感，进而为家乡建设做出积极贡献（胡珺等，2017）。作为拥有区域经济带动者和家乡建设推动者双重身份的本地企业家，其兼具决策和属地配位性质的社会嵌入模式很可能强化 CEO 的自我身份认同与社会群体身份认同，对投资偏好产生约束效应和资源效应，进而推动实体部门主营业务的发展，降低企业金融化水平。那么，在中国集体主义文化和经济环境的交互影响下，掌握上市企业管理决策权的本地 CEO 的家乡身份认同能否改变实体企业投资的金融化行为呢？CEO 本地属性又如何遏制企业"脱实转虚"？本文旨在基于身份认同经济学的理论框架，探究高管本地任职与实体企业金融化的关系，通过对实体企业金融化成因的讨论以及本地 CEO 影响金融投资渠道的分析，理解高管地缘身份的非正式制度在金融化中的作用，帮助实体企业有针对性地把控金融投资的尺度。

本文的贡献在于：第一，结合经济金融化趋势与上市公司高管背景，以 CEO 属地的微观层面为切入点，挖掘了我国实体企业金融化成因，对实体企业如何通过非正式制度弱化管理层金融投资私利，充分调动企业家精神，主动把控实体企业金融化程度、防范过度金融化问题有现实借鉴意义。第二，拓展了上市企业高管个人特征的研究范畴。高管异质性特征广受热议，但研究大多聚焦在"学术教育""海外背景""职业经历"等外部性视角，本文立足中国传统"关系"文化，从 CEO 本地身份的非正式制度层面解答了上市企业经营"走向何方"的问题，对实体企业 CEO 聘用有重要参考价值。第三，探究了银行信贷约束在企业家高管身份认同与经济金融化中发挥的媒介作用，有助于深层次理解实体企业金融化的形成机制。第四，通过实体企业本地高管的金融投资选择，为身份认同经济学假说提供了新的经验证据。

2 文献综述、理论分析与研究假设

2.1 文献综述

2.1.1 实体企业金融化

"金融化"源于英文单词"Financialization"。早期 Baran 和 Sweezy（1966）将金融化看作是经济剩余被转移到金融、保险、房地产领域，认为资本主义社会下剩余利润通过日益多样的金融产品在金融领域寻找到了投资机会。20 世纪 90 年代以来，"金融化"一词被学术界广泛运用并定义，其内涵可以从宏观与微观两个层面诠释。从宏观视角看，"金融化"体现为金融领域占比（如产出、利润比重等）在国民经济中有所提升（张成思，2019）。从微观视角看，其则指非银行等实体企业从事金融活动，并使非金融企业更多利用金融渠道获利（Orhangazi，2008）。理论界对实体企业金融化动机的探究也形成了两大主流观点：一类是资金蓄水池动机，另一类是投资替代倾向。

资金蓄水池动机表明：实体企业配置金融资产是出于对流动性储备的考虑，通过投资金融资产有助于正面带动实体企业发展（Stulz，1996；胡奕明等，2017）。一方面，企业内部存在一定量的预留现金流，借助高收益、低门槛的短期金融投资能够盘活闲置资金，促成资本保值乃至增值，在未来主营业务中实现资金反哺。另一方面，金融资产的流动性与可变现性强于固定资产，如果上市企业陷入财务困境，能够迅速卖出持有的金融资产，补充财务流动性需求。Baud 和 Durand（2012）认为金融投资增进了资本运作效率，同时相较于投资回报周期长、变现性差的实体项目，金融资产的灵活性分散了财务风险。金融通过发挥资源有效配置、分散风险和价格发现的职能，对实体部门融通资金、促成企业投融资和创新活动起支持作用。匹配到中国实体经济金融化情境，胡奕明等（2017）利用宏观 GDP 周期、货币供给、股指增长的变化为金融化的"蓄水池"动机提供了证据：企业会在资金流富裕的情况下购入金融资产，在资金链偏紧时卖出，即意味着企业配置金融资产以"蓄水池"为目的，但是配置除现金之外的其他金融资产则存在挤出经营投资的可能性。

自 2008 年金融危机席卷全球后，经济金融化弊端开始暴露，金融与房地产行业持续升温，实业却展现疲软之势。与资金蓄水池动机相悖，Orhangazi（2008）和 Demir（2009）提出流动性储备并非是上市公司金融资产配置的主要目的，反而会对实业投资产生"挤出效应"（Crowding Out Effect）。投资替代观下，利润最大化原则与投机套利是实体企业迈入金融领域的根本动力。Orhangazi（2008）认为当企业能够从金融渠道获得较高的收益时，企业管理层会调整投资实业项目与在金融领域配置资金的优先顺序。金融渠道获利机会上升时，企业可将资源要素集中用于金融资产持有挤占实体投资空间，使虚拟经济显著背离实体经济。Tori 和 Onaran（2017）利用发达国家与发展中国家非金融公司（NFC）资产负债数据，发现财务收入挤出了非金融公司对大公司的投资，非金融公司越来越倾向于参与金融活动、减少实物投资，导致实体增长停滞或金融系统脆弱，损害发达国家和发展中国家的长期生产率。国内学者张成思和张步昙（2016）以及杨筝等（2019）在刻画中国实业投资下降的原因时同样认为，中国企业不断提升的金融资产配置是由实业投资与金融投资间的收益率差引发的，蓄水池不是金融化的内在驱动。若金融资产投资收益率高于实体项目投资，企业金融资产投资比重提高；若金融资产投资收益率低于实体项目投资，则企业从事实业投资的占比上升（张成思和张步昙，2016），表现出资本逐利性。此外，行为金融学认为业绩下滑、激烈的市场竞争和资源要素不足等威胁企业生存的多方压力，会进一步迫使公司把资金投入到投机活动而不是创新研发等投资周期长、产出慢的项目中，即便公司达到预期状态，其迫于向上比较与同类追赶压力仍然偏好金融套利（许罡和朱卫东，2017）。

2.1.2 身份认同与经济行为

身份认同衍生于社会学的研究，社会中的人因承担角色不同而被赋予了不同的社会属性。人们会自觉地将自己归类为某些身份，从同类群体中获得自我价值感和归属感，并将所属群体与其他群体比较，进而影响个体认知和决策（Tajfel and Turner, 1986）。在学术研究中，部分研究文献从社会融入视角将身份认同表征为流动人口的经济、文化、社会等多角度嵌入（卢海阳和梁海兵，2016）。崔岩（2012）提出外来人口如果只是因为就业等原因在迁入地生活，但文化和价值观上与本地居民存在很大的感知差异，就说明流动人口难以在迁入地实现较好的社会融合，那么他们进行的一系列社会活动，实质是利益追逐而非出于对居住地强烈的心理认同。某一特定类别人群只有在潜移默化中与主流群体平等地获取社会资源、在认知上去差异化才真正实现了社会融入。部分欧洲国家对公民实施了身份测试，迫使移民人口在本国和原住国之间做出选择，以期他们能够由内而外地融入当地（Casey and Dustmann，2010）。

结合社会心理学中的身份认同理论，Sen（1985）将身份糅合到经济学领域，指出社会群体处理其成员之间的利益冲突和目标冲突的能力很大程度上取决于个人的思维和行为模式，以及他们如何评估各自的目标（Objectives）、成就（Achievements）与义务（Obligations）。社会中的人的身份具有多元性，对于外生给定条件下的身份可以自主地选择是否认同（Sen，2009）。Akerlof 和 Kranton（2000）把身份引入经济学的效用函数，架构起身份认同经济学（Identity Economics），认为不同身份对应不同的社会规范约束，个体身份认同及身份的选择对经济绩效产生作用。微观视角下的身份认同经济学被普遍用于政府官员对家乡的建设投资、高管身份对企业经营行为的影响研究，具象化为地方认同和家乡认同的非正式制度。一个具备地方认同的个体在与社会的互动中，会对地区产生心理依恋，逐渐将自己视作地区的组成部分。地方认同感越强，人们就越会自发采取亲环境、具有社会效益的行为，推进居住地生态、文化、经济建设。与此相反，如果 CEO 拥有境外居留权就易发生身份认知演变，缺乏对属地组织的内部认同与个人归属感，导致公司代理问题严重（在职消费上升），承担社会责任的意识和动力明显不足（文雯，2021）。家乡认同是地方认同的一个分支，侧重于人们对待家乡的情感态度。家乡认同使政府官员对自身籍

贯所在地存在明显的地域偏爱，从而帮助地区取得更高的财政转移支付与更快的经济增长。徐现祥和李书娟（2019）发现在任的官员会有意识地把资源要素投放至其籍贯所在地，最终帮助家乡制造行业的资本提升约 1.5%，企业数量增加近 9%。公司高管同样受家乡认同情感的影响，尽管公司管理层长期以来都有追求利益最大化的激励，但管理者在特定环境下拥有不同的社会定位，肩负不同程度的社会责任。当本地高管任职时，会对环境污染产生积极的治理效应，增加上市公司与环境相关的资本支出，降低排污费用（胡珺等，2017）。李吉园等（2020）在对影响公司避税因素的分析中，发现 CEO 家乡认同从内心情感和外界舆论两方面促使上市企业依法进行税收筹划并缴税。

2.2 理论分析与研究假设

2.2.1 本地 CEO 任职与实体企业金融化水平

在中国情境下，企业经营受传统"关系"理念感染，倾向于建立密切的社会网络以形成契约同盟，地缘身份正是关系认同的重要维度。自古以来，文人墨客就有着强烈的故乡情怀，表达出"独在异乡为异客"的身份疏离与对故里的思念，这种传统的家乡认同也对个体或群体的思想行为、社会的发展治理产生了重要影响。Akerlof 和 Kranton（2000）将心理学和身份社会学引入经济模型，论证个人身份、自我意识如何影响经济结果，并提出了身份认同经济学。部分学者以此为理论依据阐释了现有经济学无法解答的现象。基于身份认同经济学假说，在实体企业发展建设过程中，本地 CEO 对自身目标、取得的成就和义务存在怎样的定位，以

及个人能否与同质群体进行良好的社会融合并从中获取资源是身份认同的关键影响因素。

首先，本地身份下的家乡认同会弱化 CEO 金融投资的投机套利倾向，引导经理人专注公司主营业务而非通过金融渠道攫取私人超额回报。CEO 作为理性人，其激励源于薪酬契约。为了短期内取得较好的绩效表现、缓和业绩压力，CEO 有动机选择高风险、高回报且周期短的投资，从而向股票、房地产等金融市场套利，舍弃固定资产构建、研发投入、产能升级等周期长的项目，造成投资短视（安磊等，2018）。但事实上 CEO 是存在"感情"的个体，并非完全的"经济人"。中国乡土文化源远流长，乡土情结在国人心中一直占据着重要的地位。个体无论身在何方都希望家乡建设得越来越好，这种对属地身份的认同孕育了个人对家乡的"偏爱"（李书娟和徐现祥，2016）。CEO 的本地属性将促使其萌生地方依恋进而深化地方认同（Proshansky et al.，1983），激发本地 CEO 用实际行动反哺家乡的心理情感，减少通过金融投资的隧道效应向个人输送利益的财务举措，由此塑造以产业可持续发展、企业价值最大化为己任的管理者形象，驱动企业投身于生产研发、设备更新、升级转型等实体活动，提高主营业务绩效。受家乡认同的非理性因素影响，饱含家乡情怀的本地 CEO 会因为身份认同的内在取向转变利己心态下的投资替代动机（胡珺等，2017），弱化潜在的道德风险（钱士茹和赵斌斌，2018），从而超越一般企业单纯追求利润最大化的投机偏好，主动降低金融领域的投机套利行为，以规避过度金融投资挤占实体业务风险，给家乡创造真实的经济价值。

其次，本地身份的社会属性给 CEO 带来了非正式制度的约束和规范，强化了 CEO 的责任义务。尽管资本逐利是上市公司的天性，并由此催生了资金滥用等委托代理问题，但身份认同不仅从内心情感偏好上，也从外界利益相关者的监督上，使本地 CEO 降低了金融投资私利动机。相较非本地 CEO，本地 CEO 无疑承担着更多社会角色，在经营行为中受到更多外部利益相关者，如当地政府、投资者的关注。身份认同要求本地 CEO 不仅要热爱家乡，还要对地区人际交往、政府关系处理具备更高的道德标准（胡珺等，2017）。当本地 CEO 在区域经济发展中扮演"不务正业"的负面角色，把上市企业资金大量投入虚拟领域创造利润时，其就与踏踏实实做实业的政府号召的企业形象产生矛盾冲突，进而偏离集体基于身份认同对本地 CEO 形成的心理预期和信任。从地区经济结构来看，本地 CEO 作为区域经济增长的主体践行者，又是家乡经济高质量发展的推动者，在推动地区 GDP 增长的同时，更要注重经济增长的结构。一个企业如果长期把资产配置于房地产和金融领域，不但会导致其缺乏资金进行产品创新研发，难以造就核心竞争力（Tori and Onaran，2017），还易引发金融泡沫与系统性风险。以金融、房地产等虚拟投资带动甚至主导经济发展的模式，可能使经济繁荣停留在表面（刘晓欣和熊丽，2021），背离高质量发展的要求。所以 CEO 本地任职将迫使其树立具有高度责任感的社会形象，肩负起用实业振兴家乡的责任。

最后，CEO 本地任职下的身份认同有助于为上市企业构架获取资源的桥梁。现有文献将实体企业"金融化"的根本原因归结于金融和实体投资收益率差以及企业"投无可投"的处境（张成思和张步昙，2016；杨筝等，2019）。客观上看，一个企业的资源是有限的，资金投入金融领域就不可避免会挤占实业投资（胡奕明等，2017）。但 CEO 本地标签有利于企业在实体发展中获得信贷等资源从而有能力承担实体创新研发项目（Ren et al.，2021），减弱蓄水池动机下持有金融资产。资源依赖理论中，企业的存续与关键资源的获取息息相关（杜勇等，2019），包括人力资本、社会资本和财力资本。语言是人力资本的重要组成部分，语言的相似性显著缩短了人际交往的心理距离，熟悉的乡音可以缓解沟通障碍、地域歧视并强化外界身份认同（Tajfel，1982；Pendakur，2002；徐现祥等，2015），而身份认同使任职者受到相同籍贯群体的爱护与偏袒。就社会资本而言，中国上市企业一直对关系资本存在较强依赖。以籍贯为纽带可以建立一种老乡身份识别的强社会关系网，得到当地人的大力支持（曹春方和贾凡胜，2020）。这种老乡身份认同能够降低企业进入行业的壁垒，促成企业形成经营特色和不可复制的竞争优势。例如湖南本土品牌"龚康辣椒王"创始人通过与农户的同乡亲友关系大量收购当地优质辣椒，抓住投资机遇从而在实体市场中占得先机（田宇等，2016）。

基于以上分析，本文提出以下假设：

H1：本地 CEO 任职将显著抑制实体企业金融化水平。

2.2.2　本地 CEO 任职、信贷约束与实体企业金融化水平

在厘清本地 CEO 任职与实体企业金融化关系的基础上，进一步探究二者之间的传导机制。

企业正常经营活动的维持需要源源不断的资金注入，在众多融资渠道中，银行信贷始终占据外源性融资的主流地位。本地 CEO 凭借家乡身份识别下的群体认同与偏爱，可以更好地嵌入地区交往、积累社会资本。社会资本的"软约束"有利于制约管理者有悖道德的行为，塑造高管利他主义道德观，发挥信号效应并以此增进银行对贷款方的信任，达成信贷合约的缔结（张樱，2017）。另外，本地 CEO 扎根当地意味着 CEO 拥有更便捷、广泛的机会，借助与利益相关者频繁的互动接触、情感交流，推动信息交换共享，降低企业不透明的程度。银行对授信方越熟悉，付出的监督成本、信息搜寻成本和契约执行成本越低，遭受的企业道德风险越小，就越容易做出信贷配给决策（Guiso et al.，2004；Du et al.，2015）。由此，与外地 CEO 相比，本地 CEO 长期以来交织的社会网络在当地较具价值效益，在不透明的市场环境中本地身份可以被视为一项无形担保。本地 CEO 利用良好的口碑声誉、密集分布的社会网络发出企业可靠的信号，传递诚信的态度，就会增加获取银行机构信贷资金的可能性（刘中燕和周泽将，2016）。

银行信贷资金涌入企业，可使上市公司有能力承担昂贵的创新研发项目（Ren et al.，2021），加大实物资本投入，为企业受信贷约束进行部分预防性储蓄提供渠道。同时，受身份认同的内在约束和外界压力，有责任感的 CEO 的投资私利动机被抑制，所以在非正式制度规范下，其将主动把融得的信贷资金投入项目研发，追求公司价值提升和愿景的实现（顾雷雷和王鸿宇，2020）。另外，从银行监督体系来看，信贷发挥着相机治理作用。企业的资产负债率越

高，债务约束则越强，银行通过限定条款可以整体上缩减企业的金融资产持有规模，特别是银行长期贷款支持资金与实体项目投资期限相匹配，对风险型金融投资的抑制效用更显著（沈悦和安磊，2021）。此外，考虑到投身虚拟经济的企业可抵押的固定资产实物较少、第二还贷来源不足，同时管理层存在隐藏利用金融渠道获利的动机，很有可能降低企业财务信息透明度，所以银行排斥上市公司的金融化，通常采取减少新增贷款、提升贷款利率的措施，给金融化水平较高的公司开出设定苛刻的标准来防范投资风险（张琳等，2021）。因此，如果企业把银行信贷资金投放到金融行业，将对公司长久地获取银行信任与信贷资源产生不利影响。放款后银行部门还会对上市企业的投资项目进行监管考核，进一步倒逼了上市公司利用资金构建固定资产、专注创新研发等实体项目，并形成长期战略布局促成创新产出（Benfratello et al.，2008）。所以上市企业的金融投机倾向弱化，投资重心从虚拟领域转移到实体经济，金融投资参与度降低。

基于以上分析，本文提出以下假设：

H2：CEO 本地任职可以通过获取高水平的信贷支持抑制实体企业金融化水平。

3 研究设计

3.1 样本选择与数据收集

2007 年起中国开始执行新会计准则，因此本文初始研究样本为 2007~2018 年 A 股非金融类上市企业。文中 CEO 指总经理、总经理兼任董事长职位的高管。上市企业财务指标、高管来源、性别等数据均来自 CSMAR 数据库。CEO 籍贯属于非强制披露信息，由笔者检索百度网页、巨潮资讯网、信息披露报告等公开网站和资料手工收集得到。在此基础上对以下样本进行剔除：①金融、房地产类型企业样本；②ST 类特殊处理样本；③籍贯信息、财务数据等缺失的样本。对除省级数据（信任水平和市场化进程）之外的所有连续变量进行 1% 和 99% 的 Winsorize 缩尾处理。

3.2 变量定义

（1）因变量：金融化水平（*FRATIO*）。根据顾雷雷等（2020）的做法，以金融资产占比衡量企业金融化程度。采用广义金融资产定义，2007~2017 年金融资产占比计算公式为：（交易性金融资产+衍生金融资产+其他应收款+买入返售金融资产+一年内到期的非流动资产+其他流动资产+发放贷款及垫款+可供出售金融资产+持有至到期投资+长期股权投资+投资性房地产+其他非流动资产）/总资产。另鉴于 2018 年一般企业财务报表项目有所调整，2018 年度金融资产测度需补充债权投资、其他债权投资、其他权益工具投资以及其他非流动金融资产科目。参考彭俞超等（2018）以及牛煜皓和卢闯（2020）的研究，进一步将金融资产分为长期和短期配置。通过金融资产配置结构大致可以区别实体企业金融投资的两类动机（彭俞超等，2018；许罡和朱卫东，2017）。若企业以逐利性为目的，其会增持保值、稳定的投资性房地产类长期金融资产；如果是为预防资金短缺、缓和融资约束，其则会配备交易性金融资产等短期类投资。把持有至到期投资、长期股权投资、投资性房地产、其他非流动资产、衍生金融资产以及新增的债权投资和其他非流动性金融资产这些流动性相对较差的资产划分为长期金融资产（*FRATIO_L*），其余视为短期金融资产（*FRATIO_S*），用总资产量纲。

款+一年内到期的非流动负债+长期借款）/负债（张敦力和李四海，2012）。

（2）自变量：本地 CEO 任职（*IDENTITY*）。以 CEO 籍贯与企业注册地所在省份是否一致来度量。若企业当年在任总经理的籍贯与公司注册地址为同一省份则认定为本地 CEO，取值为 1，否则为 0。

（3）中介变量：信贷约束（*CREDIT*）。参考白俊和连立帅（2012）的做法，用取得借款加 1 的自然对数表示。稳健性检验用（短期借

（4）控制变量。借鉴杜勇等（2019）、彭俞超等（2018）的研究，选取公司控制变量：公司规模（*ASSET*）、财务杠杆（*LEV*）、盈利能力（*ROE*）、现金流量（*CASH*）、资本支出率（*INVEST*）、股权结构（*TOP1*）、董事会规模（*BOARD*）、产权性质（*SOE*）；个体控制变量：产生来源（*SOURCE*）、性别（*SEX*）。除此之外，还有行业和年份两项控制变量。

变量的定义具体如表 1 所示。

表 1 变量名称定义

	变量名称	符号	变量测算
因变量	金融化水平	*FRATIO*	企业金融资产/总资产
	长期金融资产	*FRATIO_L*	长期金融资产/总资产
	短期金融资产	*FRATIO_S*	短期金融资产/总资产
自变量	本地 CEO 任职	*IDENTITY*	CEO 籍贯与工作地一致取值为 1，否则为 0
中介变量	信贷约束	*CREDIT*	取得借款加 1 的自然对数
公司控制变量	公司规模	*ASSET*	总资产的自然对数
	财务杠杆	*LEV*	负债总额/总资产
	盈利能力	*ROE*	净利润/股东权益
	现金流量	*CASH*	经营性现金净流量/总资产
	资本支出率	*INVEST*	购建固定资产、无形资产支付的现金/总资产
	股权结构	*TOP1*	第一大股东持股数量/公司总股数
	董事会规模	*BOARD*	董事会人数的自然对数
	产权性质	*SOE*	国有为 1，否则为 0
个体控制变量	产生来源	*SOURCE*	CEO 从企业内部产生为 1，外部聘用为 0
	性别	*SEX*	CEO 男性为 1，女性为 0
行业控制变量	行业	*IND*	行业虚拟变量
年份控制变量	年份	*YEAR*	年份虚拟变量

3.3 模型设定

本文模型设定如下：

$$FRATIO = \alpha_0 + \alpha_1 IDENTITY +$$

$$\sum \alpha_i CONTROLVARS +$$

$$\sum IND + \sum YEAR + \varepsilon_1 \quad (1)$$

$$CREDIT = \beta_0 + \beta_1 IDENTITY +$$

$$\sum \beta_i CONTROLVARS +$$

$$\sum IND + \sum YEAR + \varepsilon_2 \quad (2)$$

$$FRATIO = \gamma_0 + \gamma_1 IDENTITY + \gamma_2 CREDIT +$$
$$\sum \gamma_i CONTROLVARS + \sum IND +$$
$$\sum YEAR + \varepsilon_3 \qquad (3)$$

模型（1）考察 H1 中 CEO 身份认同与企业金融化之间的关系，CONTROLVARS 为控制变量，模型（2）、模型（3）用于 H2 的中介检验。为避免遗漏变量产生统计偏误，IND 和 YEAR 控制了行业和年份固定效应，对模型进行稳健标准回归。

4 实证结果与分析

4.1 描述性统计

表 2 报告了研究变量的描述统计结果。其

中，FRATIO 显示上市企业平均金融投资占总资产的 11.5%，短期金融资产更受企业青睐，比长期金融资产高出超 2%。就资本支出率（IN-VEST）来看，INVEST 均值只有 6.05%，远低于金融资产持有比重。部分企业的金融化水平达到了 58.3%，最低的仅为 0.1%。样本中，本地 CEO 任职（IDENTITY）的现象超出半数，平均值为 61.9%。企业之间银行信贷获取程度与获取能力差异较大。在公司控制变量中，企业股权较为集中，TOP1 持股最大高达 74.02%，均值为 35.39%。个人控制变量表明，CEO 普遍来自企业内部，达到了 85.3%，男性任职更是常态，为 92.7%。

表 2 变量描述性统计

变量	样本数	平均值	标准差	最小值	中位数	最大值
FRATIO	8131	0.115	0.121	0.001	0.0742	0.583
FRATIO_L	8131	0.0462	0.0668	0	0.0208	0.3503
FRATIO_S	8131	0.0678	0.0915	0.0004	0.0304	0.4699
IDENTITY	8131	0.619	0.486	0	1	1
CREDIT	8131	16.5646	7.7261	0	19.6086	24.556
ASSET	8131	21.86	1.263	19.57	21.69	26.03
LEV	8131	0.396	0.200	0.0462	0.391	0.849
ROE	8131	0.0710	0.104	−0.453	0.0734	0.324
CASH	8131	0.0448	0.0709	−0.166	0.0437	0.246
INVEST	8131	0.0605	0.0533	0	0.0455	0.256
TOP1	8131	0.3539	0.1475	0.0945	0.3337	0.7402
BOARD	8131	2.117	0.203	1.609	2.197	2.708
SOE	8131	0.2077	0.4057	0	0	1
SOURCE	8131	0.853	0.354	0	1	1
SEX	8131	0.927	0.259	0	1	1

中国 31 个省份非金融类上市企业 CEO 的籍贯分布情况如表 3 所示。就各省份总样本量而言，广东省、浙江省、江苏省位居前三，最

高达到 1533 个企业年度数据，宁夏回族自治区、青海省、西藏自治区的样本数量相对较低。在 CEO 籍贯地的统计中，浙江省、江苏省、山

东省拥有的本地 CEO 数较多，山东省、浙江省 CEO 本地身份占比均在 85% 及以上。而西藏自治区、北京市非金融类上市企业的 CEO 籍贯和工作地一致的样本比例则明显较低，西藏自治区本地 CEO 数量为 0 可能和西藏自治区非金融类上市企业总样本量较少有关。整体来看，本地 CEO 任职的占比情况与胡珺等（2017）得出的结论较为相符。

表 3　中国 31 个省份非金融类上市企业 CEO 籍贯分布

企业注册地省份	CEO 籍贯分布			企业注册地省份	CEO 籍贯分布		
	总样本量	数量	本地身份占比		总样本量	数量	本地身份占比
北京市	565	148	0.262	湖北省	268	131	0.489
天津市	65	20	0.308	湖南省	276	227	0.822
河北省	149	107	0.718	广东省	1533	751	0.490
山西省	94	73	0.777	广西壮族自治区	62	37	0.597
内蒙古自治区	41	19	0.463	海南省	75	31	0.413
辽宁省	151	106	0.702	重庆市	79	22	0.278
吉林省	110	55	0.500	四川省	210	139	0.662
黑龙江省	58	37	0.638	贵州省	63	38	0.603
上海市	536	206	0.384	云南省	88	53	0.602
江苏省	955	744	0.779	西藏自治区	26	0	0
浙江省	1150	977	0.850	陕西省	83	57	0.687
安徽省	279	213	0.763	甘肃省	82	25	0.305
福建省	363	259	0.713	青海省	26	11	0.423
江西省	95	70	0.737	宁夏回族自治区	17	11	0.647
山东省	354	305	0.862	新疆维吾尔自治区	63	30	0.476
河南省	215	130	0.605				

4.2　相关性检验

相关性检验初步支持了主假设，表 4 中 CEO 本地属性与企业金融资产比率（FRATIO）呈显著负向关系，二者统计显著性水平为 1%。

Pearson 结果表明，公司规模（ASSET）与财务杠杆（LEV）的相关系数为 0.514，其余各变量间的 Spearman 和 Pearson 系数均低于 0.43，且 VIF 检验低于 2，不存在严重的共线性问题。

表 4　相关性分析

变量	FRATIO	IDENTITY	ASSET	LEV	ROE	CASH	INVEST	TOP1	BOARD	SOE	SOURCE	SEX
FRATIO	1.000	-0.097***	0.182***	0.049***	-0.048***	-0.008	-0.220***	-0.075***	-0.060***	0.058***	-0.074***	-0.012
		[0.000]	[0.000]	[0.000]	[0.000]	[0.461]	[0.000]	[0.000]	[0.000]	[0.000]	[0.000]	[0.300]
IDENTITY	-0.077***	1.000	-0.062***	-0.067***	0.001	0.031***	0.048***	-0.034***	0.012	-0.086***	0.157***	-0.029***
	[0.000]		[0.000]	[0.000]	[0.963]	[0.006]	[0.000]	[0.002]	[0.274]	[0.000]	[0.000]	[0.009]

续表

变量	FRATIO	IDENTITY	ASSET	LEV	ROE	CASH	INVEST	TOP1	BOARD	SOE	SOURCE	SEX
ASSET	0.074*** [0.000]	-0.089*** [0.000]	1.000	0.505*** [0.000]	0.098*** [0.000]	0.049*** [0.000]	-0.009 [0.423]	0.113*** [0.000]	0.194*** [0.000]	0.375*** [0.000]	-0.118*** [0.000]	0.047*** [0.000]
LEV	-0.056*** [0.000]	-0.067*** [0.000]	0.514*** [0.000]	1.000	-0.062*** [0.000]	-0.115*** [0.000]	-0.038*** [0.001]	0.028** [0.011]	0.124*** [0.000]	0.327*** [0.000]	-0.193*** [0.000]	0.037*** [0.001]
ROE	-0.056*** [0.000]	0.015 [0.185]	0.072*** [0.000]	-0.135*** [0.000]	1.000	0.359*** [0.000]	0.155*** [0.000]	0.147*** [0.000]	0.024** [0.033]	-0.094*** [0.000]	0.056*** [0.000]	-0.019* [0.088]
CASH	-0.001 [0.942]	0.029*** [0.008]	0.049*** [0.000]	-0.123*** [0.000]	0.320*** [0.000]	1.000	0.166*** [0.000]	0.094*** [0.000]	0.046*** [0.000]	0.020* [0.067]	0.012 [0.270]	0.000 [0.978]
INVEST	-0.211*** [0.000]	0.047*** [0.000]	-0.022** [0.050]	-0.031*** [0.005]	0.121*** [0.000]	0.142*** [0.000]	1.000	0.075*** [0.000]	0.071*** [0.000]	-0.061*** [0.000]	0.063*** [0.000]	0.011 [0.333]
TOP1	-0.051*** [0.000]	-0.044*** [0.000]	0.174*** [0.000]	0.035*** [0.002]	0.155*** [0.000]	0.100*** [0.000]	0.064*** [0.000]	1.000	-0.022* [0.051]	0.175*** [0.000]	-0.027** [0.015]	-0.036*** [0.001]
BOARD	-0.063*** [0.000]	0.020* [0.069]	0.221*** [0.000]	0.117*** [0.000]	0.035*** [0.002]	0.053*** [0.000]	0.038*** [0.001]	-0.009 [0.419]	1.000	0.247*** [0.000]	-0.066*** [0.000]	0.074*** [0.000]
SOE	0.023** [0.041]	-0.086*** [0.000]	0.430*** [0.000]	0.333*** [0.000]	-0.079*** [0.000]	0.028** [0.012]	-0.069*** [0.000]	0.177*** [0.000]	0.252*** [0.000]	1.000	-0.254*** [0.000]	0.087*** [0.000]
SOURCE	-0.051*** [0.000]	0.157*** [0.000]	-0.122*** [0.000]	-0.196*** [0.000]	0.047*** [0.000]	0.009 [0.426]	0.035*** [0.002]	-0.032*** [0.004]	-0.054*** [0.000]	-0.254*** [0.000]	1.000	-0.025** [0.022]
SEX	-0.014 [0.207]	-0.029*** [0.009]	0.054*** [0.000]	0.041*** [0.000]	-0.018 [0.113]	0.006 [0.596]	0.011 [0.318]	-0.031*** [0.005]	0.075*** [0.000]	0.087*** [0.000]	-0.025** [0.022]	1.000

注：*、**、***分别表示在10%、5%、1%的水平上显著，本文余下各表同。该表中对角线左下角为 Pearson 检验结果，右上角为 Spearman 检验结果，括号内为 P 值。

4.3 回归分析

（1）基准回归。

表5所列的结果反映了本地 CEO 任职对实体企业金融化水平的影响。列（1）为尚未控制 CEO 层面变量的回归结果，IDENTITY 系数为 -0.0115（t 值为 -4.4496），显著性位于1%水平上，CEO 属地与工作地的一致性有效减弱了企业金融资产持有倾向。列（2）中加入 CEO 产生来源和性别后，IDENTITY 系数为 -0.0106（t 值为 -4.0681），仍在1%水平上显著，这表明即使 CEO 由企业内部培养产生也无法替代 CEO 本地身份对企业金融投资的影响，排除了内部人因素，H1 得到验证。列（3）、列（4）中，IDENTITY 与长期金融资产（FRATIO_L）的回归系数为 -0.0043（t 值为 -2.9451）、与短期金融资产（FRATIO_S）的回归系数是 -0.0057（t 值为 -2.8196），都在1%统计水平上负显著。可见，本地 CEO 通过缩减短期金融资产和长期金融资产配置明显遏制了实体企业的金融化。CEO 籍贯身份与 FRATIO_L 以及 FRATIO_S 的显著负相关关系，意味着 CEO 会因为家乡身份弱化利润最大化下的投资替代倾向，蓄水池动机也会因这种地缘关系认同而降低。

就公司层面的控制变量来看，公司规模（ASSET）越大、现金流量（CASH）越低的非金融类上市企业越倾向于涉足金融领域；扩大董事会规模（BOARD）则可以缓解过度金融化问题；民营企业中存在突出的短期资金流动性储蓄，而国有企业配置长期金融资产的倾向更强。同时，固定资产、无形资产等资本投资和金融投资之间存在挤占效应，对资本投资越多金融资产配置就越少，与前人的研究结论较为一致。就 CEO 个人而言，由本地 CEO 任职的实体企业的金融化程度更弱，长期金融资产的配置也有所收敛。

表 5 本地 CEO 任职与企业金融化水平回归

变量	（1） FRATIO	（2） FRATIO	（3） FRATIO_L	（4） FRATIO_S
IDENTITY	−0.0115***	−0.0106***	−0.0043***	−0.0057***
	（−4.4496）	（−4.0681）	（−2.9451）	（−2.8196）
ASSET	0.0081***	0.0082***	0.0026***	0.0057***
	（5.8398）	（5.9597）	（3.1876）	（5.5303）
LEV	−0.0824***	−0.0846***	−0.0028	−0.0744***
	（−9.5878）	（−9.7573）	（−0.5478）	（−11.743）
ROE	−0.0469***	−0.0468***	−0.0218**	−0.0252**
	（−3.0416）	（−3.0306）	（−2.4292）	（−2.2764）
CASH	0.0027	0.0023	−0.0318***	0.0404**
	（0.1283）	（0.1110）	（−2.8580）	（2.4828）
INVEST	−0.3114***	−0.3106***	−0.0797***	−0.2190***
	（−13.9992）	（−13.9653）	（−5.6587）	（−14.0192）
TOP1	−0.0003***	−0.0003***	−0.0003***	0.0000
	（−3.0109）	（−3.0066）	（−5.7843）	（0.4081）
BOARD	−0.0255***	−0.0252***	−0.0079**	−0.0149***
	（−3.8729）	（−3.8189）	（−2.0438）	（−2.9668）
SOE	0.0048	0.0033	0.0156***	−0.0137***
	（1.2337）	（0.8437）	（5.7367）	（−5.4242）
SOURCE		−0.0097***	−0.0089***	0.0002
		（−2.5841）	（−3.6133）	（0.0678）
SEX		−0.0026	0.0054**	−0.0081*
		（−0.5181）	（2.2794）	（−1.9335）
常数项	0.0630**	0.0699**	0.0285	0.0309
	（2.0555）	（2.2533）	（1.5662）	（1.3416）
IND	控制	控制	控制	控制
YEAR	控制	控制	控制	控制
N	8131	8131	8131	8131
Adj. R²	0.190	0.191	0.122	0.185
F	37.5441	31.1594	23.4927	34.0051

（2）中介检验。

信贷约束的中介检验结果如表 6 所示。列（1）是 CEO 本地任职与银行信贷的关系检验，*IDENTITY* 的回归系数是 0.4153（t 值为 2.8924），达到 1% 统计显著性。也就是说，CEO 本地任职，可以通过统一的文化交流、情感共识和社会纽带联系，更加便捷地获取银行机构的信贷配给。加入 *CREDIT* 后，列（2）中 *IDENTITY* 与 *FRATIO* 的相关系数为 -0.0101（t 值为 -3.8961），在 1% 的水平上依旧显著负相关。*CREDIT* 与 *FRATIO* 的相关系数为 -0.0012（t 值为 -5.2945），也通过了 1% 的统计显著性检验。这表明 CEO 的家乡身份帮助企业获取了高水平的银行信贷融资，从而减少企业金融投资行为，H2 成立。此外，表 6 还进一步报告了 Sobel 与 Bootstrap 抽样结果。Sobel 的 Z 值为 -2.113，Bootstrap 抽样的 Z 值为 -2.59 且置信区间 [-0.0008875，-0.0001233] 均降落在负区域，不包含 0 值。信贷约束的中介效应通过了 5%、1% 的统计显著性。

表 6　信贷约束的中介检验

变量	(1) CREDIT	(2) FRATIO
IDENTITY	0.4153 ***	-0.0101 ***
	(2.8924)	(-3.8961)
CREDIT		-0.0012 ***
		(-5.2945)
ASSET	1.5162 ***	0.0101 ***
	(20.6143)	(7.3597)
LEV	16.0747 ***	-0.0650 ***
	(33.3649)	(-6.9083)
ROE	-1.9694 ***	-0.0492 ***
	(-2.7910)	(-3.1925)
CASH	-15.0721 ***	-0.0160
	(-13.8508)	(-0.7700)
INVEST	16.4523 ***	-0.2906 ***
	(12.7715)	(-13.0246)
*TOP*1	-0.0329 ***	-0.0003 ***
	(-6.7152)	(-3.4668)
BOARD	0.7058 **	-0.0243 ***
	(2.0887)	(-3.7031)
SOE	-0.8710 ***	0.0023
	(-4.4756)	(0.5700)
SOURCE	-0.1347	-0.0099 ***
	(-0.7544)	(-2.6253)
SEX	0.0497	-0.0026
	(0.1775)	(-0.5073)

变量	(1) CREDIT	(2) FRATIO
常数项	−23.4577*** (−14.7951)	0.0414 (1.3528)
IND	控制	控制
YEAR	控制	控制
N	8131	8131
Adj. R²	0.369	0.194
F	367.3661	30.9926
Sobel	Z=−2.113 Z=−2.59	
Bootstrap	[−0.0008875, −0.0001233]	

4.4 稳健性检验

（1）倾向匹配得分法。本地 CEO 任职的上市企业和非当地 CEO 就任的企业可能存在系统差异，为避免遗漏变量产生偏误，使用 1∶1 最近邻匹配。参与协变量包括所有控制变量以及行业和年份，表 7 显示协变量匹配效果较好。表 8 中列（1）为未加入信贷约束的回归结果，本地 CEO 任职与金融化水平依然在 1% 水平上负相关，系数为−0.0100（t 值为−3.3639），H1 成立。列（2）是 CEO 本地任职与银行信贷关系的回归结果，系数是 0.4421（t 值为 2.6965）。列（3）中加入 CREDIT，CREDIT 在 1% 的水平上负向影响金融资产配置，系数为−0.0011（t 值为−4.3625）。此时，本地 CEO 任职与金融化水平的显著性不变但相关性下降，系数为 0.0095（t 值为−3.2260）。由以上分析来看，信贷约束的中介作用仍旧稳健。

表 7 倾向匹配平行性检验

变量	匹配前/匹配后	均值		t-检验	
		处理组	控制组	t	p
ASSET	U	21.769	21.999	−8.01	0.000
	M	21.771	21.764	0.29	0.769
LEV	U	0.38532	0.41294	−6.05	0.000
	M	0.38516	0.39013	−1.25	0.212
ROE	U	0.0722	0.06907	1.33	0.185
	M	0.07229	0.06877	1.70	0.089
CASH	U	0.04642	0.04216	2.64	0.008
	M	0.04627	0.04575	0.37	0.711
INVEST	U	0.06248	0.05738	4.20	0.000
	M	0.06243	0.06182	0.58	0.564

续表

变量	匹配前/匹配后	均值		t-检验	
		处理组	控制组	t	p
TOP1	U	34.878	36.215	−3.97	0.000
	M	34.898	34.813	0.29	0.776
BOARD	U	2.1205	2.1121	1.82	0.069
	M	2.1206	2.1237	−0.79	0.429
SOE	U	0.18025	0.25234	−7.81	0.000
	M	0.17977	0.17897	0.10	0.917
SOURCE	U	0.89646	0.78154	14.38	0.000
	M	0.89665	0.89366	0.49	0.625
SEX	U	0.9215	0.93708	−2.63	0.009
	M	0.92179	0.92957	−1.49	0.138

表 8　倾向匹配得分回归

变量	(1) FRATIO	(2) CREDIT	(3) FRATIO
IDENTITY	−0.0100***	0.4421***	−0.0095***
	(−3.3639)	(2.6965)	(−3.2260)
CREDIT			−0.0011***
			(−4.3625)
ASSET	0.0087***	1.4654***	0.0103***
	(5.7356)	(17.8253)	(6.8412)
LEV	−0.0854***	16.4299***	−0.0680***
	(−9.1878)	(31.1508)	(−6.6378)
ROE	−0.0315*	−2.4568***	−0.0342**
	(−1.8800)	(−3.1661)	(−2.0362)
CASH	0.0026	−14.7263***	−0.0130
	(0.1190)	(−12.5509)	(−0.5993)
INVEST	−0.3089***	17.0799***	−0.2907***
	(−12.9032)	(12.2264)	(−12.0564)
TOP1	−0.0003***	−0.0315***	−0.0003***
	(−2.9302)	(−5.9099)	(−3.2886)
BOARD	−0.0287***	0.7920**	−0.0279***
	(−4.0932)	(2.1533)	(−3.9816)
SOE	0.0077*	−1.0338***	0.0066
	(1.7980)	(−4.7409)	(1.5261)
SOURCE	−0.0096**	−0.1231	−0.0097**
	(−2.2345)	(−0.5908)	(−2.2580)
SEX	−0.0027	0.3700	−0.0023
	(−0.4999)	(1.2405)	(−0.4271)
常数项	0.0627*	−22.9891***	0.0383
	(1.8317)	(−12.9188)	(1.1356)

续表

变量	（1）FRATIO	（2）CREDIT	（3）FRATIO
IND	控制	控制	控制
YEAR	控制	控制	控制
N	7034	7034	7034
Adj. R^2	0.192	0.358	0.195
F	26.3067	310.1289	26.2780

（2）工具变量。尽管上文用双向固定效应控制了部分不可观测变量，但为了进一步解决样本内生性问题，利用 2SLS 模型验证结论。鉴于本文的研究重点为 CEO 本地籍贯特征下的身份认同，因此参考陈建林等（2020）的思路，选取影响企业 CEO 家乡身份认同的省级人口出生率（BIRTHR）作为第一个工具变量。理论逻辑上，一个地区的人口出生率越高，意味着该地方的宗族思想与乡土文化越浓厚，易组成以群体为单位、稳定的内部联结，这种传统信念情结越强，个体地方认同和身份认同感就越强，企业也表现为更加乐于聘任与信赖本地 CEO。但地区人口出生率的高低往往难以直接对实体企业的金融资产持有造成影响。表 9 列（1）的结果显示地区人口出生率显著增强了本地 CEO 任职的可能性，列（2）的结果显示本地 CEO 任职（IDENTITY）在 1% 的水平上负向影响企业金融化程度，系数是-0.0990（t 值为-3.1020），H1 回归结果稳健。同时，Cragg-Donald Wald F 为 59.141，不存在弱工具识别问题。

第二个工具变量借鉴 Ren 等（2021）的方法，选用省级寺院数量（含寺庙和道观，LNRELIG），取对数处理。首先，省级寺院数量可以反映地区内人们受传统思想观念影响的大小。一个地方寺院的数量与当地社会文化、价值体系的搭建密不可分，对 CEO 家乡情感、信念的形成和社会互动中的身份识别起很大作用，所以寺院场所数量将与 CEO 家乡身份认同强相关。其次，Ren 等（2021）认为寺院的数量不会直接关系到创新等企业层面的投资活动。此外，翟淑萍（2021）还指出，道观、佛教寺庙的审批建造是一个十分严格且漫长的周期，因而不影响样本期间实体企业金融资产投资。表 9 列（3）显示省级寺院数量和本地 CEO 任职在 1% 水平上正关联，系数为 0.0792（t 值为 22.8720）。以省级寺院数量为工具变量，本地 CEO 任职与企业金融化水平的相关系数为-0.0312（t 值为-2.6993），统计显著性水平同样是 1%。

表 9 工具变量回归

变量	（1）IDENTITY	（2）FRATIO	（3）IDENTITY	（4）FRATIO
BIRTHR	0.0197***			
	（7.6903）			

续表

变量	(1) IDENTITY	(2) FRATIO	(3) IDENTITY	(4) FRATIO
LNRELIG			0.0792***	
			(22.8720)	
IDENTITY		-0.0990***		-0.0312***
		(-3.1020)		(-2.6993)
ASSET	-0.0144**	0.0068***	-0.0054	0.0079***
	(-2.4975)	(4.4108)	(-0.9213)	(5.6785)
LEV	-0.0552	-0.0885***	-0.0828**	-0.0855***
	(-1.6294)	(-9.6052)	(-2.5046)	(-9.8455)
ROE	-0.0110	-0.0478***	-0.0251	-0.0470***
	(-0.1954)	(-3.0316)	(-0.4438)	(-3.0666)
CASH	0.2512***	0.0255	0.2338***	0.0077
	(3.0889)	(1.0936)	(2.9003)	(0.3661)
INVEST	0.2038*	-0.2903***	0.1510	-0.3059***
	(1.9513)	(-11.7603)	(1.4817)	(-13.6343)
TOP1	-0.0010***	-0.0004***	-0.0012***	-0.0003***
	(-2.6114)	(-3.6411)	(-3.1421)	(-3.2482)
BOARD	0.0920***	-0.0164**	0.0634**	-0.0232***
	(3.3253)	(-2.1319)	(2.3295)	(-3.5356)
SOE	-0.0241	0.0017	0.0073	0.0029
	(-1.4751)	(0.4002)	(0.4484)	(0.7453)
SOURCE	0.1956***	0.0076	0.1909***	-0.0057
	(12.5725)	(1.0390)	(11.9774)	(-1.3414)
SEX	-0.0423**	-0.0061	-0.0548***	-0.0034
	(-2.0667)	(-1.1334)	(-2.8261)	(-0.6795)
常数项	0.4576***	0.1228***	-0.0042	0.0732**
	(3.3863)	(3.0793)	(-0.0331)	(2.2340)
IND	控制	控制	控制	控制
YEAR	控制	控制	控制	控制
N	8131	8131	8131	8131
Adj. R²	0.057	0.071	0.105	0.184
Cragg-Donald Wald F	59.141		498.997	

（3）改变度量方式。在上述分析中本文选取广义的金融资产衡量企业金融化水平，即包括了长期股权投资科目，但在稳健性回归中采用狭义金融资产定义，删除长期股权投资。改变信贷约束测度，采用（短期借款+一年内到期的非流动负债+长期借款）/负债作为替代指标，重复前述实证步骤，可以看到表10列（1）中，本地 CEO 任职与企业金融化水平在5%的水平上统计显著，系数为-0.0055（t 值为-2.4324）。加入信贷约束（CRETID），信贷约束与企业金融化

水平在1%的水平上显著，系数为-0.0310（t 值为-6.3123）。本地 CEO 任职与企业金融化水平的显著性仍为 5%（t 值为-2.0340），但相关系数从-0.0055 变为-0.0046，表明 CEO 籍贯和工作地的同一性可以抑制企业金融化，信贷约束起部分中介效应。

表 10　替代指标检验

变量	（1）FRATIO	（2）CREDIT	（3）FRATIO
IDENTITY	-0.0055 **	0.0290 ***	-0.0046 **
	（-2.4324）	（6.0715）	（-2.0340）
CREDIT			-0.0310 ***
			（-6.3123）
ASSET	0.0051 ***	0.0028	0.0052 ***
	（4.3876）	（1.1003）	（4.4897）
LEV	-0.0604 ***	0.5696 ***	-0.0428 ***
	（-8.3383）	（38.0632）	（-5.5398）
ROE	-0.0344 ***	-0.2336 ***	-0.0417 ***
	（-2.7604）	（-8.9141）	（-3.3182）
CASH	0.0357 **	-0.4326 ***	0.0223
	（1.9813）	（-11.6313）	（1.2496）
INVEST	-0.1819 ***	0.7853 ***	-0.1575 ***
	（-9.6050）	（16.7111）	（-8.2059）
*TOP*1	0.0000	-0.0008 ***	0.0000
	（0.4120）	（-4.9074）	（0.0730）
BOARD	-0.0182 ***	0.0504 ***	-0.0167 ***
	（-3.1992）	（4.1051）	（-2.9281）
SOE	-0.0145 ***	-0.0468 ***	-0.0160 ***
	（-4.8871）	（-6.6295）	（-5.3690）
SOURCE	-0.0042	0.0038	-0.0041
	（-1.3912）	（0.5502）	（-1.3561）
SEX	-0.0046	-0.0079	-0.0048
	（-1.0100）	（-0.8835）	（-1.0681）
常数项	0.0632 **	-0.0599	0.0613 **
	（2.4369）	（-1.0932）	（2.3789）
IND	控制	控制	控制
YEAR	控制	控制	控制
N	8131	8131	8131
Adj. R^2	0.192	0.327	0.195
F	18.8296	327.6976	19.9564

（4）剔除特殊年份回归。考虑到 2008 年、2015 年经济市场的金融危机事件对企业金融资产的持有可能产生一定程度影响，故删去 2008 年、2015 年的数据样本再次回归。如表 11 所示，I-DENTITY 与 FRATIO 的回归系数为-0.0111（t 值为-3.9564），列（3）中 IDENTITY 与 FRATIO 的回归系数为 - 0.0107（t 值为 - 3.8078），CREDIT 与 FRATIO 的 回归系数 为 - 0.0013（t 值为 -5.1378），IDENTITY、CREDIT 与 FRATIO 均在 1%的水平上负向相关，表明本文主要结论稳健。

表 11　剔除特殊年份

变量	（1）FRATIO	（2）CREDIT	（3）FRATIO
IDENTITY	−0.0111***	0.3816**	−0.0107***
	(−3.9564)	(2.4553)	(−3.8078)
CREDIT			−0.0013***
			(−5.1378)
ASSET	0.0075***	1.5099***	0.0094***
	(5.0687)	(19.1081)	(6.4469)
LEV	−0.0783***	16.4421***	−0.0576***
	(−8.4012)	(31.6769)	(−5.6607)
ROE	−0.0512***	−1.7624**	−0.0534***
	(−2.9692)	(−2.2510)	(−3.1070)
CASH	0.0004	−15.7552***	−0.0194
	(0.0172)	(−13.4189)	(−0.8712)
INVEST	−0.3031***	15.8706***	−0.2831***
	(−12.9068)	(11.3471)	(−11.9861)
TOP1	−0.0002***	−0.0317***	−0.0003***
	(−2.5783)	(−5.9694)	(−3.0059)
BOARD	−0.0261***	0.5141	−0.0254***
	(−3.6368)	(1.4031)	(−3.5617)
SOE	0.0049	−0.7989***	0.0038
	(1.1251)	(−3.7781)	(0.8860)
SOURCE	−0.0084**	−0.0068	−0.0084**
	(−2.0565)	(−0.0348)	(−2.0569)
SEX	−0.0042	0.2935	−0.0038
	(−0.7596)	(0.9694)	(−0.6946)
常数项	0.0843**	−23.4517***	0.0548*
	(2.5339)	(−13.7132)	(1.6765)
IND	控制	控制	控制
YEAR	控制	控制	控制
N	7001	7001	7001
Adj. R^2	0.201	0.373	0.205
F	26.0050	331.6704	26.4323

5 拓展分析

5.1 自致因素：社会责任的调节效应

社会学指出个体走向社会、形成情感基础、取得社会资本与奠定社会地位，建立在两大基础性因素上，即先赋资本（如性别、种族等）与自致性因素（如教育、声望等），前者存在与生俱来的特性，后者则要通过努力获取（林南，2020）。个体籍贯特征具有先赋性，家乡身份认同推动了本地高管自主承担义务，从而对经济金融化产生治理效应和资源效应。但当前不少学者发现在后天的交往中，公司社会责任披露同样成为企业家增进社会认同、拓宽社交网络的重要渠道（周泽将等，2019；顾雷雷等，2020）。企业家自愿公开社会责任报告，能够助力公司与政府机构、客户、股东等缔结契约，取得快速融入当地的通行证、获得合法性庇护，并且弱化人们对管理者行为不端的敏感性，为自身积累声誉资本。因此，如果一个外地经理人想要迅速嵌入本地经济市场，社会责任的工具性无疑将成为其战略选择。相比于因承担社会责任而集聚的社会资本，CEO 的本地属性是一个天然外生的资源禀赋。一个人无法选择自己的出生地和籍贯，那么这种先天地缘联系导致的身份认同对金融化的影响是否会受后天社会关系的嵌入而改变？本文基于和讯网披露的上市企业社会责任数据，在下述分析中加入企业社会责任的评分（*SCORE*），在中心化处理后回归，试图识别这种后发性的资本集聚能否影响企业管理者与工作地之间的地缘牵绊。

表 12 列（1）报告显示：社会责任水平（*SCORE*）对企业金融化水平（*FRATIO*）存在 1% 水平上的显著正向影响，系数为 0.0005（t 值为 5.8928），表明社会责任的履行强化了经理人的机会主义倾向，投资替代倾向下公司金融化水平提高。列（2）中 *SCORE* 与 *IDENTITY* 交互项和 *FRATIO* 的回归系数为 −0.0002（t 值为 −1.0763），也不显著，*IDENTITY* 显著性未发生变化。这说明即使通过后天的社会关联融入当地市场也无法弱化因属地不同而存在的地域隔阂，CEO 由于地缘产生的家乡认同不会因为机会主义下的利润最大化发生内在转变。这侧面印证了本地 CEO 降低金融资产配置更多的是由于强烈的家乡身份认同而形成的心理取向。

5.2 地区环境：信任水平、市场化进程的调节效应

家乡认同是 CEO 对自己籍贯所在地的一种特殊情感，但是这种感情很可能受到家乡区位因素的影响（胡珺等，2017）。本文尝试基于 CEO 社会信任水平的非正式制度和市场化进程的正式制度这两种地区环境特征，剖析地域变量在 CEO 本地身份与实体企业金融投资行为关系中的调节效应，以寻求家乡身份认同的边界条件。

（1）社会信任水平（*TRUST*）。

地理分布的邻近会使人们产生强烈的族群文化认同（赵子乐和林建浩，2019），相同的历史根源使信任感内生地存在于同一身份的群体中，所以外乡人口想要融入当地社会圈层较为困难，社会认同与接受度较低（吕炜等，2017；Luo et al，2020）。但一个地区如果存在较高水平的社会信任，则有助于淡化 CEO 因籍贯不同产生的身份疏离，取得供应单位商业信用（Wu et al，2014；Kong et al，2020）、获得资金借款降低投资风险（Bottazzi et al，2016），补充财务流动性、缓和蓄水池动机。同时，社会信任的规范作用会对管理者利己行为造成非制度性约束。由于信任背叛的成本极高，无论 CEO 是否来自当地，一旦其套利投机行为被察觉，不但影响信誉还将影响企业正常经营。CEO 在行为受限的条件下，投资替代倾向减弱，企业金融资产持有减少（顾雷雷和王鸿宇，2020）。综上，在信任程度较高的地区，CEO 本地任职对金融化的抑制程度减弱。本文选取的信任指标来源于 CGSS（中国综合社会调查）2003 年、2010~2015 年调查问卷中涉及信任题项的回答，题项表述为"总的来说，您是否同意在这个社会上，绝大多数人都是可以信任的？"答案由低到高得 1~5 分。考虑到地区信任水平一定期间内相对稳定，所以对未进行社会调查的年度照惯例沿用上期数据。

社会信任水平的调节效应如表 12 列（3）、列（4）所示。就 TRUST 与 FRATIO 来看，社会信任水平越高，实体企业金融化水平越低。TRUST 与 IDENTITY 交互项和 FRATIO 的回归系数为 0.0167（t 值为 2.7003），在 1% 的统计水平上通过了显著性检验，表明良好的社会信任有利于地区内部各方关系的联结，形成互信的商业氛

围，减小 CEO 地缘属性对金融投资行为的影响。

（2）市场化进程（REGIME）。

如果将 CEO 本地属性看作隐形的非正式制度规范，那么市场化进程越快的地区则面临更加具象的正式制度依托（杜勇等，2019）。市场化程度越深、制度环境越发完善，传统的关系纽带联结就会被减弱。面对开放多元的经济市场，合作往来的地域身份界限逐渐模糊，个体对地区的信念感和依恋将下降，多样的金融投资手段与较低水平的家乡身份认同可能加剧市场套利动机，本地 CEO 任职对金融化水平的影响被弱化。本文以王小鲁等编著的《中国分省份市场化指数报告（2018）》为基准中心化得到市场化指标，时间跨度自 2008 年起至 2016 年止，2017 年和 2018 年的市场化指标根据历史平均的增长率计算得到。

表 12 列（5）中，REGIME 的系数为 0.0065（t 值为 7.8696），表明一个地区经济越发达、法治进程越高，金融化程度越高。列（6）REGIME 与 IDENTITY 交互项和 FRATIO 在 1% 的统计水平上正向关联，系数为 0.0039（t 值为 2.8807），说明市场化进程正向调节了本地 CEO 任职与企业金融投资之间的关系，即市场化指数越低的地区，本地 CEO 身份认同更强烈，更有责任发展实体经济，降低企业金融化水平。

表 12　社会责任水平、社会信任水平、市场化进程的调节效应回归

变量	（1）FRATIO	（2）FRATIO	（3）FRATIO	（4）FRATIO	（5）FRATIO	（6）FRATIO
IDENTITY	−0.0092***	−0.0091***	−0.0100***	−0.0099***	−0.0095***	−0.0095***
	(−3.3797)	(−3.3691)	(−3.7984)	(−3.7712)	(−3.5961)	(−3.6136)
SCORE×IDENTITY		−0.0002				
		(−1.0763)				

续表

变量	(1) FRATIO	(2) FRATIO	(3) FRATIO	(4) FRATIO	(5) FRATIO	(6) FRATIO
SCORE	0.0005***	0.0006***				
	(5.8928)	(4.5419)				
TRUST×IDENTITY				0.0167***		
				(2.7003)		
TRUST			−0.0213**	−0.0308***		
			(−2.3972)	(−3.1812)		
REGIME×IDENTITY						0.0039***
						(2.8807)
REGIME					0.0065***	0.0043***
					(7.8696)	(3.5593)
ASSET	0.0060***	0.0060***	0.0083***	0.0083***	0.0072***	0.0072***
	(4.1413)	(4.1022)	(5.9966)	(5.9980)	(5.1494)	(5.1578)
LEV	−0.0835***	−0.0836***	−0.0849***	−0.0849***	−0.0823***	−0.0822***
	(−9.1532)	(−9.1591)	(−9.7707)	(−9.7668)	(−9.3815)	(−9.3564)
ROE	−0.0514***	−0.0513***	−0.0451***	−0.0444***	−0.0493***	−0.0483***
	(−3.0710)	(−3.0569)	(−2.9132)	(−2.8718)	(−3.1459)	(−3.0860)
CASH	−0.0082	−0.0080	0.0026	0.0027	0.0092	0.0090
	(−0.3702)	(−0.3601)	(0.1262)	(0.1269)	(0.4292)	(0.4196)
INVEST	−0.3057***	−0.3051***	−0.3098***	−0.3108***	−0.3146***	−0.3130***
	(−13.1267)	(−13.1016)	(−13.8984)	(−13.9385)	(−13.8491)	(−13.7761)
TOP1	−0.0002**	−0.0002**	−0.0003***	−0.0003***	−0.0003***	−0.0003***
	(−2.5012)	(−2.5164)	(−3.0592)	(−3.0300)	(−3.3120)	(−3.2047)
BOARD	−0.0242***	−0.0242***	−0.0242***	−0.0243***	−0.0228***	−0.0226***
	(−3.5173)	(−3.5221)	(−3.6624)	(−3.6794)	(−3.4040)	(−3.3782)
SOE	0.0021	0.0021	0.0042	0.0040	0.0099**	0.0099**
	(0.5022)	(0.4943)	(1.0523)	(1.0134)	(2.3913)	(2.3958)
SOURCE	−0.0123***	−0.0126***	−0.0095**	−0.0097***	−0.0129***	−0.0123***
	(−3.1172)	(−3.1817)	(−2.5448)	(−2.6015)	(−3.4091)	(−3.2423)
SEX	−0.0009	−0.0009	−0.0030	−0.0029	−0.0026	−0.0024
	(−0.1666)	(−0.1641)	(−0.5820)	(−0.5727)	(−0.5138)	(−0.4710)
常数项	0.1028***	0.1167***	0.1355***	0.0661**	0.0349	0.0863***
	(3.1467)	(3.5310)	(3.2260)	(2.1277)	(1.1101)	(2.7457)
IND	控制	控制	控制	控制	控制	控制
YEAR	控制	控制	控制	控制	控制	控制
N	7572	7572	8118	8118	7921	7921
Adj. R^2	0.194	0.194	0.191	0.192	0.198	0.198
F	27.6564	25.6289	28.6655	26.8880	32.2459	31.0319

6　结论与启示

"乡土情结"在中国历史深远，由"乡土观念"产生的家乡认同也深深根植于国人心中。本文以西方身份认同经济学假说为理论基础，结合当前经济金融化背景，选取 2007～2018 年 A 股非金融类上市企业为样本，考察本地 CEO 任职对实体企业金融投资水平的影响及中介机制。

研究发现：第一，本地 CEO 任职的实体企业的金融化水平相对较低，短期金融资产与长期金融资产配置均显著较少。CEO 家乡身份认同通过发挥约束效应与资源效应，能够抑制实体投资"空心化"，推进地区经济可持续发展，并且这种高管地缘牵绊也为上市企业受资金约束的短期金融投机提供了新的替代渠道。第二，本地籍贯 CEO 当地就职可以通过宽松的银行信贷促成实体发展，进而挤出企业金融资产持有。第三，拓展研究表明，CEO 籍贯与工作地相配位而产生的先赋性地缘关系不会因后发性的社会嵌入而弱化。CEO 的家乡认同作为一种内在的心理取向，对企业金融投资的抑制作用不受社会责任的工具性发生利己转变。在市场化进程较高、社会信任较强的省份，地理近邻性产生的身份认同对实体企业金融投资的约束将被弱化。

本文的理论贡献在于：第一，以 CEO 本地籍贯为切入点，从微观层面补充了上市企业金融投资影响因素的研究。为具象理解实体企业金融投资行为、把控金融化的尺度以及改变高管金融投资倾向提供了理论和现实指导。第二，

从 CEO 的人口和心理特征层面丰富了高管异质性文献。学术界普遍认同高管特性影响上市企业经营行为，基于高层梯队理论、烙印理论等关注 CEO 金融背景、贫困经历等特质。本文利用人工收集数据的方式，发掘了 CEO 属地与工作地一致性对实体企业金融投资的抑制作用，进而丰富了 CEO 主观能动性的经济后果文献。第三，李吉园等（2020）指出受传统儒家思想熏陶，中国人家乡认同的心理情感十分显著，身份认同在经济社会中有其重要性。在身份认同经济学理论支撑下，学者研究了政府官员的家乡偏爱（徐现祥和李淑娟，2019）、高管家乡认同对企业避税、环境治理（李吉园等，2020；胡珺等，2017）等经济行为的影响，本文结合中国情境分析 CEO 本地任职下的身份认同与实体企业金融投资的关系，开拓了身份认同经济学理论的适用范畴，也为丰富身份认同经济学领域相关研究提供了经验证据和文献支持。

根据研究结论，笔者提出如下政策建议：一是 CEO 地缘关系可视为上市企业应对正式制度不完善的替代机制。在金融化浪潮局面下，实体企业应充分发挥地缘关系的非正式制度在虚拟投资中的治理作用和资源效应，强化 CEO 对地方的身份认同以及自身价值实现，积极调动高管与各利益相关者的内在情感连接，通过地理上的邻近性、社会文化的认同感帮助上市公司发现更多实体投资机遇、创造真实产出，以规避金融资产投资潜在挤出实体资金的风险。二是要提高银行机构与实体企业信息透明度，充分发挥银行信贷服务实体的资源效应，健全完善的银行资金监管体系，为公司突破资金约束、专注主营业务提供支持，从而助力实体经

济长期稳定发展。三是营造互联互信的商圈。企业在选聘任用高级管理者时，对于信任水平较高、市场化程度较深的地区，无须过分重视CEO先天的地域身份，但在信任环境较差、市场化进程缓慢的地区，则要关注任职CEO与工作地文化的趋同性与情感纽带，以使CEO对工作地形成积极的情感态度，借助非正式制度和正式制度的相互补充联结，为虚拟经济助力实体发展与防范过度金融化风险找到有效对策。另外，政府部门在着力构建亲清型政商关系的实践中，要培养上市企业高管的地区身份认同感、社会融入感与责任感，营造交往有道的营商氛围，以心理距离的亲近促成高管社会融合，推进企业与当地经济高质量发展。

本文探讨了本地CEO身份认同与实体企业金融化的关系，得到了较为稳健的结论，但仍然存在不足之处：第一，由于上市企业对CEO籍贯信息进行非强制性披露，所以样本数据收集存在难度，收集得到的样本数量有限。目前关于人口籍贯身份影响上市企业财务行为的相关研究不多，在后续研究中，可进一步丰富数据收集方法，通过对企业CEO进行问卷调查来获取更全面的高管信息（如政治关联、社会资本、专用性资产等），或者通过扎根访谈的方法，以多企业案例调查探讨企业高级管理层主观能动性、人口统计特征和情感倾向对经营行为的影响，多角度丰富身份认同经济学假说。第二，已有涉及CEO本地身份的度量几乎都将籍贯或出生地和企业注册地进行匹配，但是现实中存在企业总部和注册地不一致的情况，在很多加入地区变量的研究中也均未考虑企业总部和注册地不一致的情况如何编码，本文也未

考虑这一问题，以后的研究应重视这一问题的影响。第三，本文尚未考量CEO后天经历等可能影响CEO家乡认同的因素，未来可以从文化差异、高管个人经历等方面对高管心理如何影响上市企业财务行为进行考察，这对经济高质量发展有现实指导意义。

参考文献

［1］Akerlof G. A., Kranton R. E. Economics and Identity［J］. The Quarterly Journal of Economics, 2000, 115（3）: 715-753.

［2］Sen A. Goals, Commitment, and Identity［J］. Journal of Law Economics & Organization, 1985, 1（2）: 341-355.

［3］Sen A. The fog of identity［J］. Politics, Philosophy & Economics, 2009, 8（3）: 285-288.

［4］Baran P. A., Sweezy P. M. Monopoly Capital［M］. New York: Monthly Review Press, 1966.

［5］Benfratello L., Schiantarelli F., Sembenelli A. Banks and Innovation: Microeconometric Evidence on Italian Firms［J］. Journal of Financial Economics, 2008, 90（2）: 197-217.

［6］Baud C, Durand C. Financialization, Globalization and the Making of Profits by Leading Retailers［J］. Socio-Economic Review, 2012, 10（2）: 241-266.

［7］Demir F. Financial Liberalization, Private Investment and Portfolio Choice: Financialization of Real Sectors in Emerging Markets［J］. Journal of Development Economics, 2009, 88（2）: 314-324.

［8］Kong D., Pan Y., Tian G. G., Zhang Pengdong. CEOs' Hometown Connections and Access to Trade Credit: Evidence from China［J］. Journal of Corporate Finance, 2020, 62（1）: 101574.

［9］Harold M. Proshansky, Abbe K. Fabian, Robert Kaminoff. Place - Identity: Physical World Socialization of the Self ［J］. Journal of Environmental Psychology, 1983, 3（1）: 57-83,

［10］Du J., Guariglia A., Newman A. Do Social Capital Building Strategies Influence the Financing Behavior of C hinese Private Small and Medium - Sized Enterprises? ［J］. Entrepreneurship Theory and Practice, 2015, 39（3）: 601-631.

［11］Luo Jun, Wang Xinxin. Hukou Identity and Trust—Evidence from a Framed Field Experiment in China ［J］. China Economic Review, 2020, 59: 101383.

［12］Bottazzi L., Rin M. D., Hellmann T. The Importance of Trust for Investment: Evidence from Venture Capital ［J］. Review of Financial Studies, 2016, 29（9）: 2283-2318.

［13］Guiso L., Sapienza P., Zingales L. The Role of Social Capital in Financial Development ［J］. American Economic Review, 2004, 94（3）: 526-556.

［14］Orhangazi O. Financialisation and Capital Accumulation in the Non-Financial Corporate Sector: A Theoretical and Empirical Investigation on the US Economy: 1973—2003 ［J］. Cambridge Journal of Economics, 2008, 32（6）: 863-886.

［15］Pendakur P. R. Language as Both Human Capital and Ethnicity ［J］. International Migration Review, 2002, 36（1）: 147-177.

［16］Stulz R. M. Rethinking Risk Management ［J］. Journal of Applied Corporate Finance, 1996, 9（3）: 8-25.

［17］Ren Shenggang, Cheng Yingmei, Hu Yucai, Yin Chao. Feeling Right at Home: Hometown CEOs and Firm Innovation ［J］. Journal of Corporate Finance, 2021, 66（3）: 101815.

［18］Tajfel H. Social-Psychology of Inter-Group Relations ［J］. Annual Review of Psychology, 1982（33）1-39.

［19］Tajfel H, Turner J. "The social identity theory of intergroup behavior", in S. Worchel&W. Austin（ed.）, Psychology of Intergroup Relations, 1986, 7-24.

［20］Casey T., Dustmann C. Immigrants' Identity, Economic Outcomes and the Transmission of Identity across Generations ［J］. The Economic Journal, 2010, 120（February）: 31-51.

［21］Tori D., Onaran Z. Financialisation and Physical Investment: A Global Race to the Bottom in Accumulation? ［R］. UNCTAD Research Paper NO. 17, 2017.

［22］Wu Wenfeng, Firth M., Rui O. M., Trust and the Provision of Trade Credit ［J］. Journal of Banking & Finance, 2014, 39: 146-159.

［23］安磊，沈悦，余若涵. 高管激励与企业金融资产配置关系——基于薪酬激励和股权激励对比视角 ［J］. 山西财经大学学报，2018，40（12）: 30-44.

［24］白俊，连立帅. 信贷资金配置差异：所有制歧视抑或禀赋差异？［J］. 管理世界，2012（6）: 30-42，73.

［25］曹春方，贾凡胜. 异地商会与企业跨地区发展 ［J］. 经济研究，2020，55（4）: 150-166.

［26］陈建林，夏泽维，李瑞琴. 家族企业商会资本代际传承研究——基于中国上市家族企业的实证研究 ［J］. 外国经济与管理，2020，42（11）: 125-139.

［27］崔岩. 流动人口心理层面的社会融入和身份认同问题研究 ［J］. 社会学研究，2012，27（5）: 141-160，244.

［28］戴亦一，肖金利，潘越. "乡音"能否降低公司代理成本？——基于方言视角的研究 ［J］. 经济研究，2016，51（12）: 16，147-160.

［29］杜勇，谢瑾，陈建英. CEO 金融背景与实体企

业金融化 [J]. 中国工业经济, 2019（5）: 136-154.

[30] 顾雷雷, 郭建鸾, 王鸿宇. 企业社会责任、融资约束与企业金融化 [J]. 金融研究, 2020（2）: 109-127.

[31] 顾雷雷, 王鸿宇. 社会信任、融资约束与企业创新 [J]. 经济学家, 2020（11）: 39-50.

[32] 胡珺, 宋献中, 王红建. 非正式制度、家乡认同与企业环境治理 [J]. 管理世界, 2017（3）: 76-94, 187-188.

[33] 胡奕明, 王雪婷, 张瑾. 金融资产配置动机: "蓄水池" 或 "替代"? ——来自中国上市公司的证据 [J]. 经济研究, 2017, 52（1）: 181-194.

[34] 李吉园, 邓英雯, 张敏. 本地 CEO 与企业避税: 家乡认同还是寻租? [J]. 会计研究, 2020（7）: 119-130.

[35] 李书娟, 徐现祥. 身份认同与经济增长 [J]. 经济学（季刊）, 2016, 15（3）: 941-962.

[36] 林南. 从个人走向社会: 一个社会资本的视角 [J]. 社会科学战线, 2020（2）: 213-223.

[37] 刘晓欣, 熊丽. 从虚拟经济视角看 GDP 创造的逻辑、路径及隐患 [J]. 经济学家, 2021（9）: 31-40.

[38] 刘中燕, 周泽将. 本地任职、产权性质与政府补助 [J]. 商业经济与管理, 2016（9）: 30-40.

[39] 卢海阳, 梁海兵. "城市人" 身份认同对农民工劳动供给的影响——基于身份经济学视角 [J]. 南京农业大学学报（社会科学版）, 2016, 16（3）: 66-76, 158.

[40] 陆瑶, 胡江燕. CEO 与董事间 "老乡" 关系对公司违规行为的影响研究 [J]. 南开管理评论, 2016, 19（2）: 52-62.

[41] 吕炜, 姬明曦, 杨沫. 人口流动能否影响社会信任——基于中国综合社会调查（CGSS）的经验研究 [J]. 经济学动态, 2017（12）: 61-72.

[42] 牛煜皓, 卢闯. 高管贫困经历与企业金融资产配置 [J]. 中南财经政法大学学报, 2020（3）: 35-45.

[43] 彭俞超, 韩珣, 李建军. 经济政策不确定性与企业金融化 [J]. 中国工业经济, 2018（1）: 137-155.

[44] 钱士茹, 赵斌斌. 经理人家乡情怀与企业代理成本的关系研究 [J]. 软科学, 2018, 32（4）: 58-62.

[45] 沈悦, 安磊. 债务约束对企业 "脱实向虚" 的治理效果研究 [J]. 南开管理评论, 2021（4）: 1-18.

[46] 田宇, 杨艳玲, 卢芬芬. 欠发达地区本地能力、社会嵌入与商业模式构建分析——基于武陵山片区的多案例研究 [J]. 南开管理评论, 2016, 19（1）: 108-119.

[47] 王满四, 王旭东. 关系型融资, 关系治理与企业创新——来自沪深 A 股高科技上市公司的实证研究 [J]. 中国软科学, 2020（5）: 118-129.

[48] 文雯, 张晓亮, 刘芳. CEO 境外居留权与企业社会责任——基于社会身份认同理论的实证研究 [J]. 中南财经政法大学学报, 2021（4）: 61-73.

[49] 徐现祥, 李书娟. 官员偏爱籍贯地的机制研究——基于资源转移的视角 [J]. 经济研究, 2019, 54（7）: 111-126.

[50] 徐现祥, 刘毓芸, 肖泽凯. 方言与经济增长 [J]. 经济学报, 2015, 2（2）: 1-32.

[51] 许罡, 朱卫东. 金融化方式、市场竞争与研发投资挤占——来自非金融上市公司的经验证据 [J]. 科学学研究, 2017, 35（5）: 709-719, 728.

[52] 杨筝, 王红建, 戴静, 许传华. 放松利率管制、利润率均等化与实体企业 "脱实向虚" [J]. 金融研究, 2019（6）: 20-38.

[53] 叶文平, 李新春, 朱沆. 地区差距、社会嵌

入与异地创业——"过江龙"企业家现象研究［J］. 管理世界，2018，34（1）：139-156.

［54］翟淑萍，甄叶，缪晴. 社会信任与实体企业金融化——"蓄势谋远"还是"借势取利"［J］. 山西财经大学学报，2021，43（6）：56-69.

［55］张成思，张步昙. 中国实业投资率下降之谜：经济金融化视角［J］. 经济研究，2016，51（12）：32-46.

［56］张成思，郑宁. 中国实体企业金融化：货币扩张、资本逐利还是风险规避？［J］. 金融研究，2020（9）：1-19.

［57］张成思. 金融化的逻辑与反思［J］. 经济研究，2019，54（11）：4-20.

［58］张敦力，李四海. 社会信任、政治关系与民营企业银行贷款［J］. 会计研究，2012（8）：17-24，96.

［59］张琳，廉永辉，唐伟霞. 企业金融化与贷款可获得性——基于银行信贷决策的视角［J］. 南开经济研究，2021（3）：208-222，238.

［60］张行，常崇江. 不同继任模式下 CEO 任期对薪酬结构的影响研究——来自管理层权力、组合、学习和职业生涯效应的解释［J］. 南开管理评论，2019，22（6）：188-199.

［61］张樱. 社会资本、产品市场竞争与银行贷款融资［J］. 山西财经大学学报，2017，39（1）：28-39.

［62］赵子乐，林建浩. 海洋文化与企业创新——基于东南沿海三大商帮的实证研究［J］. 经济研究，2019，54（2）：68-83.

［63］周泽将，罗进辉，李雪. 民营企业身份认同与风险承担水平［J］. 管理世界，2019，35（11）：193-208.

论文执行编辑：张　骁

论文接收日期：2021 年 8 月 26 日

作者简介：

安维东，浙江工业大学管理学院讲师、硕士生导师、博士。研究方向为公司财务与公司治理。E-mail：anweidong@zjut.edu.cn。

刘伟，浙江工业大学硕士研究生。研究方向为公司财务与公司治理。E-mail：1650699986@qq.com。

Can Native CEO's Employment Restrain Entity Enterprises Hollowing?
—Research Based on the Perspective of Identity

Weidong An　Wei Liu

（School of Management, Zhejiang University of Technology, Hangzhou, China）

Abstract: Geopolitical relationship is an important dimension of executive identity, which has a significant impact on business decision-making. Based on Chinese context, this paper selects A-share non-financial listed companies from 2007 to 2018 to investigate the relationship between native CEO's employment and entity enterprises' financial investment. The results show that: CEO's hometown identity generated by local employment helps weaken the investment substitution tendency and reservoir motivation, so as to reduce short-term and long-term financial asset investment. Credit constraint plays a partial mediation role between native CEO's employment and entity enterprises' financialization. Further research finds that CEO hometown identity as an internal emotional preference will not change to egoism due to the later social relationship embedded. In regions with slower marketization process and lower level of social trust, managers' native label has a stronger inhibitory effect on the financialization of listed companies. This paper not only provides support for enriching the hypothesis of identity economic, but also has important reference value for explaining the causes of the financialization of real enterprises, optimizing the allocation of financial assets and senior executives selection.

Key Words: Native Place; Identity; Financial Asset; Credit

JEL Classification: F832. 51; F275

基于道德许可理论视角的企业社会责任对员工亲社会行为的影响机制研究[*]

□赵新元　田梦玮

摘　要：良好的企业社会责任可以通过改变员工的态度及行为，进而对员工绩效和创新行为等方面产生一系列积极影响。然而，以往研究却忽视了企业社会责任对员工道德心态与社会行为的潜在负面影响。基于道德许可理论视角，本文提出企业社会责任对员工在工作场所之外亲社会行为的潜在消极影响。基于双波纵向调研（子研究1）与实验法（子研究2）的混合式研究设计收集数据，分析结果表明：企业积极履行社会责任会使员工产生个人道德许可，减少在工作场所外做出的亲社会行为。本文揭示和验证了企业社会责任的潜在负面影响，拓展了企业社会责任与员工工作场所外行为的研究，为企业与员工更好地履行社会责任，提供了有益的参考建议。

关键词：企业社会责任；道德许可理论；亲社会行为；溢出效应

JEL 分类：M14

引　　言

积极履行社会责任已成为企业提高财务绩效、促进员工创新、吸引潜在顾客的重要前提。企业社会责任（Corporate Social Responsibility）日益受到国内外组织管理研究的关注，取得了一系列丰硕成果。然而，以往研究主要关注企业社会责任对组织层面结果变量（例如，组织绩效和组织声誉等）的影响（Brammer and Pavelin，2004；Mcwilliams et al.，2000；Supanti and Butcher，2019），较少地从微观层面去探讨企业社会责任对组织成员的影响（Aguinis et al.，2012；Frederick，2016；Jones et al.，

---
* 基金项目：本文受国家自然科学基金（71872191；72001052；721721161）、教育部人文社会科学研究一般项目（18YJA630151）、广东省自然科学基金（2021A1515011978）共同资助。

2017）。员工作为企业的重要利益相关者，其心
理和行为对企业生存、发展与创新有着重要的意
义。此外，员工是连接企业与社会的桥梁，企业
战略通过影响员工的认知及行为进而影响和促进
社会变化。因此，在员工个体微观层面，探究企
业社会责任对组织成员认知、情感及行为方面的
影响，能拓展学界对企业社会责任影响范围的认
知，引起业界重视（Aguinis and Glavas，2012；
Frederick，2016；Jones et al.，2017）。

基于社会认同理论与社会交换理论，现有研
究发现企业履行社会责任将会对员工的心理及行
为产生一系列积极影响。在心理上，企业履行
社会责任会提高员工的组织认同感（Contreras-
Pacheco et al.，2018）和组织承诺（Zafar and
Ali，2016）。在行为上，会促进和鼓励员工的
组织公民行为（Gao and He，2017；Khaskheli

et al.，2020；Supanti and Butcher，2019；刘远
和周祖城，2015；颜爱民和李歌，2016）和管
家行为（颜爱民等，2020），降低员工的反生产
行为（王娟等，2019；王哲和张爱卿，2019）。
然而，现有研究主要关注企业社会责任对员工
的积极影响，很少揭示企业社会责任潜在的消
极影响，亟待深入研究（见表1）。有部分研究
表明，企业履行社会责任会通过提高员工的组
织认同及对工作意义的感知进而使员工工作成
瘾，对员工的身心造成不利影响（Brieger et
al.，2020）。同时，员工不仅是企业成员，也是
社会成员，在工作场所之外承担社会角色。但
是，很少研究关注到企业社会责任对员工工作场
所之外行为的影响，难以揭示企业社会责任通过
影响员工进而对社会产生的"溢出效应"。

表1 企业社会责任对员工影响的研究

研究范围	层面	结果变量
工作场所内	情感层面	组织认同（Fu et al.，2014；Zhao et al.，2019）
		组织承诺（Zafar and Ali，2016）
		主观幸福感（Hu et al.，2019）
		工作生活质量（Kim et al.，2018）
	行为层面	组织公民行为（Gao and He，2017；Khaskheli et al.，2020；Supanti and Butcher，2019；刘远和周祖城，2015；颜爱民和李歌，2016）
		管家行为（颜爱民等，2020）
		角色内行为（颜爱民和李歌，2016）
		角色外行为（Shen and Benson，2016；刘云，2014；王文彬和李辉，2013）
		帮助行为（Supanti and Butcher，2019；王娟等，2017）
		离职意向（Hansen et al.，2011）
		员工投入（Farrukh et al.，2020；Lu et al.，2020；Nazir and Islam，2020）
		环保行为（Luu，2017；Tian and Robertson，2019）
		任务绩效（Shen and Benson，2016）
		创新努力（Brammer and He，2015）
		反生产行为（Hur et al.，2018；刘德军等，2020）
工作场所外	行为层面	社会公民行为（Lewin et al.，2020）

从道德调节的视角来看，人们的道德选择是动态变化的，过去的道德行为会对之后的道德行为产生影响。企业在履行社会责任后，员工在工作场所外会如何反应呢？员工是会以企业为榜样，学习企业的道德行为，更多地为社会做贡献（积极溢出），还是认为自身已经尽到了对社会的义务，反而减少个人本应当承担的社会责任呢（消极溢出），后者这种看似矛盾的消极溢出现象被学者解释为"道德许可效应"。道德许可理论（Moral Licensing Theory）指出，个人过去的道德行为会增加其道德信誉并让其获得道德证书，使其之后更少地做出道德行为，甚至做出不道德行为（Monin and Miller，2001）。道德许可理论首先在社会歧视与偏见研究中（Monin and Miller，2001）得到验证，之后拓展到慈善捐赠（Joosten et al.，2014）、消费者行为（Newman et al.，2018）、不道德行为（Ahmad et al.，2020）等不同领域的研究中，用来解释个体"先好后坏"前后矛盾的行为。此外，道德许可理论也在组织行为的研究中得到了广泛应用。例如，员工的创造力会提升员工的道德信誉和道德证书，进而使员工在职场中做出更多的不文明行为（占小军等，2020）；员工的工作努力会使其获得道德证书，在以后更有可能做出亲组织不道德行为（Kong et al.，2020）。

道德许可效应在亲社会行为领域得到了验证（Jordan et al.，2011）。亲社会行为（Prosocial Behavior）指的是个体的助人、合作、捐赠等一系列积极行为。亲社会行为对个体、人际及社会发展具有重要作用（郭青青等，2020；寇彧和唐玲玲，2004），受到了研究者的广泛关注。同样地，员工的亲社会行为对企业及整个

社会发展具有重要意义。依据行为发生的地点，亲社会行为可以分为工作场所内与工作场所外的亲社会行为，前者是对组织内部成员做出的，后者则是对组织外部成员做出的。基于道德许可理论视角，本研究旨在探讨企业社会责任对员工工作场所外亲社会行为的"消极溢出效应"：企业履行社会责任会产生道德许可效应，增加员工的道德信誉使其获得道德证书，进而使员工在工作场所外更少地做出亲社会行为，从而揭示企业社会责任在员工个人层面上的潜在负面影响，探索更有效的社会责任履行策略。

1 研究评述与假设

1.1 企业社会责任与员工工作场所外的亲社会行为

企业社会责任指的是企业应采用合乎伦理与道德的方式对待其内外部利益相关者和整个社会（刘远和周祖城，2015），包括市场责任、员工责任与公共责任三个部分（尹珏林，2010）。市场责任指的是企业要对股东、客户、伙伴负责，员工责任指的是企业要承担保证员工生存与发展的责任，公共责任指的是企业要成为合格的社会公民，对政府、社区、环境负责。企业承担社会责任不仅可以提高企业绩效和声誉（Brammer and Pavelin，2004；Mcwilliams et al.，2000；Supanti and Butcher，2019），而且可以增进员工的组织公民行为（刘凤军等，2017）、组织认同（Fu et al.，2014；Zhao et al.，2019）与组织承诺（Zafar and Ali，2016）。

亲社会行为指的是个体做出的助人行为、慈善捐赠行为以及自我牺牲行为。在做出亲社会行

为时，个体不期待获得回报的可能性微乎其微（Rosenhan，1978）。亲社会行为对个体健康发展以及社会适应具有重要作用，人类的群居性与社会性要求人际合作和互助，以更好地适应环境、应对社会发展中的不确定性（郭青青等，2020；寇彧和唐玲玲，2004）。

企业社会责任会影响个体对自身道德形象的感知与判断，进而影响员工之后做出亲社会行为的可能性。基于自我分类理论，个体会下意识地利用外部线索对自己的身份进行判断，实现从个体到组织成员的社会身份的转变。员工往往会将组织的目标、规范视为自己行为的目标、规范，将组织的成败荣辱与自身相联结（Stamper and Masterson，2002）。企业社会责任为企业打造了良好的道德形象，员工依据这一线索对自己的道德形象进行判断，往往会认为自己也是同样拥有良好道德的人。基于道德许可理论，个体对自身的积极道德感知，会增加其之后做出不道德行为的可能性。所以，良好的企业社会责任会使员工产生道德许可效应，反而更有可能做出不道德行为（List and Momeni，2020；Ormiston and Wong，2013）。

员工在工作场所外的亲社会行为具有非强制性、不受监督的特点，即使其较少地做出亲社会行为也难以被他人观察或指责。企业社会责任又给了员工去合理化解释其较少做出亲社会行为的借口。由于所在组织拥有良好的道德形象，员工可以"心安理得"，在工作场所外较少地做出亲社会行为而不用担心自己的道德形象受损。因此，我们提出假设1：

H1：企业社会责任越高，员工在工作场所外的亲社会行为越少。

1.2 道德许可的中介作用

道德许可理论指出，人们的道德行为是不断发生变化的。人们过去做出的道德行为可以"许可"其在之后做出不道德行为或合理化其不道德行为，呈现出"先好后坏"的特点，道德许可可以跨领域、跨人群、跨范围存在。Effron 和 Monin（2010）的研究表明，人们在表达过自己对少数群体的非歧视态度后，会减少亲社会行为。Ahmad 等（2020）的研究表明，员工的公民行为可以提高领导者的道德信誉，使领导者更有可能做出不道德行为，领导自身甚至不用做出道德行为，仅仅是下属的道德行为就会使其产生道德许可。仅仅是临时被一家具有社会责任感的企业雇佣，员工也会因为这种企业层面的道德感而对自己产生道德许可，在工作中做出不当行为（List and Momeni，2020）。

道德许可效应存在道德信誉（Moral Credit）和道德证书（Moral Credential）两种影响路径，既可以同时发生作用，又可以单独发生作用（Bradley-Geist et al.，2010）。在道德信誉路径下，人们心中有一个"道德银行"，当人们做出道德行为时，就相当于向银行中"存钱"，相反地，当人们做出不道德行为时，就相当于从银行中"取钱"。为了维持自身的道德形象，人们会努力地保持其"道德银行"的"收支平衡"（Stone and Cooper，2009）。当人们在过去做出道德行为时，其道德信誉便得到了提升，"道德银行"中便有盈余的道德信誉，这些盈余可以在人们做出不道德行为之后抵消不道德行为给其带来的道德信誉的减少，保持"道德银行"的平衡，不损害个体自我道德形象。因此，人们在做出道德行为之后，由于道德信誉上升，更有可能做出不道德行为。在道德证书路径下，过往的道德行为可以授予人们道德证书，道德证书可以表明个体是一个道德的人，拥有着良好的道德形象。在人们做出具有模糊性的不道德行为时，往往因为拥有道德证书而将这种模糊的不道德行为解释为道德行为，进而"心安理得"地做出不道德行为（Monin and Miller，2001；戴鑫和周颖，2017）。因此，道德信誉的影响路径是个体使用盈余的道德信誉抵消做出不道德行为所带来的道德形象的损害，保持自我道德感的平衡（Stone and Cooper，2009）；而道德证书则是个体用过去的道德行为构建了自身良好的道德证书，在之后做出带有模糊性的不道德行为时可以对这种行为进行合理化解释，保持自身的道德形象（Jordan et al.，2011；Monin and Miller，2001）。

道德许可效应被认为是企业社会责任潜在消极影响的解释机制。Lee 等（2013）将道德许可理论应用到企业社会责任的研究中，采用档案研究的方法验证了公司先前的社会责任行为会提高管理者的道德信誉，管理者在之后会做出更多的企业社会责任缺失行为。通过一个大型的现场实验，List 和 Momeni（2020）发现，在履行社会责任的企业中工作的员工更有可能在后续的工作任务中做出欺骗行为。基于道德许可效应，企业社会责任这一"做道德的事"的性质，使员工许可自己做出其他方面的"不道德的事"。

企业社会责任会使员工产生道德许可效应（List and Momeni，2020），进而影响员工在工作场所外的亲社会行为。当企业积极履行社会责任时，员工作为企业的一员，个人道德信誉将会提升，其心中的"道德银行"会出现信誉盈余。这时，员工为了保持其"道德银行"的"收支平衡"，便会有可能"许可"自己做出更少的亲社会行为。相似地，当企业积极履行社会责任时，企业拥有良好的道德形象，作为企业的一员，员工会不自觉地将自身形象与企业形象相联结，认为自己也有良好的道德形象，进而拥有道德证书。亲社会行为具有自愿的、非强制性的特点，由于员工无须做出额外的亲社会行为来维持自身的道德形象，所以在之后的社会生活中，员工可能会做出更少的亲社会行为。总的来说，员工当从企业社会责任中获得道德信誉和道德证书之后，其对自身的道德形象持积极评价态度，个人不再需要主动做出更多的亲社会行为来提升道德形象，反而由于道德许可效应的存在，允许自己在工作场所外更少地做出亲社会行为[①]。因此，我们提出假设 2：

H2a：企业社会责任通过提高员工的道德信誉，进而使员工减少在工作场所外的亲社会行为。

H2b：企业社会责任通过让员工获得道德证书，进而使员工减少在工作场所外的亲社会行为。

1.3 组织认同的调节作用

组织认同（Organizational Identification）指的是员工用自身感知到的组织属性来定义自身属性的程度（Dutton and Harquail，1994）。当员工认同其所在组织时，员工对组织拥有归属感和认同感，员工的个人身份与组织身份之间

---

① 亲社会行为的减少，并不意味着不道德行为的增加。

的界限开始变得模糊（Ashforth and Mael, 1989）。组织认同与员工工作满意度、工作绩效、组织公民行为等一系列积极结果密切相关，但学者们近年来也开始关注组织认同潜在的消极影响。Reynolds（2003）的研究表明，高组织认同感的员工会在与其他组织的比较中，对其所在组织产生更高的相对道德感，进而更有可能做出维护自己所在组织的不道德行为。组织认同也会使员工抗拒组织变革，导致绩效与创新下降等负面结果（钱欣等，2021）。

组织认同影响员工对组织的感知。高组织认同水平会使员工个体与组织之间的边界变得模糊（Reynolds，2003）。员工组织认同的程度越高，越会将组织形象与自我形象相联结，用组织行为、属性来定义自身形象。因此，组织认同将会影响员工对企业承担社会责任的道德感知。企业履行社会责任会使组织在员工心中树立一个良好的道德形象。相较于组织认同程度低的员工，当企业做出履行社会责任的行为时，组织认同程度高的员工更容易将企业做出的道德行为与自身行为相挂钩，其道德信誉因此得到提升，并在之后更少地做出亲社会行为；同样地，组织认同程度高的员工更有可能将企业履行社会责任所形成的组织层面的道德形象视为自身的道德形象，更有可能拥有道德证书，并在之后减少工作场所外的亲社会行为但不会担心被认为不道德。因此，我们提出假设3：

H3a：组织认同正向调节企业社会责任与道德信誉之间的关系，即员工的组织认同水平越高，企业社会责任对道德信誉的正向影响越强，反之则越弱。

H3b：组织认同正向调节企业社会责任与

道德证书之间的关系，即员工的组织认同水平越高，企业社会责任对道德证书的正向影响越强，反之则越弱。

总的来看，本研究基于道德许可理论来探讨企业社会责任对员工工作场所外亲社会行为的影响及潜在的调节变量，理论模型如图1所示。具体来说，企业履行社会责任会使员工产生道德许可，提高员工的道德信誉并使其拥有道德证书，进而影响员工在工作场所外的亲社会行为，员工的组织认同会正向影响企业社会责任与道德信誉和道德证书之间的关系。

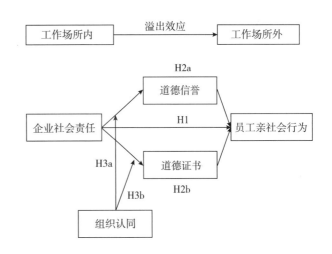

图1 本文的理论模型

2 研究方法与数据分析

本书采用混合式设计，通过两个子研究收集数据，以期让不同研究方法、不同来源的数据能相互印证。子研究1通过双波纵向调研（N＝57）来检验企业社会责任与员工工作场所外亲社会行为之间的相关关系。子研究2通过实验法（N＝165）检验企业社会责任与员工工作场所外亲社会行为之间的因果关系。

2.1 子研究1

2.1.1 调研过程

研究人员通过所在学校 MBA 校友会，联系和邀请已经毕业的在职管理者，然后通过问卷星平台发放问卷，进行双波数据收集。在时间点1，参与者填写自己的编码以便之后进行样本配对，接着完成有关企业社会责任、组织认同、道德信誉、道德证书、人口统计等题项。在时间点2（1周后），研究者向之前的参与者发放第二轮问卷，参与者需要填写自己的编码，接着用30秒回忆过去一周自己在生活中的行为，并汇报自己在生活中做出各类亲社会行为的次数。

2.1.2 样本

时间点1共回收问卷144份，剔除无效样本（如未按照题目要求进行选择、信息缺失等）后，得到有效问卷共计123份，问卷有效回收率为85.42%（123/144）。时间点2共回收问卷75份，在剔除无效样本（如未按照题目要求进行选择、未参与时间点1的调研等）及进行两次数据的匹配后，得到有效问卷共计57份。两次问卷调研的整体有效样本为57个，有效问卷回收率为46.34%（57/123）。样本基本信息如表2所示。

表2 研究1样本特征描述性统计（N=57）

变量	项目	频数	百分比（%）
性别	男	26	45.6
	女	31	54.4
年龄	18~25岁	12	21.1
	26~30岁	17	29.8
	31~40岁	21	36.8
	41~50岁	5	8.8
	51~60岁	2	3.5
受教育程度	高中及以下	1	1.8
	大专	2	3.5
	本科	19	33.3
	硕士及以上	35	61.4
工作年限	1年以内	11	19.3
	1~3年	6	10.5
	4~6年	8	14.0
	7年及以上	32	56.1
月收入	0~3000元	7	12.3
	3001~6000元	5	8.8
	6001~9000元	7	12.3
	9001~12000元	8	14.0
	12001~15000元	9	15.8
	15001~18000元	3	5.3
	18001~21000元	4	7.0
	21001元及以上	14	24.6

2.1.3 测量方法

研究 1 对企业社会责任、组织认同、道德信誉、道德证书的测量均采用国内外学者开发的成熟量表，且均采用 Likert 7 点计分。

企业社会责任的测量量表来源于尹珏林（2010）开发的包括市场责任、员工责任、公共责任三个维度共计 16 个题项的量表。其中，市场责任维度包括"我们的公司促进企业的经济利益"等 8 个题项，员工责任维度包括"我们的公司为员工提供了运用宝贵技能和才能的工作机会"等 4 个题项，公共责任维度包括"我们的公司遵守法律"等 4 个题项。

组织认同的测量量表来源于 Ashforth 和 Mael（1989）开发、董进才（2012）编译的量表，包含"当听到别人批评我所在的组织时，我感觉就像是在批评自己一样"等 6 个题项。

道德信誉的测量量表来源于 Lin 等（2016）开发、占小军等（2020）编译的量表，包含"我之前的行为为我赢得了成为一个有道德的人的信誉"等 5 个题项。

道德证书的测量量表来源于 Aquino 和 Reed（2002）开发的量表，包含"成为一个拥有这些特征的人将会使我感觉很好"等 5 个题项。

员工工作场所外亲社会行为采用"当有人向我求助，我帮助了对方""安慰一个情绪沮丧的人""对陌生人保持友好善意的态度"等 10 个行为来测量，参与者需要汇报自己在过去一周之内做出各个行为的实际次数（0~10 次）。为保证参与者所汇报的行为仅为在"工作场所外"做出的亲社会行为，研究者在这一测量题项之前进行了说明："请回顾最近一周之内在生活中你所做出的行为，并根据您的实际行为频率进行选择"。研究 1 使用这 10 个行为的实际次数之和来测量参与者工作场所外的亲社会行为。

与过往研究企业社会责任的文献相类似（刘远和周祖城，2015；颜爱民和李歌，2016），本研究选择性别（男或女）、年龄（18~25 岁、26~30 岁、31~40 岁、41~50 岁、51~60 岁）、受教育程度（高中及以下、大专、本科、硕士及以上）、工作年限（1 年以内、1~3 年、4~6 年、7 年及以上）、收入水平（0~3000 元、3001~6000 元、6001~9000 元、9001~12000 元、12001~15000 元、15001~18000 元、18001~21000 元、21001 元及以上）作为控制变量，以控制这些变量对因变量产生的影响。

2.1.4 数据分析

（1）信度与效度检验。

研究 1 使用 Cronbach's α 系数来评估量表的信度。企业社会责任的 Cronbach's α 系数为 0.953，组织认同的 Cronbach's α 系数为 0.87，道德信誉的 Cronbach's α 系数为 0.965，道德证书的 Cronbach's α 系数为 0.902，由此可知本研究中量表的信度良好。

研究 1 通过验证性因子分析检验变量的聚合效度和判别效度。就聚合效度而言，所有变量题项的因子载荷均大于 0.60，且所有变量的 AVE 值均大于 0.50（企业社会责任 = 0.611，组织认同 = 0.532，道德信誉 = 0.853，道德证书 = 0.765），CR 值均大于 0.70（企业社会责任 = 0.945，组织认同 = 0.871，道德信誉 = 0.965，道德证书 = 0.902），由此可见变量均具有良好的聚合效度。就判别效度而言，本研究通过比较潜变量 AVE 平方根与潜变量相关系数来判断变量的判别效度。结果表明，所有潜变量的 AVE 平方根均大于潜变量之间的相关系数，变量间判别效度较好（见表3）。

另外，进行了模型的拟合度检验。其中，χ^2/df 为 2.378，小于 3，RMSEA 为 0.157，由于研究 1 样本量较少，可能会导致模型拟合度不佳的问题，因此研究 1 选择接受这一拟合度，并进行以下分析。

（2）相关性分析。

表3 报告了研究 1 中变量的相关系数。从表3 可以看出，企业社会责任与员工工作场所外亲社会行为之间显著负相关（$r=-0.309$，$p<0.05$）；企业社会责任与道德信誉之间显著正相关（$r=0.733$，$p<0.01$）。

表3 研究1变量描述性统计及相关性分析（N=57）

变量	M	SD	1	2	3	4	5	6	7	8	9
1. 性别	1.54	0.503									
2. 年龄	3.44	1.035	−0.123								
3. 受教育程度	3.54	0.657	−0.047	−0.016							
4. 工作年限	3.07	1.208	−0.093	0.789**	0.109						
5. 月收入	4.79	2.448	−0.138	0.425**	0.306*	0.621**					
6. 企业社会责任	5.52	1.018	−0.062	0.093	−0.119	−0.029	−0.001	0.611			
7. 组织认同	5.35	1.065	−0.038	0.030	−0.042	−0.047	−0.014	0.669**	0.532		
8. 道德信誉	5.75	1.175	−0.108	0.049	0.060	−0.118	−0.056	0.733**	0.570**	0.853	
9. 道德证书	5.80	0.949	−0.256	0.212	0.282*	0.194	0.146	0.228	0.272*	0.272*	0.765
10. 员工工作场所外亲社会行为	43.28	18.854	−0.228	−0.196	−0.158	−0.190	−0.237	−0.309*	−0.205	−0.088	0.096
AVE 平方根								0.782	0.729	0.924	0.875

注：*表示 $p<0.05$，** 表示 $p<0.01$；对角线上是 AVE 值，对角线以下是潜变量相关系数。

（3）主效应检验。

以企业社会责任为自变量，员工工作场所外亲社会行为为因变量，性别、年龄、受教育程度、工作年限及月收入为控制变量进行回归分析，检验企业社会责任与员工工作场所外亲社会行为之间的关系，分析结果如下。从模型总体拟合度来看，调整后的 R^2 为 0.174，员工感知企业社会责任能够解释因变量变异量的 17.4%。回归方程的 F 检验的统计量观察值为 2.973，$p<0.05$。从表4 来看，员工感知企业社会责任与工作场所外亲社会行为之间存在着显著的负向影响（$\beta=-0.335$，$p=0.010$）。

表4 研究1回归系数

	未标准化回归系数	标准误差	标准化回归系数	t	显著性水平
（常量）	125.558	22.147		5.669	0.000

续表

	未标准化回归系数	标准误差	标准化回归系数	t	显著性水平
性别	−11.097	4.627	−0.296	−2.398	0.020
年龄	−2.401	3.736	−0.132	−0.643	0.523
受教育程度	−4.620	3.739	−0.161	−1.236	0.222
工作年限	0.045	3.652	0.003	0.012	0.990
月收入	−1.345	1.269	−0.175	−1.060	0.294
企业社会责任	−6.195	2.308	−0.335	−2.684	0.010

注：因变量为员工工作场所外亲社会行为。

（4）中介效应检验。

为了进一步验证道德信誉和道德证书在企业社会责任与员工工作场所外亲社会行为之间的中介效应，研究 1 采用 SPSS 26.0 中的 PROCESS 程序进行 Bootstrap（样本数设为 5000）分析，置信区间为 95%。由于道德信誉与道德证书是道德许可效应的两个不同路径，因此研究 1 先后检验了这两个变量的中介效应，结果如表 5 和表 6 所示。

首先，道德信誉的中介效应检验。由表 5 可知，企业社会责任与员工工作场所外亲社会行为之间的总效应为 −6.195，且置信区间为 [−10.831，−1.559]，不包含 0，即总效应显著；企业社会责任与员工工作场所外亲社会行为之间的直接效应为 −10.533，且置信区间为 [−17.322，−3.744]，不包含 0，即直接效应显著。此外，道德信誉的中介效应为 4.338，且置信区间为 [0.538，8.940]，不包含 0，即中介效应显著，因此道德信誉部分中介了企业社会责任与员工工作场所外亲社会行为之间的关系。

表 5　研究 1 道德信誉的中介效应检验

		效应系数	标准误差	t	p	95%置信区间 下限	95%置信区间 上限
企业社会责任							
企业社会责任-员工工作场所外亲社会行为	总效应	−6.195	2.308	−2.684	0.010	−10.831	−1.559
企业社会责任-员工工作场所外亲社会行为	直接效应	−10.533	3.378	−3.118	0.003	−17.322	−3.744
道德信誉		4.338	2.102			0.538	8.940

其次，道德证书的中介效应检验。由表 6 可知，企业社会责任与员工工作场所外亲社会行为之间的总效应为 −6.195，且置信区间为 [−10.831，−1.559]，不包含 0，即总效应显著；企业社会责任与员工工作场所外亲社会行为之间的直接效应为 −7.350，且置信区间为 [−12.040，−2.660]，不包含 0，即直接效应显著。此外，道德证书的中介效应为 1.155，且置信区间为 [−0.047，5.131]，包含 0。因此，道德证书的中介效应不显著。

表6　研究1道德证书的中介效应检验

		效应系数	标准误差	t	p	95%置信区间	
						下限	上限
企业社会责任							
企业社会责任-员工工作场所外亲社会行为	总效应	−6.195	2.308	−2.684	0.010	−10.831	−1.559
企业社会责任-员工工作场所外亲社会行为	直接效应	−7.350	2.334	−3.149	0.003	−12.040	−2.660
道德证书		1.155	1.196			−0.047	5.131

（5）调节效应检验。

研究1使用SPSS 26.0中的PROCESS程序检验组织认同对企业社会责任与员工工作场所外亲社会行为之间的调节效应，分析结果如表7所示。当以道德信誉为中介变量时，低组织认同的条件间接效应为3.756，且置信区间为[0.080，8.542]，不包含0；高组织认同的条件间接效应为2.672，且置信区间为[−0.103，9.918]，包含0。中介效应判定指标INDEX为−0.509，且置信区间为[−2.928，1.372]，包

含0。因此，组织认同在道德信誉中介作用中的调节效应不显著。

当以道德证书为中介变量时，低组织认同的条件间接效应为0.624，且置信区间为[−1.003，4.319]，包含0；高组织认同的条件间接效应为2.893，且置信区间为[−0.030，8.308]，包含0。中介效应判定指标INDEX为1.065，且置信区间为[−0.315，3.262]，包含0。因此，组织认同在道德证书中介作用中的调节效应不显著。

表7　研究1组织认同的调节效应检验

		条件间接效应				有调节的中介效应			
		调节程度	效应	标准误	95%置信区间		INDEX	标准误	95%置信区间	
					下限	上限			下限	上限
道德信誉		低组织认同	3.756	2.188	0.080	8.542	−0.509	1.0147	−2.928	1.372
		高组织认同	2.672	2.408	−0.103	9.918				
道德证书		低组织认同	0.624	1.248	−1.003	4.319	1.065	0.890	−0.315	3.262
		高组织认同	2.893	2.084	−0.030	8.308				

2.1.5　结果与讨论

研究结果表明，在高度履行企业社会责任的公司中工作的员工，更有可能产生道德许可效应，这一道德许可效应可以从企业中外溢到员工的生活中，使员工在工作场所外更少地做出亲社会行为。此外，为了进一步检验企业社会责任与员工工作场所外亲社会行为之间的因

果关系，本文通过以下的实验研究来提高结论的可信度。

2.2　子研究2

2.2.1　实验过程

研究者使用问卷星平台的样本服务，通过网络招募和邀请参与者，并使用问卷星平台发放问卷。研究2通过实验法，进一步探究了企

业社会责任与员工工作场所外亲社会行为之间的关系。过往的研究表明，仅仅通过回忆过去的道德行为（而不需要现实中实际参与），人们就会产生道德许可效应（Merritt et al.，2010；Yam et al.，2017）。因此，研究2采用回忆法唤起员工对企业社会责任的感知，进而引发参与者的道德许可效应。

实验参与者首先填写组织认同量表，然后被随机分为两组分别完成1分钟的回忆任务：实验组回忆其所在公司履行社会责任的行为，控制组回忆其近期的工作内容。为了进一步提

升实验操纵的有效性，在回忆任务结束后，参与者需要将回忆内容写下，完成30字的文字描述。之后，参与者填写道德信誉与道德证书量表。完成之后，参与者需要完成亲社会行为的情境实验。最后，参与者填写人口统计学信息及操纵检验题项。

2.2.2　样本

研究2共回收问卷201份，剔除无效样本（如未按照题目要求进行选择、信息缺失等）后，得到有效问卷共计165份，问卷总体有效回收率为82.09%（165/201）。样本基本信息如表8所示。

表8　研究2样本特征描述性统计（N=165）

变量	项目	频数	百分比（%）
性别	男	77	46.7
	女	88	53.3
年龄	18~25岁	32	19.4
	26~30岁	65	39.4
	31~40岁	59	35.8
	41~50岁	6	3.6
	51~60岁	3	1.8
受教育程度	高中及以下	4	2.4
	大专	24	14.5
	本科	118	71.5
	硕士及以上	19	11.5
工作年限	1年以内	13	7.9
	1~3年	30	18.2
	4~6年	51	30.9
	7年及以上	71	43.0
月收入	0~3000元	5	3.0
	3001~6000元	34	20.6
	6001~9000元	53	32.1
	9001~12000元	30	18.2
	12001~15000元	25	15.2
	15001~18000元	8	4.8
	18001~21000元	5	3.0
	21001元及以上	5	3.0

2.2.3 测量方法

研究 2 中组织认同、道德信誉、道德证书、控制变量的量表及测量与研究 1 相同。

员工工作场所外亲社会行为采用"公共物品游戏"来测量（迟毓凯，2005），假设多人一同参与公共产品投资游戏，每个人可以自行分配自己的资金，投入到公共账户的资金越多，表明其亲社会行为越多。

操纵检验采用"您有多大程度感受到了您所在企业履行了社会责任"1 个题项来测量员工对企业社会责任的感知。

2.2.4 数据分析

（1）信度与效度检验。

研究 2 使用 Cronbach's α 系数来评估量表的信度。组织认同的 Cronbach's α 系数为 0.836，道德信誉的 Cronbach's α 系数为 0.835，道德证书的 Cronbach's α 系数为 0.775，由此可知研究 2 中量表的信度良好。

研究 2 通过验证性因子分析检验变量的聚合效度和判别效度。就聚合效度而言，所有变量题项的因子载荷均接近 0.70，且所有变量的 AVE 值均大于 0.50（组织认同 = 0.512，道德信誉 = 0.509，道德证书 = 0.540），CR 值均大于 0.70（组织认同 = 0.839，道德信誉 = 0.838，道德证书 = 0.778），由此可见变量均具有良好的聚合效度。就判别效度而言，研究 2 通过比较潜变量 AVE 平方根与潜变量相关系数来判断变量的判别效度（见表 9）。结果表明，所有潜变量的 AVE 平方根均大于潜变量之间的相关系数，变量间判别效度较好。

另外，进行了模型的拟合度检验。其中，χ^2/df 为 2.078，小于 3，RMSEA 为 0.081，接近 0.08，CFI 为 0.915，大于 0.90，模型拟合度较好。

（2）相关性分析。

表 9 报告了研究 2 中变量的相关系数。从表 9 可以看出，企业社会责任与员工工作场所外亲社会行为之间显著正相关（$r=0.246$，$p<0.01$）；企业社会责任与道德信誉之间显著正相关（$r=0.518$，$p<0.01$）；企业社会责任与道德证书之间显著正相关（$r=0.443$，$p<0.01$）；道德信誉与员工工作场所外亲社会行为之间呈现显著的正相关关系（$r=0.294$，$p<0.01$）；道德证书与员工工作场所外亲社会行为之间呈现显著的正相关关系（$r=0.303$，$p<0.01$）。

表 9 研究 2 变量描述性统计及相关性分析（N=165）

变量	M	SD	1	2	3	4	5	6	7	8	9
1. 性别	1.53	0.499									
2. 年龄	3.29	0.884	0.061								
3. 受教育程度	2.92	0.595	-0.186*	-0.246**							
4. 工作年限	3.09	0.962	0.038	0.744**	-0.158*						
5. 月收入	3.64	1.550	-0.141	0.198*	0.220**	0.284**					
6. 企业社会责任	5.38	1.266	0.013	0.211**	0.081	0.232**	0.074				

续表

变量	M	SD	1	2	3	4	5	6	7	8	9
7. 组织认同	5.41	1.041	0.101	0.247**	-0.103	0.234**	0.052	0.548**	0.512		
8. 道德信誉	5.76	0.840	0.037	0.069	0.018	0.089	-0.034	0.518**	0.541**	0.509	
9. 道德证书	6.00	0.843	-0.082	0.078	0.02	0.058	-0.107	0.443**	0.412**	0.672**	0.540
10. 员工工作场所外亲社会行为	6.92	2.078	-0.041	0.152	-0.059	0.11	-0.071	0.246**	0.223**	0.294**	0.303**
AVE 平方根									0.716	0.714	0.735

注：*表示 p<0.05，**表示 p<0.01；对角线上是 AVE 值，对角线以下是潜变量相关系数。

（3）主效应检验。

研究 2 检验了企业社会责任对员工工作场所外亲社会行为的影响。以企业社会责任为自变量，员工工作场所外亲社会行为为因变量，性别、年龄、受教育程度、工作年限及月收入为控制变量进行回归分析。从模型总体拟合度来看，调整后的 R^2 为 0.055，企业社会责任能够解释因变量变异量的 5.5%。回归方程的 F 检验的统计量观察值为 2.577，p<0.05。企业社会责任与员工工作场所外亲社会行为存在显著的正向影响（β=0.233，p<0.01），这一结论与研究 1 及假设 1 相反。

表 10 研究 2 回归系数

	未标准化回归系数	标准误差	标准化回归系数	t	显著性水平
（常量）	5.034	1.242		4.052	0.000
性别	-0.311	0.323	-0.075	-0.963	0.337
年龄	0.301	0.274	0.128	1.098	0.274
受教育程度	-0.130	0.291	-0.037	-0.445	0.657
工作年限	-0.020	0.253	-0.009	-0.080	0.936
月收入	-0.153	0.111	-0.114	-1.369	0.173
企业社会责任	0.383	0.130	0.233	2.953	0.004

注：因变量为员工工作场所外亲社会行为。

（4）中介效应检验。

为了进一步验证道德信誉和道德证书在企业社会责任与员工工作场所外亲社会行为之间的中介效应，研究 2 采用 SPSS 26.0 中的 PROCESS 程序进行 Bootstrap（样本数设为 5000）分析，置信区间为 95%。由于道德信誉与道德证书是道德许可效应的两条不同路径，因此研究 2 先后检验了这两个变量的中介效应。

首先，道德信誉的中介效应检验。由表 11 可知，企业社会责任与员工工作场所外亲社会行为之间的总效应为 0.383，且置信区间为 [0.127，0.639]，不包含 0，即总效应显著；企业社会责任与员工工作场所外亲社会行为之间的直接效应为 0.186，且置信区间为 [−0.107，0.479]，包含 0，即直接效应不显著。此外，道德信誉的中介效应为 0.197，且置信区间为 [0.046，0.418]，不包含 0，即中介效应显著。

由于企业社会责任与员工工作场所外亲社会行为之间的总效应显著，直接效应不显著，间接效应显著，因此道德信誉完全中介了企业社会责任与员工工作场所外亲社会行为之间的关系。

表 11　研究 2 道德信誉的中介效应检验

		效应系数	标准误差	t	p	95%置信区间	
						下限	上限
企业社会责任							
企业社会责任—员工工作场所外亲社会行为	总效应	0.383	0.130	2.954	0.004	0.127	0.639
企业社会责任—员工工作场所外亲社会行为	直接效应	0.186	0.148	1.252	0.212	−0.107	0.479
道德信誉		0.197	0.093			0.046	0.418

其次，道德证书的中介效应检验。由表 12 可知，企业社会责任与员工工作场所外亲社会行为之间的总效应为 0.383，且置信区间为 [0.127，0.639]，不包含 0，即总效应显著；企业社会责任与员工工作场所外亲社会行为之间的直接效应为 0.216，且置信区间为 [−0.065，0.497]，包含 0，即直接效应不显著。此外，

道德证书的中介效应为 0.167，且置信区间为 [0.041，0.365]，不包含 0。由于企业社会责任与员工工作场所外亲社会行为之间的总效应显著，直接效应不显著，间接效应显著，因此道德证书完全中介了企业社会责任与员工工作场所外亲社会行为之间的关系。

表 12　研究 2 道德证书的中介效应检验

		效应系数	标准误差	t	p	95%置信区间	
						下限	上限
企业社会责任							
企业社会责任—员工工作场所外亲社会行为	总效应	0.383	0.130	2.954	0.004	0.127	0.639
企业社会责任—员工工作场所外亲社会行为	直接效应	0.216	0.142	1.521	0.130	−0.065	0.497
道德证书		0.167	0.080			0.041	0.365

（5）调节效应检验。

研究 2 使用 SPSS 26.0 中的 PROCESS 程序

检验组织认同对企业社会责任与员工工作场所外亲社会行为之间关系的调节效应。当以道德

信誉为中介变量时，低组织认同的条件间接效应为 0.118，且置信区间为 [0.007, 0.322]，不包含 0；高组织认同的条件间接效应为 0.125，且置信区间为 [0.039, 0.295]，不包含 0。中介效应判定指标 INDEX 为 0.003，且置信区间为 [-0.076, 0.082]，包含 0。因此，组织认同在道德信誉中介作用中的调节效应不显著。

当以道德证书为中介变量时，低组织认同的条件间接效应为 0.125，且置信区间为 [0.021, 0.318]，不包含 0；高组织认同的条件间接效应为 0.083，且置信区间为 [0.009, 0.243]，不包含 0。中介效应判定指标 INDEX 为 -0.020，且置信区间为 [-0.113, 0.041]，包含 0。因此，组织认同在道德证书中介作用中的调节效应不显著。

表 13　研究 2 组织认同的调节效应检验

条件间接效应						有调节的中介效应			
	调节程度	效应	标准误	95%置信区间		INDEX	标准误	95%置信区间	
				下限	上限			下限	上限
道德信誉	低组织认同	0.118	0.076	0.007	0.322	0.003	0.040	-0.076	0.082
	高组织认同	0.125	0.060	0.039	0.295				
道德证书	低组织认同	0.125	0.070	0.021	0.318	-0.020	0.038	-0.113	0.041
	高组织认同	0.083	0.055	0.009	0.243				

2.2.5　结果与讨论

研究 2 通过实验法来验证企业社会责任与员工工作场所外亲社会行为之间的关系，研究结果表明，在高度履行企业社会责任的公司中工作的员工，更有可能在工作场所外做出亲社会行为，道德信誉和道德证书分别完全中介了这两者之间的关系。针对研究 2 与研究 1 中出现的不一致的结论，以下将会进行进一步的探讨和分析。

3　研究结论与讨论

3.1　研究结论与理论意义

基于道德许可理论，本文从微观层面探讨了企业社会责任对员工工作场所外亲社会行为

的溢出效应及企业社会责任的负面影响。第一，企业社会责任会影响员工在工作场所外的亲社会行为。研究 1 验证了企业责任的负面影响，即企业社会责任会使员工产生道德许可效应，进而使员工在工作场所外更少地做出亲社会行为。然而，研究 2 却得到了不一致的结果，表明企业社会责任会提高员工在工作场所外做出亲社会行为的意愿，与过往基于道德一致性的研究的结论相同，但是与本文的假设 1 相反。过去的研究表明，人们的道德行为是动态变化的，道德一致性与道德许可效应可以存在于同一个人身上。道德许可效应往往在需要人们做出实际的行为选择时出现，而道德一致性更能够预测人们的行为意愿（Blanken et al., 2015）。相较于亲社会意愿的表达，做出亲社会

实际行为需要人们付出较大的成本（如时间、金钱、精力等），因此前者更容易出现道德一致性，后者更容易出现道德许可效应。研究1中的因变量为员工过去一周内在工作场所外做出亲社会行为的频次，更多地反映了实际的行为，因此更有可能出现道德许可效应。而研究2中的因变量为员工在"公共物品游戏"中的行为意愿表达，员工在自我汇报时可能受到社会称许性的影响而夸大其亲社会的行为意愿，因此更有可能表现出道德一致性，但其亲社会行为意愿的表达并不能准确预测其后续实际的亲社会行为。基于此，研究1与研究2中出现相反的结论是合理的，而且行为意愿与实际行为的区分对于后续继续探索道德许可效应与道德一致性发生的边界条件具有重要的启示意义。

第二，道德信誉是企业社会责任与员工工作场所外亲社会行为之间的中介变量，而道德证书在这两者之间的中介效应不稳定。企业社会责任虽然是公司层面的变量，却可以对微观层面的员工产生影响，使员工产生道德许可，提高员工的道德信誉，进而影响员工在工作场所外的行为。这一研究结论表明，道德许可效应可以跨范围、跨领域产生影响，由此拓展了学界对企业社会责任与道德许可效应的认识。此外，作为道德许可效应的第二条路径，道德证书的中介作用在研究1中不显著，在研究2中出现了完全中介效应，可见道德证书的中介作用是不稳定的。在以往的研究中，也出现过仅有道德信誉一条路径的中介效应显著的情况（Loi et al.，2020）。这一现象可能首先是由于道德证书测量方面。多数研究使用内化道德认同的量表测量道德证书，但这两个构念之间存

在差异，也有研究使用心理权力量表来对道德证书进行测量，由此来看，道德证书的测量是不准确的，可能难以捕捉到这一构念的真正内涵和特点。其次，道德证书往往在具有模糊性的道德情境中才会发生作用，而本文中的因变量员工工作场所外亲社会行为作为一种清晰的道德行为，不具备模糊性的特点，因此参与者很难使用道德证书这一机制去解释自己的行为。

第三，组织认同并未调节企业社会责任与员工工作场所外亲社会行为之间的关系。基于自我分类理论与社会认同理论，本文假设员工的组织认同水平越高，企业社会责任所产生的道德许可效应越强，进而会对员工行为产生更大的影响。然而，这一假设并未得到验证。一个可能的解释是，从现实来看，企业社会责任是企业做出的实际的履行社会责任的行为，员工对企业社会责任的感知是基于企业的行为事实的。因此，组织认同程度的高低并不能影响员工对企业社会责任的感知，因此可能也不能够使员工的道德信誉和道德证书发生变化，因此，组织认同水平的高低并不能影响员工后续的道德行为。

本文具有一定的理论意义。第一，本文探讨了企业社会责任对员工工作场所外亲社会行为的溢出效应，验证了企业社会责任可以跨范围产生影响，增进了学界对企业社会责任的认识。第二，企业社会责任在过去往往被认为是积极的，本文通过道德许可理论揭示了企业社会责任的负面影响，使学界对企业社会责任的认识更为全面。第三，通过两个研究发现了企业社会责任会对员工亲社会的意愿和行为产生相反的结果，这个不一致的研究发现为下一步

更加精细化地探索企业社会责任对员工工作场所外亲社会行为的影响提供了一个新颖的思路，也为探讨道德许可效应与道德一致性的边界条件提供了线索。

3.2 管理建议

企业通过改善生产条件、参与社区活动、进行慈善捐赠等多种方式，积极履行对员工、社区、公众等内外部利益相关者的责任，可以为社会带来正面效益。然而，由于企业社会责任难以直接促进企业财务绩效的提高，管理者在进行企业社会责任投资时往往会谨慎地进行企业社会责任的成本收益分析，对企业社会责任投入持犹豫和怀疑态度。本文的研究结论给管理者的决策提供了一个新的更为宏观的视角，企业履行社会责任不仅会使特定利益相关者受益，而且会产生"溢出效应"，对社会产生影响：当企业履行社会责任时，员工会增加公共物品投资意愿，进而促进公共事业的发展。企业履行社会责任可以通过增加员工的亲社会行为意愿进而促进更广泛、更深刻的社会变化。企业作为社会公民，应当在实现经济效益的同时兼顾社会效益。因此，管理者在考虑是否进行企业社会责任投资时，不仅需要考虑企业履行社会责任给特定利益相关者带来的影响，而且需要考虑进行企业社会责任投资所带来的积极的社会影响。

然而，亲社会意愿并不代表着亲社会行为，员工虽然表示出了亲社会意愿，但意愿与实际的行为之间仍有一定的距离。本文基于道德许可理论探讨了企业社会责任潜在的负面影响，企业社会责任可能会使员工在工作场所外做出更少的亲社会行为。这可能是由于当员工在高度履行社会责任的企业中工作时，会努力使自身形象与公司形象保持一致，因此在公众场合需要表达自己的亲社会意愿来维持自身与所在公司相匹配的道德形象，但道德许可效应的存在使其后续可能不会做出实际的亲社会行为。本文并非鼓励企业较少履行社会责任以避免对员工的负面影响，而是为企业管理者敲响警钟，警惕企业履行社会责任这一积极的道德行为可能会带来的消极影响。企业管理者应当成为员工将亲社会意愿转化为亲社会行为的助推器。当企业履行社会责任时，管理者可以通过宣传的方式为员工树立一个良好的道德榜样，鼓励员工在工作场所外做出更多亲社会行为。为了避免员工出现"道德许可效应"，管理者需要制订政策奖励在工作场所外做出亲社会行为的员工，通过对员工实际行为的奖励，使员工不再停留在亲社会意愿的表达上，而是在社会生活中更多地表现出"道德一致性"，以企业为榜样，更多地做出亲社会行为。此外，管理者可以鼓励员工参与企业履行社会责任的具体实践，员工参与企业志愿活动不仅可以亲身感知到企业对社会的责任感和道德形象，提高其亲社会意愿，而且也会感知到自身行为的价值和对社会的贡献，进而更有可能将亲社会意愿转化为实际行动。

3.3 研究局限性与未来展望

本文主要存在以下几个方面的局限性：第一，研究 1 的样本量较少。由于 2 波纵向调研存在样本损耗，问卷有效回收率较低，研究 1 最终只有 57 个有效样本，这也在一定程度上导致了研究 1 中模型拟合度不佳的问题。第二，研究 2 的实验设计需要改进。本研究参照 Yam

等（2017）的实验设计，采用回忆法来唤醒员工对企业社会责任的感知，然而，不同于回忆员工自己在工作场所中的亲社会行为的主观性，本研究中的自变量企业社会责任是员工对企业履行社会责任的实际行为的感知，并非会因为回忆与否而产生实质变化。尽管本研究后续以操纵检验题项"您有多大程度感受到了您所在企业履行了社会责任"来测量员工感知的企业社会责任并进行数据分析，但仍需要关注到本研究实验设计的局限性。第三，因变量的测量仍需进一步完善。研究1采用10个题项测量员工在工作场所外可能做出的亲社会行为，但未穷尽亲社会行为的所有类型。研究2采用情境实验来测量参与者工作场所外的亲社会行为。这一情境实验是虚拟的公共物品游戏，参与者的选择并不会对其自身产生实质性影响，后续也不需要为自己的选择付出时间和金钱，更多地测量了参与者工作场所外的亲社会意愿。但是，研究1与研究2因变量的测量尺度与真实性的差异使后续的分析受到了一定程度的限制。

基于这些局限，后续研究可以在以下三个方面进行。第一，采用不同源的数据收集方法。本文两个子研究均采用了自我汇报的变量测量方式，可能会导致共同方法偏差。此外，由于研究主题为道德与亲社会行为，出于维持自身良好形象和社会称许性的需要，参与者可能会一定程度地夸大自身的道德行为，因此未来可采用如同事汇报等方式来提高数据的真实性和可信性。第二，采取更精细化的研究设计，可以采用实验室实验的方式进行参与者招募，使参与者真实地沉浸在被履行社会责任的企业雇佣的情境中。例如，告知参与者已被某家企业

雇佣，对企业是否履行社会责任进行描述，进而控制员工对企业社会责任的感知，以研究企业社会责任与员工工作场所外行为之间的关系。就员工工作场所外亲社会行为这一因变量的测量而言，也可以采用亲社会实验的方式进行，测量参与者真实的反应及亲社会行为的选择，通过精细化的研究设计来检验企业社会责任与员工工作场所外亲社会行为之间的因果关系。第三，探讨企业社会责任何时会引发员工的道德许可效应，何时会引发员工的道德一致性。过往一些研究只将道德许可效应作为解释员工做出"先好后坏"行为的中间机制，较少进行实证研究。此外，部分研究也未能验证道德许可效应现象的存在，因此，道德许可效应发生的情境需要进一步探究。未来的研究可以对亲社会行为意愿与亲社会实际行为进行差异化分析，从这一角度去探究道德许可效应产生的边界条件，进一步拓展对道德许可理论的认识。

参考文献

［1］Aguinis H., Glavas A. What We Know and Don't Know About Corporate Social Responsibility A Review and Research Agenda ［J］. Journal of Management, 2012, 38（4）: 932-968.

［2］Ahmad M. G., Klotz A. C., Bolino, M. C. Can Good Followers Create Unethical Leaders? How Follower Citizenship Leads to Leader Moral Licensing and Unethical Behavior ［J］. Journal of Applied Psychology, 2020, 106（9）: 1374.

［3］Aquino K., Reed A. I. The Self-Importance of Moral Identity ［J］. Journal of Personality & Social Psychology, 2002, 83（6）: 1423.

［4］Ashforth B. E., Mael F. Social Identity Theory

and the Organization [J] . Academy of Management Review, 1989, 14 (1) ,: 20-39.

[5] Blanken I. , Van de Ven N. , Zeelenberg M. A Meta-Analytic Review of Moral Licensing [J] . Personality and Social Psychology Bulletin, 2015, 41 (4): 540-558.

[6] Bradley-Geist J. C. , King E. B. , Skorinko J. , Hebl M. R. , Mckenna C. Moral Credentialing by Association: The Importance of Choice and Relationship Closeness [J] . Personality & Social Psychology Bulletin, 2010, 36 (11): 1564-1575.

[7] Brammer S. , He H. , Mellahi K. Corporate Social Responsibility, Employee Organizational Identification, and Creative Effort: The Moderating Impact of Corporate Ability [J] . Group & Organization Management, 2015, 40 (3): 323-352.

[8] Brammer S. , Pavelin S. Building a Good Reputation [J] . European Management Journal, 2004, 22 (6): 704-713.

[9] Brieger S. A. , Anderer S. , Fröhlich, A. , Bäro A. , Meynhardt T. Too Much of a Good Thing? On the Relationship between CSR and Employee Work Addiction [J] . Journal of Business Ethics, 2020, 166 (2): 311-329.

[10] Contreras - Pacheco O. E. , Talero-Sarmiento L. H. , Camacho-Pinto J. C. Effects of Corporate Social Responsibility on Employee Organizational Identification: Authenticity or Fallacy [J] . Contaduría y Administración, 2018, 64 (4) .

[11] Dutton J. E. , Harquail D. C. V. Organizational Images and Member Identification [J] . Administrative Science Quarterly, 1994, 39 (2): 239-263.

[12] Effron D. A. , Monin B. Letting People Off the Hook: When Do Good Deeds Excuse Transgressions? [J] Pers Soc Psychol Bull, 2010, 36 (12): 1618-1634.

[13] Farrukh M. , Sajid M. , Lee J. W. C. , Shahzad I. A. The Perception of Corporate Social Responsibility and Employee Engagement: Examining the Underlying Mechanism [J] . Corporate Social Responsibility and Environmental Management, 2020, 27 (2): 760-768.

[14] Frederick W. C. Commentary: Corporate Social Responsibility: Deep Roots, Flourishing Growth, Promising Future [J] . Frontiers in psychology, 2016, 7: 129.

[15] Fu H. , Ye B. H. , Law R. You Do Well and I Do Well? The Behavioral Consequences of Corporate Social Responsibility [J] . International Journal of Hospitality Management, 2014, 40: 62-70.

[16] Gao Y. , He W. Corporate Social Responsibility and Employee Organizational Citizenship Behavior [J] . Management Decision, 2017, 55 (2): 194-309.

[17] Hansen S. D. , Dunford B. B. , Boss A. D. , Boss R. W. , Angermeier, I. Corporate Social Responsibility and the Benefits of Employee Trust: A Cross-Disciplinary Perspective [J] . Journal of Business Ethics, 2011, 102 (1): 29-45.

[18] Hu B. , Liu J. , Qu H. The Employee-Focused Outcomes of CSR Participation: The Mediating Role of Psychological Needs Satisfaction [J] . Journal of Hospitality and Tourism Management, 2019, 41: 129-137.

[19] Hur W. M. , Moon T. W. , Lee H. G. Employee Engagement in CSR Initiatives and Customer-Directed Counterproductive Work Behavior (CWB): The Mediating Roles of Organizational Civility Norms and Job Calling [J] . Corporate Social Responsibility and Environmental Management, 2018, 25 (6): 1087-1098.

[20] Jones D. A. , Willness C. R. , Glavas A. When Corporate Social Responsibility (CSR) Meets Organizational Psychology: New Frontiers in Micro-CSR Research, and Fulfilling a Quid Pro Quo through Multilevel Insights

[J] . Frontiers in psychology, 2017, 8: 520.

[21] Joosten A. , Dijke M. V. , Hiel A. V. , Cremer D. D. Feel Good, Do-Good!? On Consistency and Compensation in Moral Self-Regulation [J] . Journal of Business Ethics, 2014, 123 (1): 71-84.

[22] Jordan J. , Mullen E. , Murnighan J. K. Striving for the Moral Self: The Effects of Recalling Past Moral Actions on Future Moral Behavior [J] . Personality and Social Psychology Bulletin, 2011, 37 (5): 701-713.

[23] Khaskheli A. , Jiang Y. , Raza S. A. , Qureshi M. A. , Khan K. A. , Salam J. Do CSR Activities Increase Organizational Citizenship Behavior Among Employees? Mediating Role of Affective Commitment and Job Satisfaction [J] . Corporate Social Responsibility and Environmental Management, 2020, 27 (6): 2941-2955.

[24] Kim H. L. , Woo E. , Uysal M. , Kwon N. The Effects of Corporate Social Responsibility (CSR) on Employee Well - Being in the Hospitality Industry [J] . International Journal of Contemporary Hospitality Management, 2018, 30 (3): 1584-1600.

[25] Kong M. , Xin J. , Xu W. , Li H. , Xu D. The Moral Licensing Effect Between Work Effort and Unethical Pro-Organizational Behavior: The Moderating Influence of Confucian Value [J] . Asia Pacific Journal of Management, 2020: 1-23.

[26] Lee E. M. , Park S. Y. , Lee H. J. Employee Perception of CSR Activities: Its Antecedents and Consequences [J] . Journal of Business Research, 2013, 66 (10): 1716-1724.

[27] Lewin L. D. , Warren D. E. , AlSuwaidi M. Does CSR Make Better Citizens? The Influence of Employee CSR Programs on Employee Societal Citizenship Behavior Outside of Work [J] . Business and Society Review, 2020, 125 (3): 271-288.

[28] Lin S. H. , Ma J. , Johnson R. E. When Ethical Leader Behavior Breaks Bad: How Ethical Leader Behavior can Turn Abusive via Ego Depletion and Moral Licensing [J] . Jounal of Applied Psychology, 2016, 101 (6): 815-830.

[29] List J. A. , Momeni F. When Corporate Social Responsibility Backfires: Evidence from a Natural Field Experiment [J] . Management Science, 2020, 67 (1): 8-21.

[30] Loi T. I. , Kuhn K. M. , Sahaym A. , Butterfield K. D. , Tripp T. M. From Helping Hands to Harmful Acts: When and How Employee Volunteering Promotes Workplace Deviance [J] . Journal of Applied Psychology, 2020, 105 (9): 944 – 958.

[31] Lu J. , Ren L. , Zhang C. , Wang C. , Ahmed R. R. , Streimikis J. Corporate Social Responsibility and Employee Behavior: Evidence from Mediation and Moderation Analysis [J] . Corporate Social Responsibility and Environmental Management, 2020, 27 (4): 1719-1728.

[32] Luu T. T. CSR and Organizational Citizenship Behavior for the Environment in Hotel Industry [J] . International Journal of Contemporary Hospitality Management, 2017, 29 (11): 2867-2900.

[33] Mcwilliams A. , Siegel D. Research Notes and Communications Corporate Social Responsibility and Financial Performance: Correlation or Misspecification? [J] . Strategic Management Journal, 2000, 21 (5): 603-609.

[34] Merritt A. C. , Effron D. A. , Monin B. Moral Self - Licensing: When Being Good Frees Us to be Bad [J] . Social & Personality Psychology Compass, 2010, 4 (5): 344-357.

[35] Monin B. , Miller D. T. Moral Credentials and the Expression of Prejudice [J] . Journal of Personality and Social Psychology, 2001, 81 (1): 33-43.

［36］ Nazir O. , Islam J. U. Effect of CSR Activities on Meaningfulness, Compassion, and Employee Engagement: A Sense－Making Theoretical Approach ［J］. International Journal of Hospitality Management, 2020, 90: 102630.

［37］ Newman K. P. , Brucks M. The Influence of Corporate Social Responsibility Efforts on the Moral Behavior of High Self‐Brand Overlap Consumers ［J］. Journal of Consumer Psychology, 2018, 28 (2): 253-271.

［38］ Ormiston M. E. , Wong E. M. License to Ill: The Effects of Corporate Social Responsibility and CEO Moral Identity on Corporate Social Irresponsibility ［J］. Personnel Psychology, 2013, 66 (4): 861-893.

［39］ Reynolds S. J. Perceptions of Organizational Ethicality: Do Inflated Perceptions of Self Lead to Inflated Perceptions of the Organization? ［J］. Journal of Business Ethics, 2003, 42 (3): 253-266.

［40］ Rosenhan D. L. Toward Resolving the Altruism Paradox: Affect, Self‐Reinforcement, and Cognition ［M］//In wispel. (Ed.), Altruism, Sympathy, and helping. New York: Academic Press, 1978.

［41］ Shen J. , Benson J. When CSR is a Social Norm: How Socially Responsible Human Resource Management Affects Employee Work Behavior ［J］. Journal of Management, 2016, 42 (6): 1723-1746.

［42］ Stamper C. L. , Masterson S. S. Insider or Outsider? How Employee Perceptions of Insider Status Affect Their Work Behavior ［J］. Journal of Organizational Behavior, 2002, 23 (8): 875-894.

［43］ Stone T. H. , Cooper W. H. Emerging Credits ［J］. Leadership Quarterly, 2009, 20 (5): 785-798.

［44］ Supanti D. , Butcher K. Is Corporate Social Responsibility (CSR) Participation the Pathway to Foster Meaningful Work and Helping Behavior for Millennials? ［J］. International Journal of Hospitality Management,
2019, 77: 8-18.

［45］ Tian Q. , Robertson J. L. How and When does Perceived CSR Affect Employees' Engagement in Voluntary Pro－Environmental Behavior? ［J］. Journal of Business Ethics, 2019, 155 (2): 399-412.

［46］ Yam K. C. , Klotz A. , He W. , Reynolds S. J. From Good Soldiers to Psychologically Entitled: Examining When and Why Citizenship Behavior Leads to Deviance ［J］. Academy of Management Journal, 2017, 60 (1): 373-396.

［47］ Zafar M. , Ali I. The Influence of Corporate Social Responsibility on Employee Commitment: The Mediating Role of Employee Company Identification ［J］. Asian Social Science, 2016, 12 (12): 262.

［48］ Zhao L. , Lee J. , Moon S. Employee Response to CSR in China: The Moderating Effect of Collectivism ［J］. Personnel Review, 2019, 48 (3): 839-863.

［49］ 迟毓凯. 人格与情境启动对亲社会行为的影响 ［D］. 上海: 华东师范大学, 2005.

［50］ 戴鑫, 周颖. 道德许可的国际研究现状与趋势 ［J］. 管理学报, 2017, 14 (8): 1244-1253.

［51］ 董进才. 组织价值观、组织认同与领导认同对并购后员工行为的影响研究 ［D］ 杭州: 浙江大学, 2012.

［52］ 郭青青, 王良燕, 韩冰. 社会拥挤对助人行为意愿的影响 ［J］. 管理科学, 2020, 33 (3): 97-111.

［53］ 寇彧, 唐玲玲. 心境对亲社会行为的影响 ［J］. 北京师范大学学报 (社会科学版), 2004 (5): 44-49.

［54］ 刘德军, 张志鑫, 张辉. 员工企业社会责任归因对其帮助行为的影响: 一个链式中介模型 ［J］. 经济经纬, 2020, 37 (4): 108-115.

［55］ 刘凤军, 李敬强, 杨丽丹. 企业社会责任、

道德认同与员工组织公民行为关系研究［J］.中国软科学，2017（6）：117-129.

［56］刘远，周祖城.员工感知的企业社会责任、情感承诺与组织公民行为的关系——承诺型人力资源实践的跨层调节作用［J］.管理评论，2015，27（10）：118-127.

［57］刘云.企业社会责任对员工角色外行为的影响机制［J］.商业经济与管理，2014（8）：37-47.

［58］钱欣，刘平青，刘园园.组织认同"消极面"研究综述与展望［J］.中国人力资源开发，2021，38（2）：84-94.

［59］王娟，张喆，贾明.员工感知的企业社会责任与反生产行为：基于亲社会动机和内在动机的视角［J］.预测，2017，36（5）：8-14，23.

［60］王娟，张喆，贾明.基于社会责任的人力资源管理实践与反生产行为：一个被调节的中介模型［J］.管理工程学报，2019，33（4）：19-27.

［61］王文彬，李辉.企业社会责任对员工角色外行为的影响——兼论员工感知公平的调节效应［J］.中国流通经济，2013，27（10）：79-86.

［62］王哲，张爱卿.内部企业社会责任对员工反生产行为的影响——组织认同的中介和理想主义道德标准的调节［J］.经济管理，2019，41（8）：130-146.

［63］颜爱民，陈世格，林兰.投桃何以报李：企业内外部社会责任对管家行为的影响机制研究［J］.中国人力资源开发，2020，37（1）：84-97.

［64］颜爱民，李歌.企业社会责任对员工行为的跨层分析——外部荣誉感和组织支持感的中介作用［J］.管理评论，2016，28（1）：121-129.

［65］尹珏林.企业社会责任前置因素及其作用机制研究［D］.天津：南开大学，2010.

［66］占小军，李志成，郭一蓉.高创造力员工高伤害？道德许可视角创造力与职场不文明行为关系研究［J］.南开管理评论，2020，23（6）：190-199.

论文执行编辑：张　骁
论文接收日期：2021年9月1日

作者简介：

赵新元（1976—），中山大学管理学院副教授，博士生导师。研究方向为旅游业人力资源开发。E-mail：zhaoxy22@ mail. sysu. edu. cn。

田梦玮（1999—），中山大学管理学院硕士研究生。研究方向为组织行为学。E-mail：tianmw3 @ mail2. sysu. edu. cn。

Investigating the Impacts of Corporate Social Responsibility on Employees' Prosocial Behavior: The Moral Licensing Theory Perspective

Xinyuan Zhao, Mengwei Tian

(School of Business, Sun Yat-Sen University, Guangzhou, China)

Abstract: Corporate Social Responsibility (CSR) has a series of positive impacts on employees' performance and innovation by changing employees' attitudes and behaviors. However, previous research ignored the potential negative impacts of CSR on employees' moral attitudes and social behaviors. Drawing from moral licensing theory, we argued that CSR had a potential negative consequence on employees' prosocial behavior outside the workplace. Through a mixed-methods design with a two-wave longitudinal survey (study 1) and an experiment (study 2), we found that CSR would provide moral license for employees and make employees do less prosocial behavior outside the workplace. Our study revealed and examined the potential negative impacts of CSR, expanded the research on CSR and employees' behavior, and provided a useful reference for corporates and employees to better fulfill their social responsibility.

Key Words: Corporate Social Responsibility; Moral Licensing Theory; Prosocial Behavior; Spill-over Effect

JEL Classification: M14

著作权使用声明